A GLOBAL HISTORY
OF TRADE AND CONFLICT SINCE 1500

# 全球贸易冲突

## 16—20世纪

【意】吕西安·科帕拉罗（Lucia Coppolaro）
【加】弗朗辛·麦肯齐（Francine McKenzie） 主编

【加】卜正民（Timothy Brook） 等 著

刘伊铭 王嘉禹 孟祥祺 译

中国人民大学出版社
·北京·

## 图书在版编目（CIP）数据

全球贸易冲突：16—20世纪/（意）吕西安·科帕拉罗，（加）弗朗辛·麦肯齐主编；（加）卜正民等著.—北京：中国人民大学出版社，2021.7
ISBN 978-7-300-29163-5

Ⅰ.①全… Ⅱ.①吕… ②弗… ③卜… Ⅲ.①国际贸易—贸易史—16世纪-20世纪 Ⅳ.①F749

中国版本图书馆CIP数据核字（2021）第063243号

### 全球贸易冲突：16—20世纪

［意］吕西安·科帕拉罗（Lucia Coppolaro）　主编
［加］弗朗辛·麦肯齐（Francine McKenzie）
［加］卜正民（Timothy Brook）等 著
刘伊铭　王嘉禹　孟祥祺 译
Quanqiu Maoyi Chongtu：16—20 Shiji

| | | |
|---|---|---|
| 出版发行 | 中国人民大学出版社 | |
| 社　　址 | 北京中关村大街31号 | 邮政编码　100080 |
| 电　　话 | 010-62511242（总编室） | 010-62511770（质管部） |
| | 010-82501766（邮购部） | 010-62514148（门市部） |
| | 010-62515195（发行公司） | 010-62515275（盗版举报） |
| 网　　址 | http://www.crup.com.cn | |
| 经　　销 | 新华书店 | |
| 印　　刷 | 涿州市星河印刷有限公司 | |
| 规　　格 | 148 mm×210 mm　32开本 | 版　次　2021年7月第1版 |
| 印　　张 | 10.25 | 印　次　2021年7月第1次印刷 |
| 字　　数 | 255 000 | 定　价　79.00元 |

版权所有　侵权必究　印装差错　负责调换

# 目　录

导　言（弗朗辛·麦肯齐）/1

　　简述漫长的贸易与冲突史 /6

　　本书各章内容摘要 /14

　　结论 /21

第一章　中国南海的贸易和冲突

　　　　——葡萄牙与中国，1514—1523 年（卜正民）/23

　　贸易与朝贡 /25

　　贸易与外交之间的矛盾 /28

　　贸易政策之争 /30

　　冲突 /34

　　给对华贸易带来的影响 /39

第二章　葡萄牙在全球战争中的反弹

　　　　——16、17 世纪的军事动机和机制变化

　　　　　（埃莉诺·弗雷尔·科斯塔）/43

　　契约的世界 /46

　　来自内部的挑战 /53

战利品的瓜分 /62

结论 /70

**第三章 使用暴力**
——海地革命如何重建西半球的贸易（史蒂文·托皮克）/72

海地革命史 /72

贸易与冲突 /76

18世纪后期的现代新大陆 /77

圣多明各 /78

美国与海地 /83

古巴的咖啡 /88

古巴的糖业 /89

美国开始在路易斯安那州生产糖 /91

巴西改变世界咖啡经济 /93

结论 /98

**第四章 打破"大陆封锁政策"**
——"拿破仑战争"时期英国、葡萄牙和巴西的全球贸易
（约瑟·路易斯·卡多佐）/100

"大陆封锁政策"和拿破仑的帝国理想 /101

"大陆封锁政策"的经济范围和局限 /105

巴西各港口的开放与英国的贸易利润 /109

巴西接受和欢迎英国商人 /112

结论 /115

# 目录

## 第五章　退出全球化
——两次世界大战期间英国和大英帝国贸易的复兴

（蒂姆·鲁斯）/116

英国的情况 /118

缔约和大英帝国特惠制 /121

国际反响 /131

经济成就与战后政策的悖论 /133

结论：一体化和崩溃的模式 /136

## 第六章　温斯顿·丘吉尔言辞中的贸易和冲突

（理查德·托耶）/139

丘吉尔介入贸易政治问题 /140

丘吉尔为自由贸易和大英帝国的辩护 /143

实用主义与政治：丘吉尔为贸易保护主义和大英帝国贸易的辩护 /150

结论 /157

## 第七章　战争、革命和全球小麦贸易大萧条（1917—1939年）

（格列高利·P. 马奇尔登）/159

第一次世界大战和俄国革命对小麦贸易的影响 /163

小麦与战争："大萧条"的原因探析 /165

国内市场保护主义和《斯姆特-霍利关税法》/172

大英帝国、渥太华会议和贸易转移 /175

1933年的国际小麦会议 /177

结论 /179

## 第八章　区域贸易组织和贸易熔断机制
　　　　　　　　（吕西安·科帕拉罗，弗朗辛·麦肯齐）/182

战争、冲突与《关贸总协定》的制定 /184
贸易自由和发展：原地踏步的议程 /187
肯尼迪回合：贸易自由化的复活和保留 /195
结论 /204

## 第九章　尼克松与国际经济的搏斗（托马斯·W. 泽勒）/208

金钱驱动的贸易政策 /210
全球竞争 /213
作为竞争表现的贸易 /216
纺织品贸易战 /219
戴维营会谈和进口附加税冲击 /221
负面影响？/229
结论 /232

## 结语　否定康德贸易与和平观
　　　　　　　　（小雷纳托·加尔沃·弗罗雷斯）/235

注　释 /246

参考文献 /280

缩写词表 /314

作者简介 /316

致　谢 /319

# 导　言

弗朗辛·麦肯齐

17世纪初，荷兰东印度公司（VOC）在印度的总督简·皮特斯佐恩·科恩（Jan Pieterszoon Coen）这样解释贸易与战争的密不可分的联系："我们不能发动没有贸易的战争，也无法进行没有战争的贸易。"[1]即使按照当时的重商主义标准，利用战争和其他暴力获得商业优势也是极端手段，但是贸易和冲突常常紧密相连。大约100年后，启蒙运动政治哲学家孟德斯鸠则得出了完全相反的结论：贸易是和平的工具。因此，1748年他写道："和平是贸易的必然结果。"由于得到亚当·斯密《国富论》（1776年）的推动，贸易与和平彼此联系的观念流行开来。贸易促进了经济的相互依赖和繁荣，而经济繁荣能提高和平的经济效益和战争的经济成本。在自由贸易的概念得以流行的同时，贸易的非和平追求及其结果的反面教材也不乏其数。在18、19世纪的跨大西洋奴隶贸易中，近1 000万人被抓捕并遭受虐待，他们后来陷入新大陆的暴力劳动制度中，与此同时也导致了非洲黄金海岸沿岸的部落战争。鸦片战争（1840—1842年和1856—1860年）是由英国想进入广阔的中国市场的愿望所引起的。威胁和战争不是为了刺激合作并增强彼此的和平依赖，而是常常被用于发展商业机会。虽然拥有这些证据,但国际贸易能促进世界的和平与繁荣却在一定时期内变成主流观点。到第二次世界大战末期,英国和美国政府把战后和平贸易秩序的概念建立在非歧视性、开放和互惠的基础上。[2]但是贸易争端以及与贸易相关的冲突持续着。在过去的500多年里,与贸易有关的暴力、威胁、残忍、破坏以及最极端的战争形式反复出现,它们都不能简单地被轻视为偏离常规或影响贸易正常发展的外部力量。

本书是跨国比较研究,解释两股能带来变革的全球力量交织的原因及其带来的后果:贸易和冲突。作者基于现有学术成果,沿着三条主线写就本书。第一,本书沿着作者对冲突所下的定义写就。虽然有关贸易与战争关系的研究很多,特别是罗纳德·芬德利(Ronald Findlay)和凯文·H.奥鲁克(Kevin H. O'Rourke)对一千年来贸易与战争的权威研究,但是本书对冲突的定义比它们更宽泛。其内涵和外延从应对暴力或盗窃的个别行为,到全面的国家之间的战争,包括冲突的多种表现:经济的、政治的、物质的、军事的、舆论的和外交的。一个更具有包容性的定义包含各种规模和结构上的行为者。海盗和劫匪袭击来往的贸易商人:抢劫是一种犯罪行为,但它也是一种交换手段。他们的策略和道德标准在有组织的大规模商业活动中反复出现,如私掠船主或荷兰东印度公司的行为。政府和国家也经常纠结于利用还是中止将贸易作为获得更多领土、安全等外交优势和钱财、市场等金融优势的手段。一种更具有包容性的定义可以更全面地解释贸易与冲突的关系及其后果。

第二,本书不限于以贸易规模来解释贸易和冲突交织的后果。经济学家衡量战争代价的方法之一是追溯贸易的兴衰。大多数研究断定战争会导致贸易下降。[3]因此一些学者就理所当然地推导出如下结论:稳定和和平的形势会增加贸易量。[4]这些观点一直被照单全收,深信不疑。正如帕特里克·K.奥布莱恩(Patrick K. O'Brien)所指出的,

"古典政治经济学以反对武装冲突为特点,自由经济学家倾向于夸大战争对人力和资本形成的危害"[5]。本书各章除了衡量冲突对贸易量的影响之外,还论述了其他一些内容:当贸易和冲突交织时,那些深远的且让人意想不到的后果。与把冲突看作阻碍贸易的危害因素的观点不同,本书证明,贸易政策(自由贸易与贸易保护)的更迭重新确立了贸易的方向,但不一定破坏贸易模式、使国家丧失商业优势,或者有碍于各国把贸易当作实现外交或政治目标、促进政治进程和国家形成、塑造贸易国间经济关系的工具。贸易和冲突的交织已经带来了破坏性的、转变性的和持久的后果,这些后果无法通过计算贸易量来衡量。

第三,本书将有关贸易是否更能带来和平的学术争论复杂化了,尽管本书是从具有包容性的冲突定义的独特视角展开研究的。政治学家在贸易是否能减少国家之间冲突的争论中占据了主导地位,他们对贸易-和平动态的研究可追溯到19世纪末,尽管1945年以后这类研究更受重视。[6]自由和平理论拥护者的一个基本主张,就是贸易可促进联系、创造互赢的条件,而冲突将使互赢处于危险境地。[7]诺曼·安吉尔(Norman Angell)是一名学者,他提出这样一个逻辑:贸易依赖抑制了1911年发生战争的可能性,但几年后,第一次世界大战的爆发彻底否决了这种联系会一直存在。[8]随着时间的推移,贸易与和平的联系被学者们所细化。例如,翰·多伦森(Han Dorussen)和休·沃德(Hugh Ward)已经发现,一般而言,加入全球贸易网络会降低战争的可能性。[9]约翰·R. 奥尼尔(John R. Oneal)和布鲁斯·拉西特(Bruce Russett)已经断言,经济上重要的贸易和民主具有"实质性的重要和平意义"[10]。当这一观点遭到挑战时,他们就修改衡量方法,如通过举例和考虑规模,来继续发现"自由和平的确凿证据"[11]。

并非所有政治学家都相信贸易与和平之间的联系是直接且重要的。凯瑟琳·巴比里（Katherine Barbieri）和杰克·列维（Jack Levy）已经发现，在国家之间爆发冲突前，贸易可以增加或减少，贸易与战争可以共存。[12]事实上，德国经济学家卡尔·布林克曼（Carl Brinkmann）很早就观察到了交战国之间的贸易，他指出经济联系不仅在战争时期可以维持，而且可以暗中以破坏政治目标的方式进行。[13]埃里克·加茨克（Erik Gartzke）强调姻亲关系在决定和平或战争方面的重要性，这反过来又使他得出"互相依赖无关紧要"的结论。[14]尽管这项研究意义重大，但贸易与冲突关系的研究仍然不如贸易与和平关系的研究那么充分发展。[15]

《全球贸易冲突：16—20世纪》是探讨贸易与冲突关系的一本书，基于从公元1500年——当国际贸易联系像蜘蛛网一样遍布全球——至20世纪后期——国际贸易的价值变得几乎不可估量——这一段贸易与冲突交织的重要历史。在有些情况下，正是贸易的机遇或愿望刺激了冲突的发生；在其他情况下，冲突是限制贸易的结果。冲突可隐匿于一般事件的背后间接产生，亦可与其有直接联系。必须记住，冲突是解决争端和追求竞争的一种方法，冲突也可能被认为是一个过程，而不是一个瞬间或事件。这种冲突与熊彼特提出的创造性破坏理论具有同样的影响，熊彼特称这种创造性破坏是维持经济增长和转型的动力之一。换句话说，它导致适应性和继续增长。[16]冲突可能出乎意料地发生，甚至是偶然地发生，或者它能被有意地用作达到特定目标的方法。冲突可能根源于外部刺激或压力、贸易的内在动力，甚至是人类的天性。

其他学者已经辨别出贸易的政治用途，揭示了贸易被卷入政治和地缘政治冲突的方式。例如，黛安·昆兹（Diane Kunz）曾经认为，贸易不仅是地缘政治关系紧张的工具，而且已经成为战争的替代品，因为现代武器的破坏性是不可想象的。她认为,贸易战是"军事力量的可行替代"[17]。那些断定贸易与和平关系紧密的学者将不得不考虑贸易与冲突的持续联系,以及它们之间比还原论者所提出的观点更复杂的动态。

归根结底,经济学家和政治学家的研究主要集中在两个关键且古老的问题上:战争如何影响贸易量?贸易如何影响爆发战争的可能性?他们越来越复杂的分析试图通过测量规模与概率来证明贸易和战争的因果关系。战争在多大程度上使贸易量上升或下降了?为了防止战争,需要多少贸易,以及什么样的贸易?示意性陈述是其方法的核心,公式传达了他们的发现。随着历史学家加入贸易和冲突的辩论,调查的范围和目的产生了不同,但与之前的研究又相互补充。作为历史学家,我们力求了解贸易与冲突的各种表现形式的相互关系。我们试图讨论为什么贸易引发了冲突,冲突如何影响贸易模式、贸易政策以及冲突产生的制度和社会原因。我们对结果和原因一样感兴趣。我们的研究方法是定性的、实证的、实验的和具体的,而不是定量的、范式的和预测性的。

本书收录的9个非常详细的历史个案研究证明,冲突促进了贸易的变化,创造了机遇,但也瓦解了现有的贸易联系,追求贸易在不破坏贸易的情况下引发了激烈的对抗。有三个主题有助于解释贸易与冲突的相互关系。第一,一个国家的政策环境和生产环境既影响其国际贸易的数量和方向,也影响其国际贸易的用途。第二,国家一直是贸易参与者。即使当自由的经济正统思想流行时,国家也一直把贸易当作战略和工具——在贸易政策中,经济得失不是最高目标。16世纪的中国和葡萄牙、拿破仑战争期间以及20世纪的欧洲和美国都是如此。第三,上述两个主题的逻辑推论:非经济因素,特别是政治和地缘政治动机和利益,与贸易交织一起。本书各章按照时间顺序论述贸易观念的演化：从重商主义到自由贸易、贸易保护主义、闭关自守、被管制的贸易，考察经济理论与实践之间的差距，以及贸易概念之间的相互矛盾。

虽然本书作者坚决避免陷入先入为主的预测的黑暗深渊，但他们的发现对预测和公共政策感兴趣的学者可能有用。预测和公共政策是小雷纳托·加尔沃·弗罗雷斯（Renato Galvão Flôres, Jr.）在本书结论中探讨的主题。这个研究的及时性，以及对当前全球经济衰退和贸易战的关注，强化了它与决策者的关联性。贸易一直是促进一体化和全球化的关键机制，与贸易保护甚至闭关自守政策相反的做法导致了人们对贸易战或其他经济冲突形式的关注，这些冲突将破坏国际合作的稳定性。基于历史反思新的国际贸易以及贸易与冲突之间的关系是非常重要的。

## 简述漫长的贸易与冲突史

数千年来，商人步行、骑行（马）或航行于国际贸易的道路和航路上。连接印度、阿拉伯半岛和东亚的佛香贸易商路繁荣于公元前3世纪到公元2世纪。连接加尔各答和白沙瓦的"大干道"（Grand Trunk Road）是两千多年来高度发达的贸易路线。也许最著名的国际贸易路线是"丝绸之路"，从公元前1世纪起，它就是一条绵延4 000多英里的商业大动脉，连接着中国与中东、北非和地中海地区。并非所有的贸易路线都经久不衰。波托西（当时属于秘鲁总督区，现在位于玻利维亚境内）在16世纪末成为一个广泛贸易网络的枢纽，来自银矿的白银经过它跨越大西洋和太平洋，奢侈品——帽子、镜子、香料和瓷器——往返于这条线路上。但是当18世纪后期银矿枯竭时，这个贸易网络就解体了。[18]由于陆上旅行速度缓慢，参与国际贸易的商品要么是耐腐烂的，要么是昂贵的，或两者兼而有之，因而这些商品的利润很高——产生了可观的回报。丝绸、绸缎、麝香、琥珀、没药、瓷器、香料、奴隶和硝石是早期国际贸易的典型商品。

虽然过去500年里全球贸易的总规模难以估计，但是贸易或多或少上涨了（见表0-1和表0-2），其增长速度快于世界人口，它对日常生活条件的影响也在稳步加强。[19]商品的流通一直伴随着暴力威胁和冲突，从抢劫到国家之间的战争。正如塞巴斯蒂安·R.普拉格（Sebastian R. Prange）已经注意到的，"亚当·斯密认定的以物易物、易货贸易、交换等人类习性，也许可以加上抢劫、盗窃、敲诈等补充性倾向"[20]。在中世纪欧洲，通往大城市的道路充满危险，因为强盗们往往会埋伏在城市周围的树林里打劫防守不善的商人。虽然罗宾汉在今天的童话故事里被赞美，但实际上他和他的部下都是盗贼，在树林里伏击没有防备的商人。[21]贸易与危险相伴。的确，风险能够提高成功到达市场的货物的利润率；反过来，风险又会增强商业交换的吸引力。那么长期存在的问题是在贸易和商路发展的同时寻求安全。早期的商路是设防的，因为有携带商品的商人的地方，就有通过拦路抢劫快速获利的机会。商人能够雇用某种形式的保护，尽管这是一种消耗利润的成本。商人也可以通过成群结队的方式（据说队伍有1 000头骆驼这么长），以期从数量上寻求安全感。

表0-1 世界贸易的年增长率

| 16世纪 | 1.3% |
|---|---|
| 17世纪 | 0.7% |
| 18世纪 | 1.3% |

续前表

| 1870—1913 年 | 3.4% |
|---|---|
| 1913—1950 年 | 0.9% |
| 1950—1973 年 | 7.9% |
| 1973—1998 年 | 5.1% |

资料来源：编自 O'Rourke 和 Williamson（2002），p.412；Maddison（2001），table 3-2a，p.127．

表 0-2 世界出口占世界生产总量的比重

| 1820 年 | 1870 年 | 1913 年 | 1929 年 | 1950 年 | 1973 年 | 1992 年 |
|---|---|---|---|---|---|---|
| 1% | 5% | 8% | 9% | 7% | 11.2% | 13.5% |

资料来源：Maddison（1995），p.233．

在从中世纪向近代的转型过程中，造船业和航海技术的发展使商船能够远离海岸线航行；新的航海贸易运输的商品更加多样，而且运输得更快更远。1453 年君士坦丁堡被奥斯曼帝国攻陷后，欧洲与亚洲之间的陆路被封闭，寻求新路线采购需求量大的香料的紧迫性随之增强。海上贸易也使得此前遥远的生产者与消费者之间建立起更直接的联系。因为这是一种危险的运输方式——船只经常沉没，货物经常受损——船上装载的货物包括可以带来最大利润的奢侈品，包括黄金、白银和香料。这些海上漂浮的金库变成海盗的目标。17、18 世纪是海盗活动最猖獗的时代。有些海盗得到国家资助，还被美其名曰"私掠船主"。但是，海盗与私掠船主之间的区别可谓见仁见智，因为王室支持者分享了战利品，所以私掠船主的行为被披上了合法的外衣。即便他们缺乏王室的支持，海盗活动的利润率也吸引了不少投资者：利润率高达 60%——东印度公司的最高利润率只达 20%——所以它是一个很有诱惑力的投资机会。因此，彭慕兰（Kenneth Pomeranz）和史蒂文·托皮克（Steven Topik）已经注意到，海盗活动是"贸易和战争的延伸"[22]。普拉格还讨论过海盗与商人之间的互通性：今天的海盗明天可能从事合法贸易。凭借武力夺取货物并未阻止贸易；它是另一种交换形式，虽然非常不平等。[23]

寻求商业财富也塑造了不同民族和文化之间的新联系，常常带来灾难性的后果。与此前未知的民族接触引起了复杂的反应，混合了好奇、惊讶和蔑视。当15世纪早期海军上将郑和从西洋返回中国时，他带回了一头长颈鹿和一些犀牛；你可以试想这种景象所带来的惊奇。在欧洲扩张中，除了对目标的信心、支配其他民族的权利信念，以及将暴力和商业联系在一起的文化规范之外，跨文化接触者也产生了恐惧和焦虑。[24]瓦斯科·达·伽马（Vasco da Gama）的航海日志读起来令人毛骨悚然，因为它记载了他是如何将人们划分为朋友或敌人的。带着这种世界观，暴力经常被用于摆脱威胁，不管这些威胁是真实的还是想象的、是迫在眉睫的还是预设的。达·伽马写于1498年的一条航海日志表明，对暴力的接受是毫无疑问的，而且暴力被经常使用：

> 在夜里，船队总指挥"审问"两个在甲板上干活的摩尔人……通过把烧沸的油浇到他们的皮肤上，让他们交代背叛我们的行为。他们说我们一进入港口，他们就得到捕捉我们的命令，是为了报复我们在莫桑比克对他们所做的一切。当酷刑第二次被使用的时候，其中一个摩尔人虽然双手被捆绑着，却跳进了海里。另一个摩尔人在早上瞭望期间也这么做了。[25]

寻找神秘的香料岛——激发了达·伽马的航海动机——是一个嗜血的

追求，竞争对手相互残杀，剥削和压迫当地各族人民。它是"暴力经济"以威胁手段达到商业目的的证明。[26]残酷的商业追求持续到17世纪，直到荷兰发动反对班达群岛土著居民的战役并造成种族屠杀。[27]经常性的残忍暴力深深地卷入贸易中，对利润的追求更加助长了暴力，帝国之间的竞争则维持了这种暴力，而且这种暴力是人类天性。

暴力不仅仅是一种需要防范的风险，武装冲突也是步入近代后被普遍接受的商业战略。正如达·伽马用暴力突破被威尼斯、热那亚和埃及垄断的香料贸易一样，后来的参与者也利用暴力取得了竞争优势。荷兰东印度公司就是为了追求获利丰厚的香料贸易而成立的，它在17世纪初第一次航行时就对水手说："无论在哪里遇到西班牙人和葡萄牙人，你们都要发起攻击。"[28]荷兰与西班牙、葡萄牙之间的竞争以极其血腥的方式进行，在非常遥远的地方付出了毁灭性的代价，以至于查尔斯·R.博克瑟（Charles R. Boxer）认为，它应该被认为是第一次全球性的世界大战。[29]荷兰人的残酷被用于建立和维持他们的商业霸权，而商业霸权反过来与国家的安全和立场紧密相关。作为动机和目标，经济优势和政治高度相互交织。[30]

人口变化和技术革新增加了对贸易的需求，促进了货物的转运，国际贸易的规模和性质也因此发生转变。18世纪末和19世纪工业化的传播带来了城市的增长。在城市中心，家庭生产减少了，被越来越专业化的经济活动所取代，而专业化的经济活动刺激了人们对贸易的需求。其他技术的发展也扩大了贸易的范围和规模。例如，蒸汽机和铁路降低了运输成本。化学技术革新——如化肥——提高了农作物的产量，使生产水平满足了贸易的需要。后来，电子制冷技术的发展克服了商品易腐烂的许多困难。1882年达尼丁号（The Dunedin）首次从新西兰运输羊肉和黄油到英国，航程11 000多英里，成为新西兰历史上的传奇。[31]它还巩固了新西兰作为专业化农产品生产国的经济地位。到19世纪，专业化和一体化已经达到了"世界成为一个巨大的食品市场"的程度。[32]但是国际贸易的影响不仅仅局限于食品行业：这些变化改变了全球贸易商品的种类——从奢侈品到日常用品，从不易腐烂的商品到易腐烂的商品，从高价值-重量比到低价值-重量比。

随着贸易性质的演变和贸易路线的增多，贸易仍然陷于冲突和战争之中。18世纪，欧洲的主要贸易竞争者变为法国和英国，它们不仅为了控制资源和到达大西洋的商路而战，而且为了在欧洲的霸权而战。冲突与商业战略之间的联系仍然很紧密。正如芬德利和奥鲁克所解释的，"实力的维持需要富足，反过来，保障富足的供给需要实力"，这是一种循环逻辑。[33]英法之间的竞争转移到新大陆，围绕控制毛皮贸易而进行。它们都有当地的盟友——阿岗昆族（印第安人）支持法国，而易洛魁族是英国的盟友。因为欧洲人用武器换取毛皮，控制毛皮贸易的战争导致了大量的人口损失。在英国人取代法国人进入新大陆的同时，英国东印度公司承担了准军事决策机构的角色，扩大了对法国东印度公司的斗争。17世纪，当英国东印度公司无法在香料贸易方面取代荷兰时，它就转移到印度；孟加拉地区提供了其他商业吸引力，包括棉纺织品和火药制造中不可或缺的原料硝石，而火药是当时战争频发的欧洲极其需要的物资。硝石的出货量也表明了武器贸易对国际贸易的长期重要性。随着法国在印度的失败，英国东印度公司开始挑战孟加拉地区的纳瓦布（Nawab）政权，并逐渐承担起行政管理的职责。当英国东印度公司的地位在1857—1858年"印度土兵起义"期间遭到挑战时，英国政府接管了它的行政职责，从而把它的帝国主义势力延伸到了另一个世纪。英国的经验证明，100多年来寻求"全球商业霸主"地位的努力少不了暴力、冲突和征服。[34]

虽然 19 世纪经常被认为是自由贸易的鼎盛时期,但是冲突对贸易的作用、贸易对冲突的作用在鸦片战争、法国大革命和拿破仑战争(1792—1815 年)中表现得非常明显。这些冲突驳斥了自由贸易可以带来国家之间的和平的观点。19 世纪中期,曼彻斯特商人和英国议会议员理查德·科布顿(Richard Cobden,他是要求废除《谷物法》的急先锋)仍然坚持认为,自由贸易、繁荣与和平是相辅相成的。正如他早先解释的,"一个(自由贸易的)成功是其他胜利的序幕"[35]。但是这种推理并不被其他人所认可,因为这些人认为自由贸易是终极目标,暴力冲突是达到这个目标的捷径。英国(后来得到法国的帮助)发动了侵略中国的战争,打破"广州制度",以便能不受约束地进入广大的市场,继续鸦片贸易。鸦片是当时英国能够销售给中国消费者,以扭转英国对中国茶叶需求猛增所带来的贸易逆差的最佳商品。到 1750 年,茶已经变成英国备受欢迎的饮品,大约 5% 的家庭收入用于购买茶叶,这导致英国白银大量流向中国。英国下决心堵住这个漏洞。虽然当时有人批评英国的政策,但是这些措施以自由贸易的崇高目标来证明其合法性。在鸦片战争中,战争被用来将中国纳入全球贸易网络,但是在拿破仑战争中,中止贸易则是法国用来向英国发动战争的一种手段。拿破仑·波拿巴已经取得了巨大的军事成功,但是他还没有打败英国。支撑英国并使它成为法国威胁的支柱之一就是它的经济实力——它可以而且确实为其零星的欧洲大陆盟友,如奥地利和普鲁士的战争努力提供资金。拿破仑决定通过阻止英国进入大陆市场来削弱它的经济实力。这个策略失败了,因为贸易继续秘密进行(部分原因是英国商业航海的实力和技巧),英国在其全球经济帝国的基础上有其他的供应来源,而拿破仑专注于封锁英国的出口,而不是停止必要的食品进口。[36]

战争也以无法预料的方式影响贸易。例如,拿破仑战争就破坏了人们对重商主义的信心，它的主要目标是通过贸易增加国家的财富。因为重商主义者假设财富是有限的，所以他们力求出口最大化（除了贵金属和原料外），但限制进口。[37]拿破仑战争后，这种观点被削弱了，欧洲迎来一个自由贸易思想和实践日益增多的世纪。第一次世界大战也改变了贸易的条件，"19世纪后期的自由经济秩序突然停止"[38]。但是战争并未把自由贸易政策带到终点。它不仅为新的工业生产者创造了机遇，而且为一些国家更全面地融入全球经济打开了大门。[39]战争不仅具有破坏性，而且改变了国际贸易。两次世界大战和"大萧条"使20世纪的贸易增长缓慢，甚至呈负增长态势，以至1950年世界贸易规模与1913年大致相当。但国际贸易被证明是能够迅速恢复的：在两次世界大战后的10年里，贸易规模都能恢复到战前的水平。第二次世界大战后，贸易的极度繁荣持续了20多年。20世纪70年代中期以后，石油冲击、通货膨胀和贸易保护主义减缓了全球贸易，但是没有让它停止。无论是从绝对还是相对来看，贸易都增长了；出口占世界生产的比重也更大了（见表0-2）。此外，生产已经国际化，零部件遍布全球。同时，国际贸易中的货物品种也更广泛了。在中世纪和近代早期，商品就是一种可以让你踩到脚下的东西。今天，诸如保险、旅游、房地产和运输等服务占世界贸易总额的近20%。但是，这个规模侧重于有形的商品贸易，即本书所考察的在500多年的时间里占主导地位的贸易类型。

随着20世纪国际贸易的扩大，战争作为促进贸易的工具已经不那么普遍了。但是这并不意味着贸易已经变得和平了。20世纪的商人仍然被唯利是图的本能所驱使，仍然使用残酷的策略增加市场份额。生产者之间的竞争——特别是那些想更多地获得国外市场的生产者——引发了冲突。对这种可能引发战争的冲突的关注，导致了1948年《关税及贸易总协定》（简称《关贸总协定》，GATT）的建立；《关贸总协定》及后来出现的"世界贸易组织"(WTO)力图解决贸易引起的许多长期分歧并追求自由贸易。虽然与贸易有关的躯体暴力行为变得很难证明其合法性并且很可能遭到惩罚，但是也有例外。暴力冲突仍然被用于获得珍稀商品，正如发生在刚果民主共和国的冲突所带来的极大痛苦所证明的那样；围绕钶钽铁矿（一种用于制造手机的物质）的竞争就深深地陷入了这种漫长而恶意的冲突中，更不要提围绕一些最有利可图的全球贸易商品——可卡因、大麻和鸦片——在哥伦比亚、墨西哥和阿富汗的斗争。

通过以惩罚性商业手段达到政治或地缘政治目的，贸易在 20 世纪冲突中仍然被当作工具使用。例如，"冷战"时期，超级大国的目的是打败它们的意识形态敌人。为了达到这个目的，东-西方贸易在 50 年代就被关闭了。但是当西方贸易禁运不能奏效时，东-西方贸易又被促进了。虽然策略相反，但目标是相同的——打败共产主义，贸易模式也相应发生了变化。[40]虽然贸易长期服从政治压力和政府干预，但是贸易的政治化加强和维持了冲突性手段和结果。因此，在 20、21 世纪，贸易和冲突仍然紧密相连，虽然战争很少被轻易用作追求贸易的方法，但是贸易仍然被用作发动战争的方法。

## 本书各章内容摘要

本书一共分为 9 章，每章都是一个独立的个案研究，解释贸易与冲突之间的关系及其趋同的后果。本书的各位作者来自历史学下的不同专业和领域，他们因为对不同时代和区域的历史现象拥有相同的旨趣而聚集在一起。每章都反映了作者擅长的领域——中世纪史学家和现代史学家，社会学、经济学和外交史学家——以及擅长的地区，如加拿大、中国、欧洲、拉丁美洲和美国等。

每章涉及独立的历史学分支领域，挑战现有观点，并提供新的解释。各章合起来就建立起全球的、长期的、比较的框架，在这种框架下理解贸易与冲突的关系。每章阐述这种关系的持续性，甚至重商主义时代的血腥贸易追求也让位于追求相对文明的商业机遇。虽然主流经济学观点发展了，但是政府仍然把贸易当作追求政治和地缘政治目标的工具。政府一直积极地参与贸易管理，无论是16世纪中国的例子还是20世纪美国的例子，无论是在帝国政治结构中还是在民主的负责任的政治结构中。国内和国际方面的渗透性一次一次地被阐述，强调世界贸易的发展不能脱离国内环境或政治命令。冲突对贸易联系的建立和导向的影响被遵循了500多年，随着少数具有全球意义的商品被考察，如胡椒、小麦、蔗糖和咖啡等。结论是：贸易与冲突的交织已经调整了贸易，引起了战略的适应，在关闭某些市场的同时也打开了其他市场；它们的结合一直是强大的过程，虽然有时是破坏性的和极为痛苦的过程，但塑造和促成了世界贸易的增长模式。

通过考察16世纪早期葡萄牙商人如何来到中国沿海、利用暴力打开中国市场，卜正民（Timothy Brook）撰写的第一章开启了本书内容。与普遍认为中国敌视外贸的观点相反，卜正民认为，正当葡萄牙到来时，朝贡体系——出于战略性理由被用于管理与皇帝地位有关的贸易的一种"两厢情愿的虚构"——的功绩是一个值得争论的话题。葡萄牙人对暴力、威胁和阻挠的运用是一个复杂的政策争论，这种争论导致中国关闭航海贸易：贸易的外交功能战胜了获得收入的作用，而获取收入是许多中国官员已经开始鼓励的。卜正民引入了3个循环主题：（1）暴力作为获得市场和供给的工具的作用（尽管在中国这个个案中，这种方法不是特别有效）；（2）国家参与贸易——主要动机是非商业考虑——和政府决策与政策对贸易网络的发展的影响；（3）结合国内政治和经济因素解释贸易的外部投射的必要性。

接下来，埃莉诺·弗雷尔·科斯塔（Leonor Freire Costa）考察了印度航线，聚焦于外部压力的效应——如越来越多的香料贸易竞争者、私掠船主的活动、越来越多的防御开支和内部因素，如造船开支、在航线上的盈利能力。胡椒贸易只是用于削弱竞争对手荷兰的战争努力的手段。但是，她这一章的主要观点是阐述组织制度和金融的适应性过程，证明贸易与冲突的交织并不妨碍贸易，而只是引起回应和调整。此外，仅仅是商路本身的盈利能力并不足以使国王下定决心从事胡椒贸易。她的这一章确认需要考虑国内条件，在这个案例中是政治习惯和金融实践，以理解贸易的效应和影响贸易发展的力量。国王的紧密投入解释了国家作为贸易流量决定因素的重要性。像卜正民一样，弗雷尔·科斯塔表明了经济和政治因素在形成贸易的概念和用途中的密切相连。贸易的政治化是第二章的另一根主线。

接下来的两章，分别由史蒂文·托皮克和约瑟·路易斯·卡多佐（José Luís Cardoso）撰写，直接论述战争和革命对全球贸易模式的影响。他们不赞同冲突削减贸易的这种假设，而是证明贸易量如何应对现有贸易模式的中断。在这两个个案中，重建秩序是一个漫长而非短暂的调整。此外，托皮克和卡多佐把这些转型过程与眼前和长期的发展联系起来，这些发展影响国家——海地的贫穷和边缘化、巴西的民族独立——和地缘政治变化，特别是拿破仑的帝国野心的破灭。这两章发展了卜正民和弗雷尔·科斯塔介绍的关于经济和政治领域的重叠和贸易的适应性的主题。

托皮克关于海地革命——部分是由拿破仑战争点燃的起义——的第三章强调了贸易与冲突相辅相成。他追溯了外部冲击对全球贸易模式源源不断的影响。18世纪后期，海地是世界最大的蔗糖、咖啡和丁香生产地。当奴隶主为了躲避革命而离开海地时，他们在加勒比海的其他地方建立了甘蔗种植园。更高的蔗糖和咖啡价格有助于经济理性化，奴隶主使用奴隶劳动在其他地方生产这些商品。海地革命的一个讽刺性后果是使奴隶制更深地扎根于美国、巴西、古巴。此外，全球贸易模式也被急剧地改变了。咖啡和甘蔗开始在古巴、波多黎各、巴西和美国种植。对海地经济来说，这是灾难性的后果。海地曾经被描述为"新大陆的天堂"，革命之后，它被边缘化，变得贫穷了。但是贸易并未终结——它迁移到其他地方了。因此，托皮克断言，冲突是"完全出乎意料而代价高昂的贸易发动机"。

卡多佐撰写的第四章考察1806年拿破仑为了打败英国而决定对英国封锁欧洲市场所产生的经济和地缘政治后果。拿破仑意识到贸易可作为战争的工具。然而，正如卡多佐所解释的，拿破仑利用贸易封锁对手的目的从未达成，因为拿破仑的霸权并未包括海洋。1807年拿破仑入侵葡萄牙的决定进一步削弱了他的经济-军事战略。葡萄牙王室不仅逃往巴西，而且鼓励与英国贸易。卡多佐相信英国商人通过寻找新机遇，具有应付封锁带来的逆境的能力；他强调他们的"企业家精神、创新能力"和"精明和敏捷"。那些觉得无法竞争的葡萄牙商人强烈反对英国商人。这种强烈反对促使约瑟·达·席尔瓦·里斯本（José da Vilva Lisboa，他的儿子是亚当·斯密《国富论》的葡萄牙文译者）解释这种竞争条件为什么有利于大家。封锁政策的影响具有众多意料之外的后果：重塑了全球贸易模式，刺激了巴西成为一个独立国家，促使拿破仑倒台，改变了关于国际贸易的根本观点。

第五章至第七章分别由蒂姆·鲁斯（Tim Rooth）、理查德·托耶（Richard Toye）和格列高利·P. 马奇尔登（Gregory P. Marchildon）执笔，论述了20世纪二三十年代、所谓两次世界大战期间的地缘政治战争，这也是以全球经济萧条和贸易战争为特点的一个时代。鲁斯分析贸易模式和政策，设定在英国经济衰落、全球金融和贸易网络中心被取代的背景下。鲁斯修正了把两次世界大战期间当作全球商业活动倒退时期的标准特点。但是,到20世纪20年代末,恢复已经开始了,英国通过有限但受到保护的帝国贸易网络寻求经济安全。这项计划获得了帝国的积极支持,但实际经济状况仍然是黯淡的,因为帝国的经济不足使得这种情况更为明显。虽然鲁斯断定致使英国转向贸易保护主义的主要原因不是"大萧条",但是这种政策客观上阻碍了英国国内乃至全球的经济复兴。尽管英联邦内部关系紧张而令人失望,但各成员在战争时期都站在英国一边。然而,战后它们的地位都更加独立了,当自由贸易制度被实行时。

托耶条分缕析了英国最伟大的演说家之一、最有影响的政治家的政治演说,抽出政治生涯跨越20世纪上半期的温斯顿·丘吉尔关于贸易的演说的修辞技巧、目的和含义。丘吉尔本人在贸易方面的立场不断变化,从自由贸易的拥护者转向实用主义的贸易保护主义者。虽然发生了这种变化,但丘吉尔一直否认贸易是"天生冲突的";他相信每个人都能从自由贸易中获益。但是由于党派政治——主要是为了赢得选票和促进特定的政策——他把贸易置于四面楚歌和党派政治背景之下。因此,他声称他的政治对手的贸易政策将导致"冲突和灾难"。丘吉尔的演说很少告诉我们有关自由贸易与保护主义的争论——至少像经济学家理解的那样——但是它们的确解释了贸易的政治辩论如何定义含义并塑造了自由贸易和保护主义争论的轮廓,而这种争论仍然流行。

分别由鲁斯和托耶执笔的第五章和第六章描述了贸易存在和被理解的大致相同背景,马奇尔登关于全球小麦战争的第七章直接把经济与地缘政治联系起来。虽然通常做法是撰写外部因素对国际贸易制度的冲击,但是马奇尔登证明"大萧条"削弱了全球地缘政治的合作。世界小麦贸易对19世纪后期全球化贸易体系的出现至关重要,但是生产过剩又点燃了20世纪30年代的小麦战。小麦的主要生产国(美国、加拿大、澳大利亚和阿根廷)没有减少耕种面积。消费国也追求削弱贸易复兴的政策。随之爆发的小麦战是全球共同体的一个缩影,揭示了国家利益如何产生自我打败的政策和主动性,如自给自足的粮食政策。按照马奇尔登的看法,失败的商业外交是10年互相猜忌的原因和症状,这种猜忌在第二次世界大战中达到顶峰。但正如贸易与冲突的复杂关系所示,正是战争令大多数国家走出了"大萧条",解决了小麦供过于求和价格低廉的问题。第二次世界大战之后,人们选择被管理的农产品贸易和有秩序的市场,而不是无节制的竞争和开放性市场。但是把农业排除在全球自由贸易秩序之外又为新一轮贸易冲突做好了准备,给提倡自由贸易、反对保护主义的人挖了一个陷阱。

第八章和第九章探讨所谓"康德和平"的全盛期——当1945年后由美国支持和推进的自由贸易思想盛行时。[41]认识到贸易对全球地缘政治的强大而破坏性的影响导致了GATT创立,作为战后秩序重建的支柱之一。GATT的作用是促进自由贸易和管理国际关系中的商业领域,以便能够通过谈判和让步而不是"以邻为壑"的政策和战争,来解决争端和冲突。但是吕西安·科帕拉罗(Lucia Coppolaro)和弗朗辛·麦肯齐(Francine McKenzie)的研究表明,在GATT框架内追求自由贸易已经引发了重大冲突,主要是因为自由贸易虽然被认为是理想的,但落实起来问题重重。保护主义深入GATT成员心中,包括它的最突出成员——美国和欧洲经济共同体(EEC)的6个成员国,它们在GATT的多轮谈判中都发生激烈冲突。贸易谈判中一直充满冲突,但是没有导致僵局或崩溃,对抗能够导致贸易壁垒的大幅减少。作为GATT程序的一部分,冲突在区分发达成员与发展中成员方面的作用也是明显的。虽然按照贸易流量来看,南北分裂没有多大意义,但它的确是一个按照几种相交轴两极分化GATT的参考标准:剥削与正义、弱小与强大、贸易的赢家和贸易的输家。南北两极分化和贸易政治化逐渐地改变了 GATT，但从未全面把它转变为经济发展的代理人，而只是使它比 1948 年成立时对穷国更负责、更关心。

直到 1971 年美国总统理查德·尼克松宣布停止美元与黄金兑换、所有进口适用 10% 附加关税，震惊了国际经济体系，贸易上升为高级政策水平已是不容争辩。托马斯·W. 泽勒（Thomas W. Zeiler）把尼克松总统的方法描绘成对美国重要盟友，特别是 EEC、加拿大和日本的"正面进攻"。它是公然的挑衅行为，将立即引发反对，诱发贸易战的危险前景。有关国家的反应确认密切的地缘政治盟友也可能变成激烈的贸易竞争对手。但是"尼克松震荡"不能仅仅理解为一场几近发生的贸易战。泽勒认为，尼克松的经济好战性必须按照他的意图来理解：警醒资本主义政权进入一个责任更平等的新时代。现存秩序不再为美国效力，美国面临美元短缺甚至收支越来越不平衡。由于改革需要其他国家——如德国——承担更多的财政责任，所以不采取强硬手段就无法达到目的。因此，冲突作为一种高明的策略，被用作形成"新的竞争时代"的条件。此外，尼克松的行为占了更积极的贸易保护主义者美国国会的先机。这个政治震荡引发了贸易改革（和货币改革），在与战后自由贸易基础完全不同的形势下维持自由贸易秩序。因此，尼克松的目标主要是稳定，尽管这可以通过激烈的谈判达到。

最后的结论由小雷纳托·加尔沃·弗罗雷斯执笔。他提出与学者和相信"康德和平"思想的实用主义者不同的观点，以两种方式发起挑战。首先，在对康德毕生哲学著作的概述中，他认为学者和实用主义者形成了关于贸易与和平相互依赖的固定看法——这的确是过时的、僵化的观点，只能出现于研究美学、伦理学、国际关系、推理和法学的教材和文集中。其次，他反驳了贸易与和平相辅相成的信条。

他构建了漫长而多层面的贸易与冲突关系的描述——把9个案例研究置于其中——以揭示贸易与冲突之间长期的、变化的且持久的联系。他根据贸易的动态性解释这种联系。作为一个贸易谈判家，他的经验成为纠正一直折磨现行贸易谈判的误解的基础。弗罗雷斯认为，康德及其贸易与和平的观点将使贸易官员能够更有效地面对"贸易带来的无数问题"。

## 结论

国际贸易一直而且仍然不乏批评者，他们之所以批评它，是因为它破坏环境、引起国内失业、削弱地方性社区和文化、进一步恶化不平等的条件——换句话说，因为它的很多方面具有破坏性——国际贸易与稳定的条件之间的联系（如果不是和平）已经在政府政策层面、在国际组织和学术分析中经受了考验。虽然本书的总结并不反对这种联系，但它的确表明这种联系是片面的。我们把贸易看作一种本身带有竞争因素的行为，参与者力争通过打败他人建立自己的支配地位。我们的个案研究也表明，从历史上看，冲突并未使贸易停止。它引起了戏剧性的变化，这些变化创造了新机遇，尽管它们也关闭了现有的机遇之门。贸易的适应、变化和复兴都会创造新的竞争条件。因此，贸易与冲突的交织一直是变化的，或者如托皮克所解释的，点燃了"建设性破坏"的火花。即使冲突采取最暴力的形式——战争，动力也是一直在加强。贸易可能是也可能不是战争的目标，但是贸易能够变成维持战争的根本条件。[42]我们不把贸易与冲突的关系看成零和博弈动态，而是看到它们之间的相互转变关系。

人们会情不自禁地认为，以国际贸易为典型特征的16—20世纪是比现代更野蛮的时代。但是正如本书所认为的，虽然冲突的表达已经大多从肢体转向语言上的争端,但是相遇者仍然经常发生冲突。商业竞争仍然是你死我活的斗争,并非所有参与者都能走向繁荣或存活。从重商主义向自由主义转变并未剔除贸易与战争之间的联系,虽然这种转变被用于划分商业时代。战争在自由贸易的名义下进行。特殊的商业变体——贸易战——引发了整个20世纪的焦虑。毫无疑问,贸易战造成的伤亡不同于战场死亡,但是苦难应该是深远而剧烈的。可以理解的是,期待一本考察贸易与冲突的历史交织的书可能是一个毁灭性的传说,但是这个论断可能歪曲500年前和今天经历的贸易与冲突之间强大的变革性影响,即使这种影响是痛苦的。

# 第一章　中国南海的贸易和冲突

——葡萄牙与中国，1514—1523 年

卜正民

过去一个普遍公认的观点是，中国政府历来反对对外贸易，如果说中国人需要什么，那便是贸易自由。这种观点可谓根深蒂固，以至于五个世纪以来，人们一直认为中国需要摆脱骄傲自满的情绪。而近两个世纪盛行的观点是资本主义在欧洲兴起的原因恰恰是欧洲国家政府与中国政府迥然不同，它们是资本主义的支持者和赞助者，或者至少是通过授权垄断公司对资本主义的发展予以支持。本章论证了这些假设和见解的谬误，即现代早期的世界历史不能被分裂成东西方两极，并且认为一方是另一方的反例。相反，这是一个相互参与、交替的联合过程，在这个过程中，双方都在协调对外贸易和国家之间的关系，而这种关系在暴力冲突中时而不稳定、时而平衡发展。[1]

上述带有偏见的观点有着深刻的历史根源，深植于迥异的东西方土壤：西方对共产主义时期的计划经济怀有敌意。在此之前，西方认为中国需要"开放"（中国共产党的改革派在 20 世纪 80 年代选择用这个词来形容中国重新融入全球经济）；在此之前，帝国主义坚信只有武力才能推倒"长城"；更早之前，西方重商主义者认为中国是一

个仁慈的专制国家,通过贬低商人和把所有决定权交给"官僚"(mandarins,奇怪的是,这是一个源自梵语的葡萄牙舶来词)来保护国内资产。的确,在这五千年中,中国从未无条件地向对外贸易开放过边界。但除了少数几个国家,绝大多数欧洲国家也不曾"门户大开"。对外贸易与国家之间的关系,从未像新自由主义意识形态那样泾渭分明。新自由主义赋予国家一种"保持一定距离的监管者"的角色,其目的是为大宗商品的流通和资本的积累扫清障碍。在实践中,贸易与国家的关系恰恰相反,当代中国的情况充分证明了这一点,尽管并非特例。如果没有基础设施、法律法规和安全保障,贸易就不可能实现,而这些皆由国家提供。

本章回溯了16世纪头10年葡萄牙商人与中国政府的第一次"邂逅",这次"邂逅"受到经济学家的密切关注,后来又被历史学家仔细研究。我们在现实中经历的很多事情不过是历史的重演。理解这次"邂逅"的方法之一,就是从中国明朝的角度来看待它。关于这段历史,葡萄牙往往被描述为积极行动的一方,其行动或多或少都会奏效,中国则被描述为被动反应且无能为力的一方。事实上,通过更仔细地关注中国官员当时的所作所为,一种与后来的特征不符的贸易与国家的关系逻辑就显现出来了。就中国而言,它与当时欧洲普遍的情况更为接近,这一点也令人震惊。中国和欧洲之间的关系在随后发生了变化,原因有很多。不过在当时,中国和欧洲还不清楚自己是对方的反例。基于这种可能性,我们对中国和欧洲的刻板印象都必须改变。本章并没有回顾后来的发展,而是介绍了葡萄牙人发现双方都处于动态变化中,而不是被动地因循守旧。时代背景很重要,因为在葡萄牙人到来的那一刻,明朝(1368—1644年)的官员正在修订管理海上贸易的制度。这次修订工作在接下来的十年中偏离了正轨,让欧洲人得以讲述一个关于中国对贸易存在敌意的故事,这不仅掩盖了那个时期的真实历史，还掩盖了整个 16 世纪全球普遍存在的贸易的"前现代性"。

本章所依据的主要史料是《明实录》，其主要记录了朝廷诸司部院的奏章以及皇帝的诏敕律令。嗣君登基以后，便会编修先朝"实录"。可以看到的是，《明实录》很容易受到追溯性的政治解释的影响，但它是我们最接近于观察朝廷日常运作的历史记录。《明武宗实录》再现了当时朝廷的政治博弈，这是早期研究中葡关系的历史学家所仰仗的、明王朝灭亡很久之后才出版的历史标准资料中所没有的。这份资料记录了处于权力中心的统治阶级在面对中葡两国贸易需求引发的冲突时所进行的辩论及决策。在这里，国家并非单一抽象的概念，而是一个行动单元，政府官员在他们可以利用的机构和决策过程中处理各种问题。官员们热衷于遵循先例，但从不关注遵循先例所造成的新问题与新局面。大多数人都致力于确保明朝政权的财富和稳定，但这并不意味着他们在如何实现这一目标上完全一致。一些官员注意到贸易会给地方带来好处，但是如果这样做存在政治风险，那么他们便不会以身犯险。正是通过他们关于中国何去何从的辩论，中国成了这段贸易与冲突史的参与者。

## 贸易与朝贡

葡萄牙水手于 1514 年到达中国南部海岸。从里斯本出发的海上旅程可能很长，但从第一批葡萄牙人进入大西洋到他们抵达中国的时间非常短：在不到 30 年的时间里，他们在印度洋航行，在果阿建立基地，占领马六甲港，航行到东印度群岛（亦称香料群岛），然后向北行驶到广州。他们利用了当时的贸易网络（这个贸易网络将南海周边经济联系在一起），部分是通过贸易实现的，偶尔也会利用武器上的优势。[2]

在向东绕过印度洋进入中国南海的途中,葡萄牙人遇到的大多是规模较小的沿海苏丹国,因此他们对明帝国这样一个制度如此复杂的国家毫无准备。中国长期以来一直是海上贸易的主要参与者。宋朝(960—1279年)对海上贸易几乎百无禁忌,除了要求外国商人向市舶司报备其货物外。元朝(1271—1368年)的建立者忽必烈在13世纪70年代入主中原后,实施了海禁政策,以阻止宋朝接受外国的援助来抵抗蒙古人。1284年,元朝政府对外贸实行了垄断,而这一次是为了增加财政收入。一年后,元朝政府放宽了对外贸的垄断,尽管垄断的选择总是带有诱惑性。1303年,元朝对海外贸易实施了完全的国家垄断。在接下来的20年里,该政策又一次被取消和重新实施。直到1322年,元朝才完全取消了对海外贸易的垄断。[3]

明朝的开国皇帝朱元璋(1368—1398年在位)结束了历代前后不一的政策和宽松的执法。朱元璋在他统治的前几年里禁止私人对外贸易。这既适用于来华的外国商人,也适用于出境的中国商人。从那以后,所有的对外贸易都必须通过外交渠道进行。唯一被允许进入明朝进行贸易的外国人是那些作为朝贡使团成员的人。这些使团的规模和日程都经过了严格的规定,它们可以通过指定的中国经纪人进行贸易,但它们的官方目的是向明朝皇帝进贡,并接受皇帝的礼物带回送给本国的统治者。

朝贡制度是一种制度上的现实,并且是两厢情愿的。从中国角度来看,以前有一种说法是皇帝代表天庭统治世界,其他地位较低的统治者应该通过进贡来承认他的宗主权,以示对其权威的服从。中国以外的统治者也接受了这种假设,因为屈服的姿态让他们得以通过外交途径进入中国,并为贸易争取了空间。虽然这一制度早在明朝之前就存在了,但正是明政府坚持通过这一机制来规范引导所有的对外贸易。朱元璋通过朝贡制度规范引导贸易,和元朝阻止海外贸易具有相同的战略意义。和忽必烈一样,朱元璋也相信,为了巩固皇权,控制沿海地区人们的往来至关重要。他认为,不仅要禁止海外贸易,对海外联系的绝对禁止同样是皇权永固的基本条件。[4]

自19世纪以来,比较史学将朝贡体系与威斯特伐利亚体系中有关地区关系的内容进行了对比。在朝贡体系中,一个地区的霸主会将从属地位强加给较小的国家,而威斯特伐利亚体系是建立在所有国家平等的基础上的。然而这种对比并不合理,它把威斯特伐利亚体系视为天生优越的制度,而将朝贡体系视为只能在落后的亚洲生存的前现代复古主义。两种截然不同的体系在两种截然不同的地缘政治背景下形成,威斯特伐利亚体系(它自身与朝贡体系一样虚无缥缈)建立在欧洲各国互相敌视的环境下,而朝贡体系则形成于有一个超级大国居中协调并存在诸多小国的环境下。

然而这仅仅是理论,实践使事情朝着不同的方向发展。众所周知,海上贸易虽然风险大、成本高,但也可能带来巨大的利润。商业家族热衷于将它们的资产集中起来,以独资或股东的身份投资海外企业。水手们热切地想要签约,而那些社会边缘人士和没有谋生技能的人则希望在遥远的中国找到工作。政府也明白海上贸易可以产生巨大的财富。朱元璋缺少与时俱进的知识体系,他试图垄断对外贸易,不是为了从中赚钱,而是为了防止私人积累财富(他认为这些财富可以作为抵抗其统治的基础)。朱元璋的后代则开始萌生不同的想法,在明武宗(1505—1521年在位)统治期间,一些官员开始暗示垄断可以带来财政收入。自15世纪70年代以来,非正式的沿海贸易呈现持续增长的态势,因此明武宗在位期间,允许合法对外贸易并依法征税的想法逐渐增强,而代价是维持朝贡体系的梦想随之破灭。

## 贸易与外交之间的矛盾

鼓励海上贸易的想法带来了制度上的矛盾,明武宗在位时的朝廷为此挣扎了多年。明朝的治国纲领不是国家应利用一切可能来攫取收入,而是国家应确保其子民的身心健康。土地税收是国家财政收入的基础,一般认为足以满足人民和国家的需要。明政府也对商业征税,但税率很低(在3%至10%之间),在国家预算中占比很小。朝贡体系对国家收入的贡献则更小,它存在的意义完全是外交层面的。事实上,明政府支出的外交费用远远超过了它收到的礼物和款项。然而,海上贸易带来的丰厚利润逐渐鼓励了一些对外贸易频繁地区的官员,尤其是最南端的广东省,他们考虑通过对外贸易来增加收入。这样做意味着要把对外贸易从朝贡制度中分离出来,而朱元璋曾明令禁止他的后代改变他所确立的基本制度。尽管这是一项艰巨的任务,但许多人仍然愿意尝试。

明朝的贸易和外交体制有些复杂,在此予以概述。抵达中国海岸的外国使节由一个名为市舶司的机构接待,这个机构的传统翻译是"海事监督员"。早在15世纪,这个机构就由宦官掌控,与国家行政机构平行,对皇室而非朝廷负责。它的任务是保护皇帝的利益,尤其是其经济利益。外交一般由礼部负责,礼部负责管理明朝与外国人的关系。边境安全问题则处于兵部的管辖之下。随着朝贡使团乘船抵达广东省南部海岸,日常的贸易和外交事务由当地官员负责。广东和邻近的广西处于一名巡抚和一名镇守太监的监管之下。在这二人之下,广东省的领导层被一分为三,即主管行政的布政使、主管监察的提刑按察使及主管军务的都指挥使,因贸易产生的对外关系问题往往落在布政使的案头。礼部和兵部都无权直接任命省级官员,它们参与对外贸易的方式仅仅是根据皇帝的要求审查地方决策或直接请求皇帝就某一特定问题采取行动。

最初将海上贸易作为收入来源的努力可能来自宦官机构，在明武宗外出垂钓或练兵的时候，它们有相当大的自由来处理朝廷事务，回避棘手的先例，以便私用（也包括他们自己）。[5]根据《明实录》的记载，宦官在这一问题上的积极行动最早要追溯到1509年的春天，"暹罗国船有为风飘泊至广东境者，镇巡官会议：'税其货以备军需'。市舶司太监熊宣计得预其事以要利，乃奏请于上"。如果没有人反对，这本来可以成为在国家监督下扩大对外贸易的先例，但有人站了出来，"礼部议：'阻之'。诏：'以宣妄揽事权，令回南京管事。以内官监太监毕真代之'"[6]。

毕真的主要任务是监督朝贡事务，然而在1510年8月，也就是17个月后，他提出由市舶司接管商舶抽分事务，而这正是熊宣之前所提出的。毕真指出：

> 旧例泛海诸船俱市舶司专理，迩者许镇巡及三司官兼管，乞如旧便。

他试图用税收来补贴皇室用度，毕真的奏疏被送到礼部征求意见，再次遭到了礼部的驳回。礼部议：

> 市舶职司进贡方物，其泛海客商及风泊番船，非敕书所载，例不当预，奏入，诏如熊宣旧例行。

朝廷是担心宦官机构集聚财力，还是担心因税收影响外交，这一问题有待商榷。皇帝遵循了先例，确认该制度应该恢复到1509年3月熊宣试图接管抽分事务之前的状态。[7]

在《明实录》中，关于上述事宜的内容以这样的注释结尾：

> 宣先任市舶太监也，尝以不预满剌加诸国番舶抽分，奏请兼理，为礼部所劾而罢，刘瑾私真，谬以为例云。

刘瑾是明武宗时期的宦官，在拒绝毕真的请求两周后，明武宗下令以"反逆"罪名逮捕并处决了刘瑾。这项罪名是否属实还有待商榷，不可否认的是，刘瑾操纵了一个大规模的收受贿赂的特务机构，使整个国家的官僚制度的正常运转受到了极大的腐化和冲击，而明武宗却视而不见。但将对外贸易征税问题归结为宦官腐败或宦官与文官之间的长期斗争是一个错误。重要的是，中国南部海岸正在发生显著的变化。越来越多的船只运载着越来越多的商业货物进出中国，中国南方的官员也在努力想办法改变海上进口的垄断局面，使国家受益。

## 贸易政策之争

《明实录》记载，接下来海上贸易征税的发展是在四年后，即1514年，广东布政司参议陈伯献——一个不为人知的人物，向明武宗递交了一份奏疏，控告他的上级吴廷举让海上贸易失控：

> 岭南诸货出于满剌加、暹罗、爪哇诸夷，计其产，不过胡椒、苏木、象牙、玳瑁之类，非若布帛、菽粟，民生一日不可缺者。近许官府抽分，公为贸易，遂使奸民数千驾造巨舶，私置兵器，纵横海上，勾引诸夷，为地方害，宜亟杜绝。[8]

陈伯献称，造成这种糟糕局面的正是吴廷举。皇帝征求了礼部的意见。礼部在 6 月 27 日回应支持陈伯献：

> 禁约番船，非贡期而至者，即阻回，不得抽分以启事端，奸民仍前勾引者治之。

吴廷举因何触怒了陈伯献，我们不得而知。有关吴廷举的文献记录相对较少，其中最广为人知的便是陈伯献的上奏，因为这成了反对更自由的外贸政策的试金石。要污蔑一个主张扩大贸易和增加海关收入的官员，就得称他为另一个吴廷举。例如，在陈伯献上奏三年后，中国南方的另一位官员提到了 1514 年的争论，并指出吴廷举巧辩兴利，请立一切之法，抚按官及户部皆惑而从之。同样，四年后，另一位心怀敌意的御史试图将后来外国人在广东制造的麻烦都归咎于吴廷举：

> 近因布政使吴廷举首倡，缺少上供香料，及军门取给之议，不拘年分，至即抽货，以致番舶不绝于海澳，蛮夷杂沓于州城。法防既疏，道路益熟，此佛郎机所以乘机而突至也。[9]

这些反复的引用表明，16 世纪头 10 年后期，吴廷举被认为是主张对外贸易对中国特别是对财政有利的官员。换句话说，他是贸易和外交分离理念的拥护者。因缺乏相关文献，吴廷举本人所倡导的理念很难被具体展现。广东南部顺德县地方志上关于他的传记让我们能略窥一二。在 1487 年通过了科举考试后，吴廷举第一次被任命为知县。他是一个身材高大、不修边幅的人。他同样也是一个值得信赖、治理地方卓有成效的官员。在他主政地方期间，他重振了县域经济，扫除了民间弊病,拒绝了上级索贿,这可能就是他在被提拔之前的九年里备受冷落的原因。吴廷举于1505年回到广东担任布政司参议,他曾被派往江西省,但后来回到广东,担任右布政使。[10]因此,在他职业生涯的头25年里,他大部分时间都在广东度过,而且是不断地履新。百姓认为他对当地的问题有着深刻的见解。

不幸的是,我们对吴廷举,对他与陈伯献的对立所涉及的利害关系,以及这种对立在政治上的后续发展所知甚少。事件的结果令人费解,皇帝采纳了礼部的建议,批准了陈伯献的奏章。但吴廷举仍然留任,不仅如此,他还在一年内被提拔为广东左布政使。因此,尽管有人反对他直言不讳地主张在海上贸易方面采取更积极开放的政策,但这项政策在更高层级上获得了足够的认可,他也因此受到了保护和重用。

1515年5月,吴廷举再次成为被攻评的目标,当时礼部提交了一份奏疏,抱怨前一年对朝贡使团限制进口的政策没有得到执行。礼部用略显含蓄的措辞描述道,"参议陈伯献尝奏禁革,而奉行之人因循未止"。《明实录》中并未提及吴廷举的名字,但暗有所指。然而,这次礼部将目标扩大到吴廷举以外的人,称"后以中人镇守,利其入,稍弛其禁"[11]。1506年至1514年担任两广镇守太监的正是潘忠。[12]

吴廷举是否和一个贪腐的镇守太监相互勾结?事实显然并非如此,因为吴廷举传记揭示了其与宦官机构公开冲突的历史可以追溯到他担任顺德知县的时候。他曾阻止过一位有权势的太监修建宗祠,他也曾拒绝过一名市舶司提举的贿赂,这导致他因在另一件事上越权的罪名被关进监狱。当他在1506年以布政司参议的身份回到广东时,他与镇守太监潘忠发生了冲突。吴廷举指控了潘忠的20项罪名,潘忠予以反击。最终,吴廷举被后来因腐败被处决的司礼监掌印太监刘瑾逮捕，并在吏部面前被戴上颈枷，曝晒了10多天，这几乎要了他的命。[13]吴廷举最终活了下来，其政治生涯也得以延续，但只要潘忠仍担任两广镇守太监，他便不得踏入广东半步。直到1514年潘忠告老还乡，吴廷举才被调回广东。

那么，廉洁的吴廷举和他腐败成性的死敌潘忠是如何在海上贸易问题上站在同一立场上的呢？此事在礼部看来是这样的：潘忠放宽对外贸易的限制是为了使自己或市舶司受益，这也为更广泛地解释对外贸易规则创造了先例。1514年吴廷举回到广东后，也采取了同样的做法。他的目的既不是让宦官们受益，也不是为了自己，而是要争取宦官所征收的进口关税被更合理地分配到省级预算中。

重新审视针对吴廷举的奏疏，暴露出一个显而易见的事实，即16世纪头10年围绕明朝对外贸易政策背后的政治博弈是错综复杂的。有两种观点：一种是海上贸易对象应限于获得授权的朝贡使团；另一种是海上贸易应作为国家收入的一个可靠来源，并且只要外国商人缴纳关税，就应该允许其进港卸货而不论其朝贡地位如何。后者还伴生出另一种观点，即允许朝贡体系之外的贸易商向没有经过法律授权收取税费的机构支付税费从而进行贸易的问题。

为得出形而上学的结论，保罗·肯尼迪（Paul Kennedy）在《大国的兴衰》中论述道：明朝与宋朝相比是相对保守的，或者解释为中国没有对"儒家官僚体制的纯粹保守主义"采取"欧化"行动。无论怎样，这都是在分化历史，而非将其历史化。[14]明朝时的中国不仅没有被劳役和保守主义所困扰，而且它还遵循了一种海上贸易制度和税收政策不断变化的政治制度。即使是作为明政府外交政策智囊的礼部，其观点也摇摆不定。虽然这种摇摆最终没有实现16世纪后欧洲那样的政策，但我们通过这种摇摆了解到了当时人们的所做所想，发现没有必要也没有理由根据旧有印象宣称中国政府对外贸怀有敌意，或者认为任何试图鼓励外贸的官员肯定都收受了贿赂。葡萄牙人就是在这种背景下到达中国的,他们也没有意识到自己将对这种背景产生重要的影响。

## 冲突

1514年和1515年葡萄牙人第一次到广州的航行并没有引起明政府的注意,或者至少没有在《明实录》中被提及。第一次提到"Franks"(佛郎机,一个古老的波斯语单词,意为欧洲人)是在1517年6月15日,作为一项更大的海上贸易诏令的附属而出现。这项诏令是:

> 命番国进贡并装货泊船,榷十之二,解京及存留饷军者,俱如旧例,勿执近例阻遏。

(并非完全如此,因为"旧例"对进口关税的规定并不精确。)这项诏令并没有向非朝贡使团开放边境以进行对外贸易,但它承认允许使团输入全部货物所带来的经济价值,这已经向正式修订海上贸易政策迈出了一大步。

《明实录》的编者随后插叙了一段历史:

> 先是,两广奸民私通番货,勾引外夷,与进贡者混以图利。招诱亡命,略买子女,出没纵横,民受其害。

编者提及了陈伯献对吴廷举的指控,然后历数了葡萄牙人的劣迹:

> 不数年间,遂启佛郎机之衅。副使汪鋐尽力剿捕,仅能胜

之。于是，每岁造船铸铳为守御计，所费不赀，而应供番夷，皆以佛郎机故，一概阻绝，舶货不通矣。

而结尾则是一句常见的抱怨："廷举之罪也。"[15]

这段简史极具追溯价值。广东海道副使汪鋐与杜阿尔特·科埃略（Duarte Coehlo）之间的对峙直到1521年6月27日才开始，即此次葡萄牙人入境的四年之后。当然这是后来的事了，此处需要添加一个小插曲，使追溯早期情况更有意义。1517年夏，明朝对海上贸易的态度尚不明朗，也不清楚葡萄牙人将如何行事，北京方面将如何应对亦不得而知。事实是，吴廷举在1514年前后开放贸易的观点极具说服力，陈伯献等人在1514年至1515年间提出对海上贸易进行限制（彼时葡萄牙船只刚刚抵达南海），而朝廷从此时开始直到1517年都举棋不定。危机尚未真正到来，但已初露端倪。

在《明实录》第一次提到葡萄牙人的两个月后，费尔南·佩雷斯（Fernão Peres）率领由八艘全副武装的船只组成的舰队抵达广东沿海并要求以朝贡的名义登陆。海道副使不得不将其请求转呈至广州。但佩雷斯缺乏耐心，他将部分船只开到珠江入海口，以给明政府施压，因此中国人认为这是一种充满敌意的举动并非毫无道理。最后，他被允许在广州港靠岸停泊，但他依旧悬挂了葡萄牙旗，并鸣礼炮致意。这两种都会被明政府认为是敌对行为：一种是对外国主权的不正当主张（治外法权无论在当时的中国还是欧洲都还不是一项国际法原则），另一种则是军事威胁。佩雷斯因此受到了吴廷举的斥责。吴廷举担心这种高压行为可能会左右当时有关海上贸易的微妙政策环境，不利于实施他所主张的开放海上贸易的政策。佩雷斯对此一无所知，他解释了自己的行为并表达了歉意。随后，佩雷斯得到机会，向吴廷举的上级——两广巡抚提出请求：承认葡萄牙为明朝的朝贡国。

随后，巡抚同意将奏请呈至京城。佩雷斯则被允许留下一个"大使"——托梅·皮雷斯（Thomé Pires）。[16]

然而，问题不单纯是明朝是否会承认一个新的朝贡国，而在于满剌加。1511年，葡萄牙人用武力颠覆了满剌加的苏丹穆罕默德（Mahamet）政权。问题是，满剌加是受明朝保护的合法朝贡国。出于支持穆罕默德并反对武装入侵的义务，明政府并不怎么愿意接受葡萄牙人的请愿。佩雷斯可能没有意识到满剌加成为中葡关系绊脚石这一点，但广东地方政府首脑却敏锐地意识到了这一点。1518年2月11日，《明实录》中摘录了他们给皇帝的奏疏，这部分内容表明其并非葡萄牙人眼中富有同情心的请求传达者：

> 广东镇抚等官以海南诸番无谓佛郎机者，况使者无本国文书，未可信，乃留其使者以请。[17]

让吴廷举如此惊慌的礼炮声在整个政治体系中引起了震慑性的回响。但对葡萄牙造成最大影响的，是他们对满剌加的军事吞并。这个问题再次交给礼部讨论，后者再次建议不要将葡萄牙纳入朝贡国。最终，葡萄牙人等来的消息是："令谕还国，其方物给与之。"

尽管如此，葡萄牙人要求获得朝贡地位的正式请求仍然有效。在1520年10月的《明实录》中，明武宗没有回应这一问题也表明其仍然悬而未决。[18]与此同时，葡萄牙人在广东沿海的行径并没有强化明政府对其诉求的支持。西蒙·安德拉德（Simão d'Andrade）接替了他的兄弟费尔南·佩雷斯的位置，并且"很快就犯下了一系列暴行，完全摧毁了佩雷斯建立的中葡友好关系，甚至把中国变成了死敌"[19]。此处的"暴行"包括在明朝疆域内烧杀抢掠，以及在葡萄牙货物售罄前阻止其他国家的船只登陆。直到1521年1月明政府愿意听取关于是否给予葡萄牙朝贡地位的辩论，朝野内的普遍态度是反对对相关律法的过度解释。江南道御史丘道隆认为，在满刺加悬而未决的求援问题得到解决之前，不能给予任何承认。他认为只有通过武力才能解决问题，并意识到明朝不太可能将其军事部署到如此遥远的海外。丘道隆的观点并非断然拒绝葡方请求，他的结论性建议是：

> 满刺加乃敕封之国，而佛郎机敢并之，且啖我以利，邀求封贡，决不可许。宜却其使臣，明示顺逆，令还满刺加疆土，方许朝贡。倘执迷不悛，必檄告诸蕃，声罪致讨。[20]

明政府为葡方敞开了大门。丘道隆在其政治生涯早期曾在吴廷举最初任职的顺德县担任县令，他也因治理有方而在当地的县志中备受称赞。[21]这段经历一定让他像吴廷举一样，看到了海上贸易的可能性，而这是与他同时代的大多数人看不到的。

丘道隆是温和派。另一位监察御史何鳌的立场则更为激进，他在奏疏中写道：

> 佛郎机最号凶诈，兵器比诸夷独精，前年驾大舶突进广平（东）省下，铳炮之声，震动城廓。留驿者违禁交通，至京者桀骜争长。今听其私舶往来交易，势必至于争斗而杀伤，南方之祸殆无极矣。

何鳌提出了解决南部边境问题的最终方案：驱逐所有与朝贡贸易无关的外国人，恢复原来的制度。他也再次指责吴廷举是整个事件的始作俑者。

令人意外的是,礼部根据之前的决策,站到了丘道隆一边。礼部建议:

> 宜俟满剌加使臣到日,会官译诘佛郎机番使侵夺邻国、扰害地方之故。"同时,礼部奏请:"处置广东三司掌印并守巡、巡视、备倭官,不能呈详防御,宜行镇巡官逮问。以后严加禁约夷人,留驿者不许往来私通贸易。番舶非当贡年,驱逐远去,勿与抽盘。廷举倡开事端,仍行户部查例停革。[22]

尽管吴廷举饱受指责,但其政治生涯却暂未受到影响。开放海上贸易的可能性尚存,礼部在这个问题上依然举棋不定。

然而1521年上半年发生的两起事件彻底摧毁了这种可能性。其中之一是汪鋐和杜阿尔特·科埃略之间的海战,1517年的《明实录》记录了这场海战。葡萄牙人已经证明他们对明朝边境安全和主权构成了直接的军事威胁,所以他们被禁止入境。另一纯属偶然的事件是4月20日明武宗驾崩。其影响不是即刻显现的,但是明武宗与他的堂弟嘉靖皇帝(明世宗)之间的皇位继承事宜使朝廷政务暂停了半年之久。随着皇位继承演变成一个巨大的政治问题,它在朝廷内部产生了两极分化,任何问题上的政策自由化都无法推进。[23]后来,13岁的嘉靖皇帝继位,他对海事问题一无所知,也毫无兴趣。

那年夏天,葡萄牙指挥官马尔提姆·阿方索(Martim Affonso)请求广州地方政府允许他卸下为外交使团提供的货物。广州将这一要求转呈给北京,后者予以驳回。礼部强化了其政治立场,认为:

> 佛郎机非朝贡之国,又侵夺邻封,犷悍违法,挟货通市,假

以接济为名，且夷情叵测，屯驻日久，疑有窥伺，宜敕镇巡等官亟逐之，毋令入境。

事实证明，兵部在这一问题上更为灵活，其"请敕责佛郎机，令归满剌加之地"，但却没有提出派遣海军远征，收复满剌加还政于其苏丹的荒诞建议。[24]但就在几周后，葡萄牙人与明朝海军开战，并在两次交战中损失惨重。[25]这场小冲突决定了葡萄牙人的命运：他们被明政府拉进了"黑名单"。[26]在这种紧张的政治环境下，明朝有效地关闭了所有的海上贸易，迫使商人成为走私者。这未必是最终结果，但葡萄牙选择采取的武装冲突的形式，与中国的外交准则极不相容。实际上，关闭明朝贸易大门的是葡萄牙人自己，而非中国人。

吴廷举希望在明世宗的统治下重新开放贸易，后者擢升他为南京工部尚书，这是对他工作成果的重大奖赏。但当时朝廷的政治氛围较为紧张，以致朝贡贸易政策恢复到了最保守的阶段，而明世宗对这个问题也兴趣寥寥。1525年，朝廷对走私和海盗的问题做出了回应：关闭海岸，除了获得官方授权的朝贡使团外，禁止两根桅杆及以上的所有船只靠岸。1529年提督两广军务兼巡抚林富上书朝廷，从关税等方面列举了番舶通贡的好处，并认为不能因噎废食，"请令广东番舶例，许通市者，毋得禁绝；漳州则驱之，毋得停泊"。明世宗采纳了其建议。但林富争取到的贸易限制的放宽只适用于朝贡使团。[27]直到1567年，新登基的明穆宗才重新开放海岸，这一次是为了应对来自马尼拉的西班牙人不断增长的贸易需求。

## 给对华贸易带来的影响

上述史实的直接后果是葡萄牙人在中国的贸易活动被禁止，但除此之外还有另外两个更严重的后果。

首先是葡萄牙的不当行为对明朝政策的影响。正如本章所指出的,广东的一些官员在16世纪头10年曾试图让海上外交关系从有限制的朝贡贸易转向更开放自由的形式。尽管不时有人反对,但他们还是成功地改变了朝廷举棋不定地试图恪守朝贡制度的做法。贸易不应该是自由的,明朝官员知晓了国际贸易应该以国家垄断的方式进行,进口的货物要进行登记、检查,现在还要征税。这种垄断从外交逻辑转向了财政逻辑,但它仍然是一种垄断。这应该不会让当时的任何欧洲人感到惊讶,尤其是葡萄牙人。[28]直到19世纪,欧洲船员才摆脱了政府的垄断。

如果说葡萄牙人严重误判了广东的形势,那可能是因为他们在东进的过程中遇到了一连串的弱小国家,这些国家通常缺乏制定贸易条件的政治影响力或军事实力。葡萄牙人的经验证明,以诉诸武力和恫吓的方式解决贸易冲突能带来诸多好处。只有当他们到达中国的时候,葡萄牙人才发现他们面对的是一个长治久安的国家,而且这个国家有足够的海军力量来强制要求外来者遵守其律法。明朝海军发现葡萄牙人在海上射击方面确实存在一些优势,并迅速获得了这些技术,但1520年的武器差距并不足以削弱中国的自卫能力。[29]

然而,葡萄牙的恶劣行径并不是改变明朝海上政策走向的唯一原因。放弃开放贸易的决定源于明朝政权内部存在的政策冲突。但在政治领域,时机往往决定一切。葡萄牙人在满剌加和中国南海诉诸暴力的时机极其不当。这样的行为可能帮助他们在南海的周边攫取到了暴利,但并不会让葡萄牙进入明朝的贸易体系。事实上,葡萄牙人挑起的冲突恰恰产生了相反的效果。尽管葡萄牙确实在1557年设法获得了将澳门半岛作为贸易基地的使用权,但它失去了建立更密切有效的商业关系的机会,而这种关系本来有助于避免其在亚洲建立起的短暂商业帝国的衰落。

其次与如何看待这段历史有关，也与它给中国外交关系带来的更大影响有关。将葡萄牙人拒之门外一直被视为中国对外关系的原罪，这足以证明明朝迷失在一种"天朝上国"的迷梦中，无法对欧洲人的到来做出明智的反应。明朝人"带着一种有节制的尊严，心不在焉地凝视着这个华丽的王国"，迷失在"一个美好的、蒙昧的梦想中"。由于明清时期的中国延续了那种强烈的民族幻想，继续做一个不愿醒来面对世界现实的沉睡者，因此这个充满敌意的世界或多或少地被暂时关在门外了。[30]然而这些都是用19世纪反鸦片言论的过时残余加以粉饰的残羹冷炙。人们很容易对这种言论一笑置之，但要找出误解的后遗症就不那么容易了。直到今天，大多数西方教科书中有关中国对外关系的介绍部分仍然充斥着误解，如：中国奉行傲慢的外交政策；中国政府对对外贸易怀有固有敌意；中国倾向于垄断而不是自由贸易；中国对贸易伙伴施加不公平的不利条件；关于贸易问题，任何偏离其原本立场的现象都被视作派系斗争而非常规的政策辩论，当然还有腐败、宦官或其他因素的影响。

本章认为，明朝中期的中国贸易政策是不稳定的，但还不止于此，这一政策对中国境外世界正在发生的变化非常敏感。贸易本身没有好坏之分，它的优缺点取决于它滋生冲突还是化解冲突。一些明朝官员，最具代表性的如吴廷举，看到了贸易对增加国家财政收入的好处，而国家财政收入的增加可以用来加强中国南部海岸的国防安全建设。另一些人看到的只是外国水手在中国海岸制造的暴力和混乱，他们认为贸易上没有任何收益足以抵消这些损失。朝廷的决定可能是基于认知不足或对短期利益的考虑，但这是国家决策的普遍特点。这件事的讽刺之处在于，对葡萄牙在16世纪头10年破坏对外贸易和外交关系的短期焦虑本应阻碍政策方向的改变，这本可能会使中国和欧洲之间的贸易处于一个非常不同的基础上，而非这样举步维艰。

可以更直截了当地说，明朝在16世纪头10年为保护边境和本国利益所采取的措施与欧洲国家在同一时期所做的几乎没有区别。当武装的中国船只出现在葡萄牙的沿海边界时，葡萄牙王室也会采取同样的行动，捍卫其对疆域内海上贸易的垄断。所以明朝时的中国并不是历史学家所认为的文艺复兴时期欧洲的反例。如果说它们在海上政策上有显著的不同，那也只是在17世纪中期以后才出现的，当时全球政局发生了剧变，军事技术的迅速发展为欧洲国家实施不平等贸易条款提供了手段。

## 第二章　葡萄牙在全球战争中的反弹
### ——16、17世纪的军事动机和机制变化
埃莉诺·弗雷尔·科斯塔

在1500年至1600年之间，洲际贸易大约以每年1.2%的复合增长率上升。[1]虽然一些企业是通过和平的方式进行贸易，但全球贸易的扩张，尤其是欧亚贸易，也是通过冲突、暴力和诉诸武力的方式实现的。贸易往往伴随着掠夺，商船上的大炮便是血淋淋的证据。商业贸易不仅伴随着暴力冲突，其中的贸易关系还促进了具有深远意义的创新和应变能力，这确保了商业投资的回报。与竞争对手发生武装冲突的风险所带来的经济影响，促使弗雷德里克·C.莱恩（Frederic C. Lane）开始研究战争对保护租金的经济影响。与此同时，道格拉斯·C.诺斯（Douglass C. North）在其关于商船生产率增长因素的开创性文章中分析了国家向商船队伍提供保护的后果。[2]本章通过探索哈布斯堡（Habsburg）统治（1580－1640年）下的葡萄牙与荷兰之间的军事竞争是如何促进了制度创新，从而影响到亚洲海上贸易的融资，来考察贸易与战争之间的动态关系。当时，即使面对难缠的竞争对手以及欧洲市场胡椒价格不断下跌的窘境，葡萄牙的印度航线仍然能够保持盈利。

自达·伽马首次航行以来，环绕好望角的航线在全球经济中便扮

演着重要的角色。达·伽马的探索之旅和亚洲市场（印度航线）建立了直接的海上联系，并对葡萄牙王室的财政贡献颇丰。欧亚贸易与其他洲际贸易航线的不同之处在于，它是逐利者及背井离乡之人展开激烈甚至血腥斗争的战场。16世纪早期，葡萄牙人进入印度，这动摇了意大利城邦所扮演的中间人角色，就像17世纪早期，荷兰和英国的特许公司危及葡萄牙在香料垄断贸易中的利益一样。[3]

葡萄牙人如何在亚洲的军事和商业竞争中失利以致丧失地位，一直是学术界研究的热点。尼尔斯·斯坦斯加德（Neils Steensgaard）将葡属印度与荷兰东印度公司和英国东印度公司进行了比较。他认为，葡属印度在航线中专注于征税，并从亚洲本地贸易路线中收取保护费，而荷兰和英国的东印度公司则专注于亚洲内部的贸易和生产活动。后一种活动的收入本应高于税收，因为它提高了股份制企业贸易运作的效率，这种高效使其取代葡萄牙的地位变得顺理成章。[4]

斯坦斯加德对欧洲经济组织在亚洲运营模式的比较探究了关键问题，但是忽略了葡属印度和东印度公司之间的相似性。葡萄牙人、英国人和荷兰人都向印度洋"出口"政治、外交和军事装备，以确保通过好望角航线向欧洲市场供应不可替代的商品。此外，关于葡属印度相对低效的论点掩盖了葡萄牙人在向欧洲运送香料和胡椒方面的弹性制度背后的因素，尽管葡萄牙遭受了新殖民者的军事侵略。

一些历史学家通过强调16世纪后期胡椒和香料涨价后货物成分的变化来解释葡萄牙的弹性制度。詹姆斯·波亚津（James Boyajian）通过研究，发现了将亚洲企业与印度航线企业整合在一起、支持非垄断商品的商业网络，这个商业网络为里斯本印度贸易部海关的财政收入增长做出了贡献。私人资本主要投资于纺织、靛蓝、钻石和珍珠产业，而当时葡属印度和北欧特许公司之间的竞争已经很激烈了。[5]奥姆·普拉卡什（Om Prakash）关于货物价值的观点不应被忽视。但波亚津和普拉卡什都考察了葡萄牙亚洲贸易的特点,强调了葡萄牙体系发掘商机的能力,而不是局限于其对亚洲港口城市的贡献。[6]

好望角航线和葡属印度得益于其应变性强的制度结构,因而经受住了货运领域的剧变。事实上,如果新的可交易商品比香料更有利可图,并有助于提高王国的税收,那么这些商品可能在解释葡萄牙的制度弹性方面具有重要意义。不过,这种假设仍然留下了一些重要的问题没有回答。如果与亚洲进行贵重商品贸易具有合理性,那么葡萄牙为什么以及如何继续进口胡椒呢?我们可能会认为,在寡头垄断的均衡状态下,胡椒和香料的盈利能力取决于其在欧洲市场的供应量能否持续增长。[7]如果是这种情况,那么运输更多的商品则成了关键问题,这也是本章的主旨,即不论何种货物,总得有人提供运输服务。因此,造船和航运成为欧亚贸易整体盈利能力的关键组成部分,针对二者的研究也将揭示政府和民间维护航线的目的所在。那么,谁负责这些大宗商品交易,其资金又从何而来呢?如果葡萄牙企业适应了不断变化的、极具侵略性的商业和地缘政治局面,那么如何在政府和民间分配维护航线运行所带来的利益呢?

要回答这些问题,最好是采取一种制度性的办法。对葡萄牙制度弹性的核心解释是:在全球战争环境下,从世袭国家向财政军事国家的转变。这种体制上的转变为法律上的契约安排奠定了基础,从而建立了支持这条欧亚海上航线所需的金融工具。在早期,胡椒进口源于国王在这条航线的世袭权。从16世纪晚期开始,国际秩序发生了剧变,与亚洲的贸易是哈布斯堡家族和荷兰之间全球经济竞争策略的一部分。王权参与好望角航线应该被视为一种防御措施,而进口胡椒仍然是在欧洲对抗荷兰人的必要手段。王权垄断的自由贸易货物运输和胡椒进口成为两个相辅相成的目标。但是,对军事战略层面的关注造成了公共和私人之间的收益不均衡,战利品的分配表明国家所承担的成本最高。

从方法论的角度概括，目前在葡萄牙与亚洲的贸易研究中，回报率是空白的。我们可以从国王和私人投资者之间的契约所披露的数据中确定回报率并评估利润分配情况。本章收集了这类数据，包括航运、贸易和税收包征，这些收入在早期现代企业中通常是相互关联的，无论是由私人代理还是由王室开发。

本章的第一部分估算了16世纪头几十年的回报率，并描述了契约安排的演变。第二部分阐述了航运效率的降低是制度创新的动力。第三部分涉及新的契约安排，以使得系统能够应付17世纪初飞涨的费用。对私人和公共回报率的估算将对上述论点予以支撑。就像约瑟·路易斯·卡多佐所论述的那样，本章揭示了将商业作为战争工具的军事战略是如何在国家结构中引发意料之外的变化的。此外，本章还突出了王室在贸易中的普遍作用，表明政府出于国家权威、合法性等相关原因参与商业活动（卜正民在第一章提出了类似的观点）。

## 契约的世界

在16世纪，造船、航运和贸易是为促进欧亚经济联系而建立的分支产业。在葡萄牙的案例中，则涉及王室府库和私人财团。国王对胡椒和香料的垄断并没有阻碍其兜售胡椒进口权或外包造船及航运的权利。这与特许契约所设想的没什么不同，后者将垄断权授予股份公司，如英国东印度公司及荷兰东印度公司[8]，来监管国王和私人机构之间的风险和利益分配。[9]契约在基本条款的安排方面，则与股份公司不同。股份公司有长期契约用于执行，而葡萄牙政府则与私人投资者签订契约，为商船配备食物和军火，或者进口香料和胡椒，通常只适用于单次航程。这使得契约偏于灵活并能够适应政治和经济上的挫折或损失。政府和私营企业主之间的契约有助于解释葡萄牙在欧亚贸易路线上的制度弹性。

与亚洲港口建立的新的海上联系促使里斯本建立起一个由王室官员管理的造船厂（Ribeira das Naus）和一个仓库（Armazens de Guine e India）。[10]然而皇家造船厂并不是开往印度的商船的唯一供应商，好望角航线通常使用大型船只，王室通常定期外包造船业务。早在1510年，国王便从私营企业购买船只和维修服务，在这方面，葡萄牙的案例类似于英国东印度公司的混合体制，该体制依赖于英国东印度公司的造船厂以及不受公司管理人员监督的造船厂。在这方面，荷兰东印度公司则是一个例外，它只能依赖自有造船厂。[11]

私人合伙企业与王室仓库合作，从格但斯克、里加、安特卫普、塞维利亚等欧洲港口进口原材料。为王室建造船只的好处之一是，企业家们可以更方便地获得这些进口原材料。[12]然而，早在1520年，就有人批评这种制度，认为它损害了船只的适航性。[13]造船厂和王室仓库的总经理捍卫了这种体制，因为外包可以获得经济上的利益。他建议曼努埃尔国王（Don Manuel）在没有时间压力的情况下使用这种体制，以最大限度地控制监督成本，进而节省工资成本。[14]威尼斯政府也采取了类似的政策。[15]因此好望角航线的造船业与其他任何企业没有本质上的不同。

尽管有这些相似之处，但国王对香料和胡椒的财产权确实让葡萄牙的案例与众不同，并用一个不断演变的制度性框架来规范私人资本的投入。每艘被派往印度的船只都代表着投资在造船、航运和货运上的资金池，这些资金用于在印度市场购买大宗商品，这些大宗商品可以被分成任意数量的股份，并被纳入一个复杂的税收体系。

被称为"一半份额"的契约是16世纪头几十年的典型规则，它告诉我们成本和收益是如何分配的。国王将垄断权出售给私人投资者，条件是用私人资本购买的商品（或商品价值）的一半归属于国王。至于另一半，则征收5％的税费。在这种情况下，税收是实物，而不是从价计税。实际上，"一半份额"契约中每一份私人股份的财政负担约为52.5％。"一半份额"制度并不是创新之举，15世纪的资料显示，亨利王子探索西非海岸的资金便来自这样的契约安排。[16]因此，早期的葡萄牙印度航线没有在这一领域带来任何制度创新。

影响利益分配的另一个因素源于垄断权利的实施以及它与劳动报酬的联系。军官和水手有权在船上交易少量的胡椒。这项制度的初衷是为了增强船员的服从性，它并不是免税的权利。国王对一半的胡椒征收25％的税，对其余的胡椒征收5％的税，即对每个船员的胡椒征收15％的进口税。这个税率仍然低于对私人份额征收的税率，因为对于全体船员来说，进口胡椒是一种劳动补偿，而非投资回报。

为了理解契约是如何产生利润的，波特卡贝罗号（Botecabelo）的例子很有启发意义。[17]1504年，波特卡贝罗号第二次启程开往亚洲并在一年后返回。这次航行由国王资助，执行航行任务的船只运载能力不超过200吨，并且只剩下最多可装载121 000千克香料的空间。[18]好望角航线上的船只平均寿命为六年或三次航行。[19]由于没有确切的证据表明波特卡贝罗号是否进行了第三次航行，因此估计该船有50％的折旧费用是合理的。后期的官方预算用于装备一艘船，包括食物、船员报酬及火炮。假设在16世纪早期，这些项目增加了126％的生产成本，在最初的几十年里是每吨600万雷亚尔，那么投资于这艘船和装备的资本就达105.6万雷亚尔（见表2-1）。

表 2-1 投资于波特卡贝罗号的资本:"一半份额"契约

| 投资者 | 配置 | 数额(雷亚尔) |
| --- | --- | --- |
| 国王 | 船舶(第二次航行=0.50×600 000) | 300 000 |
| | 装备船只的成本(食物、工资、火炮) | 756 000 |
| | 投资胡椒的资本 | 72 566 |
| 私人投资总额 | | 1 127 992 |
| 佩德罗·阿丰索·德阿吉亚尔 | 股份 | 585 500 |
| D. 马蒂尼奥·德卡斯特罗·布兰科 | 股份 | 78 000 |
| 其他 | 股份 | 464 492 |

资料来源:Lisbon Instituto dos Arquivos Nacionais, Torre do Tombo (IANTT), *Corpo Cronológico*, see Costa (1997), pp. 196-199.

运输成本超过了国王在货物上的投资,因为只有一小部分货物资本属于他。因此,国王资助了航运(30万雷亚尔用于船舶,加上75.6万雷亚尔用于装备),并在货物上投资了少量资金(72 566雷亚尔),他的总份额大约是110万雷亚尔。

在印度购买胡椒的大部分资金都是私人的,最后的结算也必须考虑到船员在船上的交易权,作为对他们的补偿的一部分。投资最多的是该船船长佩德罗(Pedro Afonso de Aguiar),他在货物上投资了约58.5万雷亚尔。另一位贵族马蒂尼奥(D. Martinho de Castelo Branco)在货物上的投资也超过了国王(78 000雷亚尔)。尽管没有其他股东的信息,但我们可以确认货物总资本超过110万雷亚尔,这是一个天文数字。从某种意义上说,当时一个熟练木匠的日工资是55雷亚尔,投资在这艘货船上的资金相当于其20 508天的工资。

波特卡贝罗号带着大约 58 800 千克（980 公担）的胡椒从印度返航。如上所述，国王有权保留用私人资本购买的一半胡椒，并对另一半征收 5% 的关税。船员方面，国王征收的税费相当于总额的 15%。最终核算（见表 2-2）显示，货物平均分配给了国王（487 公担）和私人投资者（493 公担）。

表 2-2 返航货物分配：胡椒

| 投资者 | 货物分配 | 数量（16世纪单位） | 千克 |
| --- | --- | --- | --- |
| 国王 | 货物资本 | 63 公担，11.5 阿拉特尔 | 3 785.0 |
| | 一半份额 | 344 公担，11.5 阿拉特尔 | 20 645.0 |
| | 5%关税 | 25 公担，3 阿罗瓦，27 阿拉特尔，10 盎司，1 奥伊塔瓦 | 1 556.7 |
| | 船员配额胡椒的关税 | 54 公担，3 阿罗瓦，1 阿拉特尔，6 盎司 | 3 285.5 |
| | 小计 | 487 公担，3 阿罗瓦，1 阿拉特尔，3 盎司 | 29 272.2 |
| 私人投资者 | 一半份额 | 326 公担，19.5 阿拉特尔 | 19 569.0 |
| | 船员配额胡椒 | 167 公担，21.5 阿拉特尔 | 10 030.0 |
| | 私人货物小计 | 493 公担，1 阿罗瓦，5 阿拉特尔 | 29 599.0 |

注：1 公担=4 阿罗瓦=128 阿拉特尔=2 048 盎司；1 盎司=8 奥伊塔瓦；1 公担=60 千克。

资料来源：IANTT, *Corpo Cronológico*, see Costa (1997), pp. 196-199。

最后，估算回报率需要考虑胡椒在亚洲市场和里斯本市场的价格差异，二者价格差异很大，特别是在 16 世纪上半叶。在科钦，船上一箱胡椒粉的价格是 1 151 雷亚尔；当它到达葡萄牙时，它的价格便飞涨到 8 580 雷亚尔。

国王和私人投资者显然享受着良好的投资回报,以佩德罗船长为例,他的初始投资为 585 500 雷亚尔,购货 241 公担(约 14 460 千克)。在扣除财政税并将一半的货物交给国王后,他可以在葡萄牙印度贸易部以每公担 8 580 雷亚尔的价格出售剩余的胡椒。他将赚到大约 210 万雷亚尔,回报率为 253%。这艘船的所有私人投资者将获得相同的回报率。国王的收益略高,因为他在航运上的投资、他在货物上的份额以及他的世袭权使他有权得到用私人资本购买的一半胡椒并对剩下的一半征税,国王的回报率达到了 270%。

国王和私人投资者在好望角航线上的合作一直是回报颇丰的。有相当多的证据表明,在最初的 20 年里,印度航线上股份的平均回报率为 150%。[20] 与过去的股票不同,这些股份是可以交易的。佩罗·西曼乃斯(Pero Ximenes)出手了他在东印度弗拉门戈公司(Flamenga)的股份,预计获得 150% 的利润率。他解释称,尽管还可能有更大的利润空间,但一般情况下的收益就是如此。[21] 圣克里斯托旺号(São Cristórão)船的船长在运输和货物的总费用上投资了 19.5 万雷亚尔,他于 1512 年在葡萄牙印度贸易部赚取了 132% 的利润率,也就是 453 526 雷亚尔。曼纽尔·德·苏萨(Manuel de Sousa)在一艘船上投资了 16 万雷亚尔,葡萄牙驻印度总督随后下令将这艘船留在印度用于军事目的。鉴于这一意料之外的投资挫折,曼努埃尔国王下令葡萄牙印度贸易部的官员对 1514 年以来所有被迫留在印度的船只以每股 150% 的回报率支付费用。这至少表明在政策影响经济收益时,国王会给私人投资者提供保险。这些例子都证实了好望角航线的收益来源(包括航运、贸易和税收)都遵循"一半份额"契约安排时所能达到的平均预期收益。

贸易的发展和常态化的航行导致了 16 世纪 30 年代贸易和航运的崩溃。国王和造船商之间的租船契约规定了每公担的运费,稳定在

1 200～1 600雷亚尔。葡萄牙哈布斯堡王朝统治时期（1580－1640年）强化了好望角这条航线上各个业务部门的分工：一方面是贸易、造船、航运，另一方面是税收包征。西班牙国王自1580年以来就一直统治着葡萄牙，在他看来最合理的做法就是将全部财产私有化，并根据贸易总额获取财政收入。由私人财团供给5～6艘船组成的船队，为期五年，财团的收益将以运费为基础。一系列财团都签订了有关胡椒贸易的契约，并期望在欧洲市场的销售中获得收益。[22]

但是，哈布斯堡王朝改变好望角路线的组织和资金来源的企图面临着诸多挑战。例如，一旦经营航运的财团违约了，航运就不会产生丰厚的利润。[23]这些财团建立了非正式的连锁网络来应对国际市场（这样做可以弥补航运带来的收益下降），但这一事实并不足以让这些财团继续参与运输。[24]此外，垄断货物的利润也在萎缩，药品和胡椒的价格在产地有所上升，但在欧洲却有所下降。[25]包销这些商品的财团在1600年也关闭了相关业务。最后，由于荷兰和英国船只发动的袭击增多，加之使用巨型货架导致发生沉船事故的可能性大大增加，葡萄牙让进口胡椒适应"全球"战争环境的目标受到了影响，这种挫折加重了葡萄牙王室维持欧亚胡椒和香料贸易的负担。[26]

但葡萄牙亚洲贸易下滑的普遍印象与财政关税上升的趋势相互矛盾。在哈布斯堡王朝统治期间，来自印度贸易部的收入飙升，直到17世纪30年代。转向自由贸易商品（即不受王室垄断的商品）解释了海关收入的增加。印度贸易部对丝绸、棉衣、靛蓝、钻石、珍珠等财富征收从价税。不断增加的财政收入让王室相信好望角航线给私人投资者带来了丰厚的利润，而对更昂贵的新商品征税可以给政府的日常开支筹集资金。然而，对地缘政治方面的考虑可能是引起国王对印度航线感兴趣的终极原因。哈布斯堡王朝卷入战争的地点主要是在欧洲而不是亚洲。在腓力二世（Philip Ⅱ）和腓力三世（Philip Ⅲ）的政治认知中,进口胡椒可能会压低价格,从而扰乱与阿姆斯特丹政治寡头有着千丝万缕联系的商界。如果葡萄牙人能够涌入胡椒市场,他们的荷兰对手将会遭殃。因此,胡椒成了战争的工具。

由于对昂贵的私人商品征收从价税所获取的财政收入没有下降,王室预测,在保持这条航线的正常运行方面会有双重优势。一方面,它会让胡椒充斥市场;另一方面,这一战略可以由非垄断货物的财政收入予以资助。葡萄牙好望角航线的弹性取决于如何资助运输。航运业是支撑这一战略的一项不可避免的投资,但私人投资者对供给航运业没有表现出任何兴趣。

从税收入手为航运融资是一项制度性的突破。它的特点是一个财政-军事国家拓宽收入渠道来支持一个军事目标。然而,在这种情况下,它意味着哈布斯堡政府不得不承担运输风险。国王对印度航线的投资不再是对国王世袭权的运用,国王的世袭权可以出售给私人投资者。通过供应船舶,国家承担了军事战略的成本,同时也为投资于更昂贵货物的私人资本支付了防御成本,这对为整个战略的融资是不可或缺的。

在讨论这个制度的演变对国家投资回报率的影响前,我们需要更仔细地研究船上越来越多的私人货物所带来的连带影响,它们对航运的效率构成了挑战。这是葡萄牙对荷兰发动的贸易战策略中一个意料之外的问题。

## 来自内部的挑战

船只满载各类商品且经常超载航行,造成了很多船只失事,也使葡萄牙商船成为荷兰和英国海盗劫掠的目标。无论这些商船是否配备火炮,超载都使得其几乎无法在海上作战。这些关键问题也引起了政治决策者的关注，他们让造船工匠参与讨论如何从工程结构层面提升货运能力。

人们很容易得出这样的结论：葡萄牙造船业的创新能力不如其他国家。确实，在欧洲的大西洋航线上，荷兰人享有竞争优势，因为其使用的是一种被称为"fluit"的平底货船。在亚洲贸易中，葡萄牙商船除了拥有巨大的载货吨位外，和其他欧洲国家在商船结构上的差异并不明显。据英国文献资料估计，葡萄牙商船的吨位约为1 500吨。而葡萄牙文献资料中却没有提到过这种吨位的船舶。原因是葡萄牙测量船只吨位的方式与包括西班牙在内的其他国家不同。[27]在其他国家的造船厂中，它们测量船只吨位时是加倍的，因为它们测量了所有的甲板，而葡萄牙的造船厂只测量船体和第一层甲板。葡萄牙测量船舶的目的是评估货运吨位，而不是注册吨位。而英国的文献资料指出，1 600吨的葡萄牙货船在葡萄牙又被认为是800吨级的船。[28]

尽管这样的差异让我们难以进行准确的对比，但毫无疑问的是，葡萄牙派遣大型船只组成了小型船队，其商船的装载能力给人留下了深刻的印象。较高的失事概率、增加的吨位和超载的货物之间的联系值得在造船成本方面进行进一步的分析。

16世纪早期到17世纪早期，制造大帆船的成本急剧上升。在16世纪的头20年里，一艘吨位500吨的商船的建造成本是每吨6 000雷亚尔[29]；到16世纪末，成本已升至每吨1.5万雷亚尔[30]。图2-1显示了造船费用，可以看出，吨位200吨以上的船舶受到通货膨胀的影响最大。

不论大小，所有商船的主要原材料都是木材，但木材的供应一直是不足的。约翰三世（John Ⅲ）和塞巴斯蒂安国王（Don Sebastian）都曾想通过立法让皇家造船厂在木材供应方面享有优先权，但都以失

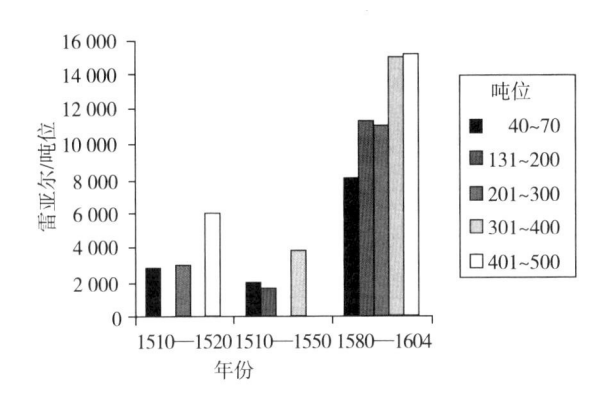

**图 2-1 生产成本（雷亚尔/吨位）**

资料来源：IANTT，*Corpo Cronológico and Feitoria Portuguesa da Antuérpia*，Livro de Avarias（see Costa，1997，p.176，for detailed archive references）；National Library of Lisbon：cod. 2257 - Livro Náutico，fol. 74 onwards and cod. 637 - *Memorial de Várias Cousas Importantes*；Lisbon Ajuda Library，51 - VI - 54，fol. 3；and Falcão（1859），p.205.

败告终，这使得国王不得不开始寻找远离里斯本造船厂的潜在林木资源。在腓力二世（西班牙腓力三世）统治时期，一支由木匠组成的探险队前往阿伦特霍海岸（奥德米拉）和蒙基克山（阿尔加维）考察木材。[31]

虽然木材成本在一艘新船的总成本中占有重要比重，但所用木材的成本并没有随着船的载重吨位的增加而增加；但是在吨位500吨以上的船只中，帆和绳索的成本的确显著增加了。由于有关原材料的价格信息不完整，我们无法对通货膨胀率得出确切的结论。尽管如此，我们可以发现船舶价格的上涨速度比小麦和木炭要快，这意味着船舶的造价在16世纪后期变得更加高昂。我们还可以推测出，劳动力成本并不能解释通货膨胀，因为木匠的工资增长率略低于2倍。[32]

由于原材料价格上涨以及其他所有可能影响造船的经济因素，

一艘船的建造成本为 2 400 万~2 500 万雷亚尔。尽管建造船只所需的投资如此巨大，国王还是找到了对这个资本密集型产业感兴趣的私人财团。然而它们的兴趣往往会受到王室现金流问题的限制。[33] 承包商必须处理延迟付款问题，以使其管理下的工人及时得到报酬。劳工费用每天可达 10 万雷亚尔，在某些情况下，即使人们没有工作材料，也能领到工资。一些经常在官方消息中被提及的代理商，如柯兹摩·迪亚士（Cosmo Dias）、曼努埃尔·莫雷诺·查维斯（Manuel Moreno Chaves）、恩里克·戈麦斯·达·科斯塔（Henrique Gomes da Costa），他们抱怨国家的财政问题破坏了他们为进口原材料而发行的票据的信用，影响了他们的国际信用。[34] 王室官员通过向承包商支付肉桂来解决现金流问题。这种制度没法形成惯例，因为工人们不会接受用肉桂代替货币作为报酬。但是哈布斯堡的承包商本可以利用王室的国际关系来出口香料，并将其作为一种流动性来源，以支付工人报酬，从而克服这些缺点。在 17 世纪，无论是谁投资了好望角航线，甚至是造船业，都参与了其他上下游高度资本化的业务。当然，商人在其中扮演了主要的角色。长途贸易是其流动性的主要来源，这也就不难理解为何上面提到的建造帆船的承包商的名字会出现在不同的契约中，这些契约对航运融资至关重要，我们将进一步予以讨论。但在技术问题方面，这些财团必须依靠造船工人的专业指导。

随着造船成本的上升，船舶结构得以改进，其目的在于增加容量、降低运输成本，并确保船只在海上的机动性。尽管有许多关于吨位超过 400 吨的商船适航性的批评，但通过反复的试验寻找大型船舶改良方案的工作仍在继续。很多人认为这种商船海上贸易的效率较低，因为它们航行的速度较慢。例如，腓力二世时期的航海专家若昂·巴普蒂斯塔·拉万达（João Baptista Lavanha）

将印度航线的不佳表现归咎于商船超载。[35]尽管 16 世纪上半叶巨型帆船航行成功,但在 1570 年,塞巴斯蒂安国王颁布了一项法令,将其吨位限制在 450 吨以内。[36]在他的法令颁布之后,很多大型帆船都恢复了工作,这证明它们在某种程度上符合这条航线的目的。这种体制继续在 17 世纪的头几十年里仰仗平均吨位达到 600 吨的东印度商船。

船只吨位的增加一般是通过增加新的甲板,而船体框架是保持不变的,这种设计对帆船来说是一个挑战。更多的甲板意味着绳索的重量会增加。[37]长期从事造船工作的承包商曼努埃尔·戈麦斯·加莱戈(Manuel Gomes Galego)向腓力三世的军官们阐明了这一点,来解释他为何要对四层甲板的船提出批评。[38]他补充说,船员的技能不足以驾驶有四层甲板的船只。他成功地建造了有三层甲板的船只,其龙骨可达 27～30 米,将货运吨位推高至 800 吨,为王室垄断的货物或私人支付运费和关税提供了空间。[39]他声称,他的三层甲板船比之前任何四层甲板船的效果都要好。他所提倡的设计并没有增加船帆和绳索的重量,在他看来,这是导致船只失事的原因之一。[40]争议仍在继续,三层甲板船和四层甲板船都被用于印度航线,以应对更高的海上损失概率。

学者们将这些航运方面的问题与胡椒贸易的衰落联系了起来。[41]然而在通货膨胀时期,对超载的船只和对最佳架构方案的探索必须被重新审视。规模经济或许可以解释为什么英国政府倾向于建造更大的船体,而不是增加派往印度的船只数量。

表 2-3 显示了 500 吨以上吨位阈值的优点。吨位与人数之比表明了规模经济和更高的资本生产率。

表 2-3 运输成本（雷亚尔）

| 群组 | 分类 | 吨位 131~200 | 吨位 301~400 | 吨位 500 | 吨位 >600 |
|---|---|---|---|---|---|
| 成本（百万雷亚尔） | 造船 | 2.8 | 8.2 | 11.5 | 13.4 |
| | 装配 | 3.5 | 6.6 | 9.7 | 11.2 |
| 吨位/人 | 船员 | 4.3 | 4.7 | 6.2 | 6.2 |
| | 官员 | 11~13 | 11~13 | 11~13 | 11~13 |
| 装配成本：与造船成本的比率（%） | 火炮 | 70 | 46 | 54 | 54 |
| | 给养 | 31 | 20 | 17 | 17 |
| | 船员工资 | 22 | 12 | 10 | 10 |
| | 炮手工资 | 3 | 3 | 3 | 3 |
| 载货吨位 | | 70~140 | 210~280 | 350 | 441 |

资料来源：同图 2-1。

将成本和潜在收益进行比较（严格按每公担胡椒的运费计算，1 吨＝13.5 公担），比较的结果证明了继续使用大型船舶是有经济依据的。如果边际成本和边际收益之间的平衡决定了每单位投资的最大回报，则最佳吨位为 500 吨以上（见图 2-2）。这一最优关系的平衡点无法精准地确定，但它不会超过 800 吨。实现单位资本投资的最大收益解释了哈布斯堡王朝更喜欢采用大型船只组成的小型船队，而不是小型船只组成的大型船队。

尽管订购大型船舶在经济上是合理的，但在通往亚洲的海上航道中却遭遇了重大的挫折。通过对离港和到港的数量进行比较，也许可以衡量随着吨位上升后的船只的损毁程度。最近的研究试图重现航行距离，离港、失踪和达港的船只数目，造成损失的原因和每个船队的平均吨位等数据，研究者收集了葡萄牙船只在亚洲航运中的一系列数

增量收益和成本

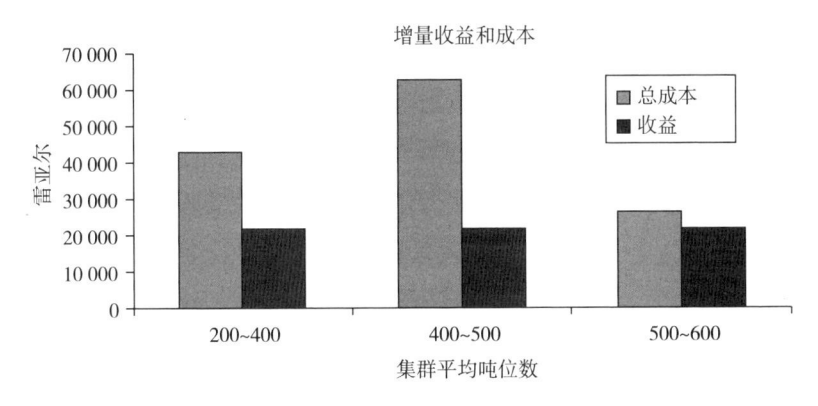

图 2-2 规模经济

资料来源：同表 2-3。

据。[42]这些研究和数据揭示了伤亡的本质，但它们也提出了许多问题，因为离港和到港的基准是在同一年下降的。要想评估一支船队的性能或印度航线十年的航运情况，最好的方法是在船只离港和返回里斯本这一往返行程中存在一年以上时间差的基础上组织数据，因为在 16 世纪，这种航线的船只离开一年后才有可能返回。因此，维托里诺·马加良斯·戈迪尼奥（Vitorino Magalhaes Godinho）的数据仍然是最科学的（见表 2-4）。[43]

表 2-4 葡萄牙好望角航线船运概况

|  | 离港船舶 | 到港船舶 | 失事船舶 |
|---|---|---|---|
| 1500—1509<br>1501—1510 | 138 | 56 | 82 |
| 1510—1519<br>1511—1520 | 96 | 55 | 41 |
| 1520—1529<br>1521—1530 | 76 | 36 | 40 |

续前表

| | 离港船舶 | 到港船舶 | 失事船舶 |
|---|---|---|---|
| 1530—1539<br>1531—1540 | 80 | 41 | 39 |
| 1540—1549<br>1541—1550 | 61 | 41 | 20 |
| 1550—1559<br>1551—1560 | 51 | 32 | 19 |
| 1560—1569<br>1561—1570 | 49 | 32 | 17 |
| 1570—1579<br>1571—1580 | 54 | 43 | 11 |
| 1580—1589<br>1581—1590 | 56 | 41 | 15 |
| 1590—1599<br>1591—1600 | 44 | 23 | 21 |
| 1600—1609<br>1601—1610 | 68 | 25 | 43 |
| 1610—1619<br>1611—1620 | 56 | 24 | 32 |
| 1620—1629<br>1621—1630 | 67 | 16 | 51 |

资料来源：Godinho, vol. 3 (1981—1983), p.49.

戈迪尼奥的数据得出的结论是，在16世纪的头几十年里，船只毁损的可能性为59%，但存在一些误差，因为并不是所有的船只都要返航。一些船只被派往印度，以加强葡属印度的武装力量。到了16世纪中叶，亚洲造船厂为军事服务提供船只减轻了葡萄牙在航运资源上的负担。因此，图2-3显示了印度航线上航运50年来的良好表现，当时毁损率降至20%。关键期始于哈布斯堡王朝时期（1580—1640年），尤其是1590—1600年后。从1600年起，毁损率超过了50%，在17世纪30年代末可能达到76%，这十年标志着葡萄牙亚洲帝国的衰落。

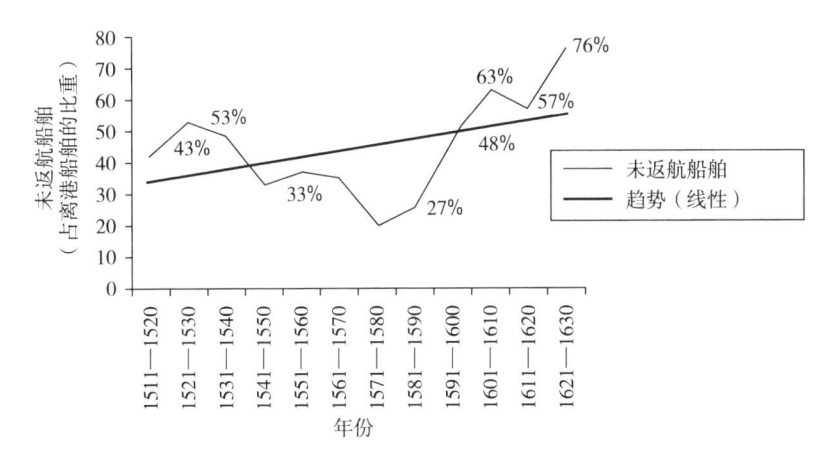

**图2-3　葡萄牙好望角航线的遇险率**

资料来源：同表2-4。

17世纪头几十年的挫折并没有影响到印度贸易部海关的收入，这表明国家和私营企业正在积极地应对损失，它们弥补高风险的一种方式是控制商船上商品的种类。胡椒的贸易仍被王室垄断，其在货物总价值中所占的份额不断下降；而在安全抵达里斯本的船队中，种类更丰富的其他商品占到总价值的60%以上。印度棉布、中国丝绸、靛蓝、珍珠和钻石的溢价率为500%，弥补了50%~70%的或有损失。除非这一年度船队的所有船只都未能顺利返航，否则私人利润、税收和运费都将照常计取。货物运输的变化无疑是印度航线应变能力的一个重要体现。私人和公共利益之间的一种新的平衡使印度航线得以持续运营。

关键问题在于这种平衡应该如何维持，以及国家通过提供装备有重型火炮的船只赚取或亏损了多少钱。关于这点，国家在运输方面的花费，其本质目的是保护私人资本。

## 战利品的瓜分

如果航运由王室来提供,那么安全抵达的船只所产生的运费和关税应该保证国家有足够的流动资金来为下一次启航提供资金。因此就哈布斯堡政府而言,好望角航线的金融体系既取决于胡椒的利润,也取决于税收和货运。

葡萄牙政府选择出售其收取运费和税赋的权利,但它没有交出胡椒的贸易权。鉴于航运本身并没有产生显著的回报,找到融资机构来增加运费的可能性很小,因此王室通过将财政权利和运费收取权打包在一起出售来寻求私人资本的投资,为航运筹集充足的资金。

在其他任何情况下,当财政收入被分包出去时,承包商的利润是契约强制执行的金额与实际征收的关税和运费之间的差额。在近代早期的欧洲,分包税收或租金是一种普遍的做法,也是契约中的一项重要条款,有助于将农产品纳入市场。它是基于一种类似于期货合约的风险管理逻辑。关税或租金的买方(承包商)希望或期望实际收入高于契约规定的价格。关税或租金的卖方(国家)希望或期望在不久的将来价格会下降。在这种情况下,国家收到了由契约强制执行的一次性付款,而不考虑承包商的实际收入。从国家的角度来看,外包财政税收的契约并不涉及金融资产的投机。相反,这样做旨在消除收入的波动,从而克服现金流问题。王室官员负责征收关税和运费,承包商可以任命一名代理人监督海关的程序。

印度贸易部外包征收运费和关税的权利是通过盲拍进行的。盲拍意味着竞标者不知道他们在与谁竞争,也不知道其他竞标者可能会为即将抵达的货物支付多少运费和关税,关于货物的情况或者在亚洲的实际装载量也没有准确的信息。通过私人和公共通信渠道,加上以往的经验，政府和竞标者能够对涉及的金额有一些抽象的概念，但每一轮的盲拍都充满了不确定性。这种方式抬高了这些费用，以对冲政府在航运方面可能承受的风险。在可能的情况下，竞拍将进行几轮，直到财政部官员做出决定，随后签署一份契约，确定这笔钱将被划入国库。

表2-5总结了1617年抵达的两艘商船的拍卖情况。[44]数据显示，尽管存在船舶失事、货物水渍和所有会对胡椒贸易造成影响的常见问题，但竞争还是很激烈，这证实了人们仍期望能够获得丰厚的利润。

**表2-5　关于1617年抵达商船的关税及运费所涉契约的拍卖**

| 竞拍 | 投标人 | 价值（百万雷亚尔） | 条件 |
| --- | --- | --- | --- |
| 1 | 曼努埃尔·戈麦斯·加莱戈与曼努埃尔·莫雷诺·查维斯 | 85 | |
| 2 | 曼努埃尔·戈麦斯·加莱戈 | 90 | 将财政部欠投标人的200万雷亚尔扣减 |
| 3 | 曼努埃尔·戈麦斯·加莱戈与曼努埃尔·莫雷诺·查维斯 | 90 | |
| 4 | 努诺·迪亚斯·卡洛斯 | 92 | 将财政部欠投标人的另一份合同的寄售扣减 |
| 5 | 努诺·迪亚斯·卡洛斯 | 96 | |
| 6 | 努诺·迪亚斯·卡洛斯与曼努埃尔·莫雷诺·查维斯 | 97 | |
| 7 | 贡卡罗·费雷拉 | 100 | 1616年抵达商船的关税及运费的承包商 |

资料来源：Arquivo Histórico Ultramarino, Lisbon (AHU), Conselho Ultramarino, cod. 31, fol. 107.

竞拍需要七轮，投标人的名字会透露市场的重要特征。前三轮涉及一些合作竞拍，曼努埃尔·戈麦斯·加莱戈是参与竞标的一员（上文关于船舶建造的契约中也出现过他的名字），他和曼努埃尔·莫雷诺·查维斯一起，成功地将他的出价从 8 500 万雷亚尔抬高到 9 000 万雷亚尔。财政部没有接受这一出价，于是拍卖继续进行，加莱戈随后退出了竞拍，其他的竞拍者仍在继续竞拍。例如努诺·迪亚斯·卡洛斯，他一个人就出价 9 200 万雷亚尔，并随后将出价抬高到 9 600 万雷亚尔，他和加莱戈之前的合作伙伴查维斯联手将出价抬高到 9 700 万雷亚尔。最后，出价最高的是贡卡罗·费雷拉（Gonçalo Ferreira），他的出价是 1 亿雷亚尔。

财政部官员拒绝了费雷拉的出价，因为费雷拉提议用财政部一年前签订的契约中欠他的费用来冲抵这一出价。官员们声称费雷拉同样是王室府库的一个借款方，因为 1616 年货物契约的总费用他还没有全部结清。尽管事实上费雷拉的出价遭到了财政部官员的拒绝，但他对拍卖的兴趣表明了回报的可能性。财政部对其他竞标者更有信心，尽管他们给出的总价略低（9 700 万雷亚尔），这告诉我们：从王室官员的角度来看，这些较低的出价仍然可以使其从中获利。的确，和其他收入来源相比，拍卖涉及的金额相当可观。例如，拍卖金额超过了全国各地海关都在对一切进出口商品征收的 3% 的"领事税"，这项税收在当时达到了 7 000 万雷亚尔。

一小群投标人成为造船、贸易和税收地下一体化的"有形之手"。以加莱戈的第二次出价为例，他出价 9 000 万雷亚尔，条件是将财政部因他在造船业上的投资而欠他的 200 万雷亚尔计算在内。所以实际上，他的出价仅达 8 800 万雷亚尔。这个团体的规模和凝聚力限制财政部不得不接受数量有限的竞拍，但它也使参与竞拍的每一方都有机会索取对自己有利的债务和信贷，这实际上最大限度地压缩了官方拍卖的利润。此外，一些对投资印度航线有兴趣的金融家如加莱戈，打算和基督教新教商人建立合作关系，这些商人进口纺织品（棉花和丝绸）、靛蓝和珍珠。在16世纪的最后十年里，这些商品的价值超过了胡椒在葡萄牙的价值。商人们对印度航线的兴趣源于国家对其进口的最贵重的货物征收从价税。

尽管哈布斯堡王朝时期葡萄牙在巴西的殖民统治使得糖在葡萄牙的对外贸易中占据了主导地位，但在西班牙腓力三世统治时期，好望角航线的金融和商业业务将资本挤出了糖业。商人们在非洲进行棉花中间贸易，从而为西班牙殖民地提供奴隶，证明了私人资本对亚洲的棉纺织贸易有着同样的兴趣。[45]

17世纪的头几十年强调的是一种新的利益平衡。王室关注的重点是胡椒贸易和通过拍卖来弥补航运的损失。私人资本之所以进行合作，是因为它们关注新商品和非垄断商品的从价税。通过估算回报率可以看出在这种制度安排下哪一方才是更大的受益者。

1615年前往印度并于1616年返回的船队是一个很好的例子。关于船队经济层面的历史记录并不鲜见：对于启航、返航的船只情况，以及完成航行超过一次的船只情况（在资本折旧时要考虑），都有所记录。用于购买垄断货物的资金记录、契约规定的数额、到货货物的数量和价值，以及通过和贡卡罗·费雷拉的第一份契约征收的实际关税记录也不是什么秘密。[46]我们可以这么认为，如果国家的收益率高于或等于公共债券的收益率，那么这个制度就是很成功的。表2-6列出了王室的装配成本（1.056亿雷亚尔）和用于在印度购买胡椒的资本（7 440万雷亚尔），总计1.8亿雷亚尔。

表 2-6 1615 年的无敌船队：王室的开销

| 船舶 | 首航 | 第二或第三次航行 | 购买胡椒的资本（百万雷亚尔） | 吨位 | 装配成本（百万雷亚尔） | 返航 | 失事 |
|---|---|---|---|---|---|---|---|
| 瓜达卢佩夫人号（N. Senhora de Guadalupe） |  | X | 12 | >600 | 15.7 |  | X |
| 卡皮泰纳夫人号（N. Senhora Capitaina） | X |  | 12 | >600 | 24.6 |  | X |
| 圣安东尼奥号帆船（Galleon Sto António） |  | X | 6.4 | 300～400 | 9.4 | X |  |
| 雷梅迪奥斯夫人号（N. Senhora dos Remédios） | X |  | 12 | >600 | 24.6 |  | X |
| 纳扎雷夫人号（N. Senhora da Nazaré） |  | X | 16 | >600 | 15.7 | X |  |
| 热苏斯夫人号（N. Senhora de Jesus） |  | X | 16 | >600 | 15.7 | X |  |
| 总计 | 2 | 4 | 74.4 | >30 300 | 105.6 | 3 | 3 |

资料来源：表 2-3 及 Blanco（1974），pp. 131-135。

船队的六艘船中有三艘安全返回，它们运送了 4 839 公担（290 吨）的非垄断货物，价值 1.789 亿雷亚尔，以及 8 093 公担（484 吨）的王室胡椒，价值 1.455 亿雷亚尔。[47] 根据竞拍的结果，贡卡罗·费雷拉为关税和运费支付了 1.1 亿雷亚尔。[48] 这意味着国王想一次性收回 60% 的成本。剩下的 40% 则更多来自胡椒贸易，这将产生 1.455 亿雷亚尔。尽管海上损失率高达 50%，但国家的回报率有望达到 42%。

对于承包商而言，对非垄断货物征收关税和对各种货物收取运费产生了 1.534 亿雷亚尔的收入（见表 2-7）。如果考虑到承包商的投资（1.1亿雷亚尔），那么承包商的回报率为39%。这和王室财政部预期的回报率42%是接近的。它几乎和16世纪头几十年的旧的均分战利品制度相似（在当时，"一半份额"契约是印度航线贸易的主流利益分配制度）。

表 2-7 新制度安排下的回报率

| | 项目 | 契约价值（百万雷亚尔） | 实际价值（百万雷亚尔） |
|---|---|---|---|
| 国家 | 投资 | | |
| | 航运 | 105.6 | 105.6 |
| | 胡椒 | 74.4 | 74.4 |
| | 总计（A） | 180.0 | 180.0 |
| | 收益 | | |
| | 财政关税和运费 | 110.0 | 44.6 |
| | 胡椒 | 145.5 | 145.5 |
| | 总计（B） | 255.5 | 190.1 |
| | 回报率* | 42% | 6% |
| 承包商 | 投资 | | |
| | 财政关税和运费 | 110.0 | 153.4 |
| | 代表王室利益的扣减额 | | 65.4 |
| | 代表承包商利益的扣减额 | | 6.9 |
| | 总交付额（A） | | 44.6 |
| | 收益 | 153.4 | |
| | 税收净额 | | 81.1 |
| | 运费 | | 12.9 |
| | 总收益（B） | | 94.0 |
| | 回报率* | 39% | 111% |

注：回报率＝（B－A）/A×100%。

资料来源：AHU, Índia, caixa 4, no.146, no.188.

然而，随着契约的实施，这种均分战利品的方式发生了改变（见表 2-7），因为政府仍然受到社会秩序的约束，这种社会秩序迫使财政部遵循一种"礼尚往来"的原则，即向某些贵族家庭赠送免税费的货物，有很多的肉桂、靛蓝或苯胺免除了所有的税费。在这支船队中享有特权的有达·伽马的继承人维迪盖拉伯爵，最有名的是葡萄牙布拉干萨公爵，布拉干萨公爵在 1640 年从哈布斯堡王朝统治中恢复政治独立后开始管理葡萄牙以及其他身份不明的代理商，但这些恩宠不会损害承包商的利益。

由于上文提到的礼尚往来，王室需要承担额外的成本，承包商可以将这些费用和税收加起来并扣减一定金额，因此只需支付 4 460 万雷亚尔，这大大提高了承包商的收益。根据船上货物的价值，贡卡罗·费雷拉将收取 1.534 亿雷亚尔的关税和运费，这是在印度贸易部登记的金额。从这笔款项中扣除 7 230 万雷亚尔，其中的 6 540 万雷亚尔代表了国王的恩泽和赏赐，690 万雷亚尔是承包商的义务，也包括免税费的货物。他实际上收了 8 110 万雷亚尔的关税，外加 1 290 万雷亚尔的运费。在将 4 460 万雷亚尔交给财政部后，他还剩下 4 940 万雷亚尔，他赚取了 111% 的利润率。

这从根本上改变了之前回报率的平衡。"公共"回报率为 6%。尽管有一半的船只失事，但王室的净收益率与公共债券的收益率相当。航运投资与公共信贷投资的预期回报率相同。

胡椒贸易弥补了王室的损失，然而商界对高收益率的嗅觉促使马德里政府发现了帝国的这个分支机构管理方面的问题。林哈尔斯（Linhares）总督在到达果阿之前，报告了 15 支船队将资本送往亚洲的目的地。[49] 在王国内部，有声音要求财政部提供关于这些船只价值的资料。1618 年，财政部官员确认 4 艘船运送了价值 1.158 亿雷亚尔的胡椒，其承载货物的关税也达到 9 410 万雷亚尔，这些价值与财政部通过拍卖获取的价值大体相同。[50]

总而言之,协助国家为好望角航线提供资金的契约安排依赖私人资本对非垄断商品的投资。在承包商欠王室的款项中,有一部分来自按价计税收取的商品税,这些商品的溢价率高达 500%。将葡萄牙商船上的货物价值结构与英国东印度公司或荷兰东印度公司的商船进行比较,就会发现葡萄牙商船上的布料和靛蓝的压倒性价值揭示了一种差异。[51]

高概率亏损使 500% 的溢价率降至较为平缓的 200%~250%。这种溢价与 16 世纪上半叶胡椒领域的先驱投资者所获得的溢价没有多大区别。这其中一个关键的不同之处在于,对非垄断货物征收的财政关税是葡萄牙经济恢复的根本原因。如果这些昂贵的大宗商品没有被引入航线贸易,葡萄牙王室将找不到投资者向该制度注入资金,而该制度为风险较高的远洋航运提供了支持。如果缺少可供自由贸易的货物,葡萄牙国王将很难坚持以胡椒进口为基础的政治经济战略,这也是这条航线上国家和私人收益不平衡的核心原因。

王权参与航运贸易不再是世袭国家的特征。好望角航线是国家财政收入的来源之一,而胡椒是欧洲全球战争中的武器。因此,私人财团从国家对好望角航线利益制度安排的变化中获得了最大的利益。曼努埃尔国王通过提供航运、出售"一半份额"契约下的胡椒贸易垄断权,赚取 270% 利润率的时代已经结束。然而 1616 年船队的数据证实,王室的财政负担实际上源于赠送礼物给贵族。财政部的账目核算之所以出现问题,是因为其忽视了这一财政负担。如果不是这样,国家将获得 42% 的纯收益率,这和航运毁损率非常接近。

## 结论

从长远来看，好望角航线对私人资本来说仍然是一桩有利可图的生意。130多年来，其回报率一直维持在100％左右，相关契约安排为造船、贸易和税收包征方面创造了商业机会。利润回报不再极大地依赖法理上的垄断，而是转向了不受欧洲竞争影响的商品。虽然价格涨幅仍然很大，但好望角航线上的富商们仍然乐此不疲地航行着。

葡萄牙能在风急浪高的险境中保持与亚洲的贸易往来，是私人资本选择从胡椒贸易转向更"现代"的大宗商品贸易的结果，而这些商品此前从未通过地中海航线大量涌入欧洲市场。这种持久性也同样是新制度安排的结果，在这种制度安排下，战争使得国家在航运上的投资合理化。

尽管事实证明大型商船从经济角度看仍然是最佳的选择，但国家的回报率下降也是不争的事实。在17世纪，新的契约安排将关税包征与运费收取权外包结合起来。这样的安排提供的回报率几乎与亏损的可能性相等。这解释了国王在逆境中的弹性策略。事实是国家的收入可以用来支撑"礼物经济"，这反过来又与同早期世袭特征相关的政治结构密不可分。这一问题将"公共"回报率拉低至6％左右。

现在有人可能会问，1628年葡萄牙国王强迫富商成立特许公司来经营胡椒贸易的目的何在？他是否期望私人资本会流入公司？在此前的二十年里，私人财团是否受到了糟糕的对待？如果葡萄牙期望通过经营印度公司（India Company）来降低国家在一场经济战中所产生的成本，那么每股将获得4％的股息是公司租船合同中最精确的条款之一。[52]这家公司的失败不是因为葡萄牙人无力处理公司的业务，而是因为胡椒贸易的衰落。

在股份公司竞争之前,葡萄牙好望角航线的弹性表现出财政-军事国家形成的重要制度后果。本章回顾了在冲突环境中,贸易组织不仅受到逐利目标的驱动,而且受到地缘政治战略的驱动的历史。但在所有问题上,公共事业必须满足私人利益,以确保能获得必要的财政支持。

# 第三章　使用暴力
## ——海地革命如何重建西半球的贸易
### 史蒂文·托皮克

近年来，历史学家们终于开始重视 1791—1804 年的海地革命。他们认为它理应成为最早的民族解放战争之一，也是对西半球奴隶制度的重大打击。[1]这场斗争表明，尽管法国大革命标榜"自由、平等、博爱"的理想，但在一个奴隶（大多来自非洲）占总人口绝大多数的法国海外殖民地，这些口号却着实有些讽刺。本章将从一个特殊的角度来回顾这一世界历史事件，探讨它对 19 世纪早期国际贸易的影响。海地革命是有助益的吗？如果是，那么谁从中受益？革命带来的种族屠杀对被欧洲列强视若珍宝的加勒比海殖民地造成了严重影响，但讽刺的是，它客观上扩大了美洲（海地除外）的热带出口，并扩大了美国和西欧的大众消费规模。这场激烈的跨国战争和社会动乱成了商业全球化的工具。

## 海地革命史

在富饶的法国殖民地圣多明各爆发的长达 13 年的革命，一直被人们忽视，或者被视为一种反常现象。[2]它甚至没有被归入 R. R. 帕尔默（R. R. Palmer）的《民主革命时代》(*The Age of the Democratic Revolution*)，也许是因为它恶劣的社会影响，又或许是因为叛乱分子受到非洲和欧洲传统的启发。拉丁美洲的第一个独立国家和第一个共和国是在1791年圣多明各（后来被称为海地）爆发的一场成功的奴隶革命中诞生的，这也是美洲的第一次奴隶革命。也许是因为它的独特性，塞缪尔·亨廷顿（Samuel Huntington）在他被广泛引用的著作《文明的冲突》(*The Clash of Civilizations*)中称海地事件在西方文明史上无足轻重，因为它是一个"孤独的国家"，缺乏"与其他社会的文化共性"[3]。我们接下来将看到，海地革命在客观上是如何对整个加勒比地区造成影响的。

在海地革命中，这些前法国殖民地的有色人种击败了法国、西班牙和英国的军队，在美洲掀起了迅雷不及掩耳且影响广泛的社会革命和土地改革。历史学家富兰克林·W. 奈特（Franklin W. Knight）指出："海地革命是现代世界历史上最彻底的革命变革案例。"[4]苏珊·巴克-莫尔斯（Susan Buck-Morss）认为这场革命改变了欧洲人的思想。她指出，海地革命和亚当·斯密的《国富论》从根本上颠覆了黑格尔（Hegel）的自然状态观和社会历史观，海地人证明了奴隶可以当家做主。然而，黑格尔在描述海地革命的影响时却闪烁其词，因为赤道地区人民的革命让欧洲人在感情上一时难以接受。[5]

令人惊讶的是，圣多明各的运动直到最近才引起拉美历史学家的注意。之前关于独立的研究都对这场革命着墨不多。人们对海地革命的回避在某种程度上正如出生于海地的人类学家米切洛-罗尔夫·特鲁洛特（Michelo-Rolph Trouillot）富有诗意的描述那样："海地革命以一种超乎想象的独特方式发生并被载入人类历史。"[6]

长达14年的激烈战争让最富饶的欧洲殖民地尸横遍野、经济萎靡不振。在1791年，一位游客到达弗朗索瓦角时将他的震惊予以记述:"毗邻海角的高贵平原上覆盖着灰烬,周围目之所及的小山,到处都是还在冒烟的废墟,房屋和种植园都在熊熊燃烧着。"[7]这还只是一个开始,接下来还有持续13年的战争。

对于大西洋世界的殖民地和国家领导人、种植园主和商人来说,这场革命不仅仅是一个警示,更是一场噩梦。即使是像托马斯·杰弗逊(Thomas Jefferson)这种颂扬过法国大革命的美国人,其对海地黑人的态度也完全不同:"必须尽快采取行动,否则我们将成为杀害自己孩子的凶手……如今一场席卷全球的革命风暴正向我们袭来。"[8]

杰弗逊总统决定对海地实施禁运,并拒绝承认这个新国家,甚至不屑于承认它的名字由圣多明各改为海地。仍然掌握国家权柄的美国南方人对发生在海地的屠杀憎恶不已。海地革命难以复制,同时代的人避开了海地及其暴力诞生的影响,用特鲁洛特的话来说,他们是"沉默的"[9]。

一些关于革命余波的研究认为,人们普遍知晓海地的奴隶起义,以及三年后加勒比沿岸地区废除奴隶制的情况,同时也明白自由有时会催生叛乱。[10]然而在短期内,海地革命并没有解放美洲其他地区的奴隶,事实上,它反而还强化了热带地区的奴隶制度。在经历多年的战争之后,西班牙和英国加勒比地区的奴隶进口达到了历史最高水平,而奴隶制度也变得更加严苛。[11]海地糖和咖啡产业出口的急剧减少促使美洲其他地方的种植者扩大了生产。在美洲的其他法国殖民地甚至恢复并加强了奴隶制,而反奴隶制运动在英国也遭受了暂时的挫折。[12]

大多数研究都集中在1791年以后奴隶关系的社会后果上,特别是在环加勒比海和北美地区。海地严重的武装冲突造成的经济后果得到的关注却很少。本章将论述这场冲突不仅导致殖民地种植园主、奴隶和欧洲政界的思想发生了深刻的变化,而且在很大程度上改变了西半球的贸易模式。正如约瑟·路易斯·卡多佐在本书第四章中所论述的那样,拿破仑的大陆封锁政策带来了跨大西洋的剧变,海地革命在旧殖民制度崩溃时重建了贸易。

当时世界上利润最丰厚的作物是糖料作物、咖啡、靛蓝以及烟草,而海地曾经是这些作物的主要生产地。在很大程度上是由于海地的生产,美国人和西欧人才形成了对热带奢侈品的需求和追逐,这些奢侈品开始成为大宗商品。[13] 1789年的法国大革命为海地的奴隶起义奠定了基础,这场起义使海地人民的土地一片荒凉。(具有讽刺意味的是,咖啡和糖的价格过高导致巴黎的"无裤党"愤怒地走上街头,试图推翻政权。[14])

圣多明各商品价格的新高造成的冲突导致居民流离失所,种植园主和商人把他们的知识、资本和奴隶,从北部的路易斯安那州带到加勒比海的临近地区、西部的墨西哥以及南部的巴西。这次冲突的爆发对欧洲大西洋经济的影响是,在古巴、波多黎各和美国新路易斯安那州,糖料作物和咖啡的种植有了蓬勃的发展,咖啡种植向新独立的巴西转移;在美国和欧洲,咖啡和糖的消费呈上升趋势。波多黎各和古巴被纳入美国的势力范围。当然,当海地的奴隶用他们的砍刀和干树枝来对付殖民者时,他们并没有预料到这些。与资本主义所谓的目的论的"建设性破坏"相比,非预期后果法则似乎更有效。

应该指出的是,经济史学家和那些研究独立和国家建设的学者不同,他们赋予圣多明各和糖历史核心地位。埃里克·威廉姆斯(Eric Williams)认为,奴隶制和糖业是资本积累的基础,二者为工业革命提供了资金。[15] 弗尔南多·布罗代尔(Fernand Braudel)也认为,糖和其他奢侈品是18世纪工业迅猛发展的基础。[16]

尽管一些批评家质疑奢侈品和奴隶贸易以及非欧洲资本积累的重要性,但有学者注意到,当考虑到奴隶和糖类贸易对全球的贡献,包括欧洲、非洲和美洲之间的三角贸易时,外来商品尤其是糖确实产生了重要影响。[17]即使这些不是工业革命所必需的,至少也在本质上影响了工业革命的时机和速度。通常以欧洲为中心的历史学家戴维·S. 兰德斯(David S. Landes)和世界历史学家彭慕兰都坚信这一观点。[18]显然,位于大西洋奴隶贸易和全球糖业经济中心的圣多明各在18世纪的世界中具有相当重要的意义。

## 贸易与冲突

在讨论本章的核心历史事件之前,让我们先对贸易和冲突的相关理论进行简单的介绍。海地的历史表明,贸易是一把双刃剑。一方面,它需要合作,因为其建立在利益交换的基础之上,而且在很大程度上是自愿交换,否则有盗窃之嫌。贸易需要信任,贸易伙伴必须公平行事、遵守承诺并支付对价。糖出口还要求在质量、重量或数量标准上达成一些最低限度的协议。因此,这需要一定程度上跨大西洋的信息交流。[19]自圣多明各成为法国最赚钱的殖民地以来,"不平等交换"的机制就运作起来了。法国人在与被殖民者的谈判中占据优势地位,因此能够在交换中将其苛刻的条件强加于后者从而获益更多。[20]尽管如此,市场规则和交易惯例需要双方相互理解,也需要双方都认为自己(或至少是殖民地或国家中一些有影响力的派系)获得了足够的利益,从而使交换至少具有最低限度的价值。这一点是千真万确的,因为法国人预料到了这种市场关系不是一次性的,而是会一直持续下去。交易的参与者自忖应该把这种交易一直延续并制度化,使其不再是偶发的,而是可预测且可靠的。

另一方面,商业资本主义的引擎是竞争,在这种竞争中,贸易方压倒竞争对手以增加利润。贸易商利用法国和圣多明各不同的价格或价值体系进行交易的行为可以被视为套利。尽管自亚当·斯密时代以来的资本主义的拥护者一直认为这种商业模式提高了效率，可以用最少的时间、精力、金钱或商品投资创造出最多的产品，从而将浪费最小化，但这种模式还有一个弊端，即"竞次"（这可能导致产品掺假、劳动报酬低廉或债务履行困难），还存在无形之手推动垄断或寡头垄断产生以牟取暴利的情况。

竞争有时会导致冲突，从而对信任与合作造成损害，再进一步地损害贸易。在战争时期，由于通常的行为规范被搁置一旁，强迫和偷窃的欲望会进一步增强。为了保护财产和其他资产，政府增加了更多的"交易成本"。在困难时期，交易所并不完全由"市场"来管理，也不受制度或个人诚信声誉的保护，而是由私人警察或军方来管理。

在亚当·斯密的观点中，合作与竞争二分法也可以被解释为《国富论》中的利己主义与《道德情操论》中有关道德情操创造的同情理论。个人的贪婪会影响集体利益吗？对冲突的控制会促成合作吗？[21]合作和冲突之间是否存在一种辩证关系，从而使它们自然地结合在一起呢？海地革命表明，解决这些矛盾要付出生命、房屋损毁、错失良机等高昂的代价。

## 18世纪后期的现代新大陆

海地革命以后，在大西洋的殖民地世界中充斥着冲突、勾结与合作，必须要靠谈判来达成新的协议。正如我们即将论述的，这些协议必须覆盖新的领域，因为竞争在地理上是分散的。这次重新谈判发生在一个重要时刻。商业资本主义的世界建立在原始积累的基础上，通过交换早熟的、地理上罕见的商品，与强调生产过程而非自然多样性的工业资本主义交织在一起，奢侈品正成为受欢迎的商品或工业过程中的中间投入。黑格尔巧妙地描述了这一点:"需求和劳动创造了一个相互依存的巨大体系,它像自然元素和野兽一样盲目地运动,需要稳定而严厉的驯服和控制。"他接着描述了消费者的"永不满足的欲望"和"英国人所说的舒适产生的无穷无尽的产品"[22]。奴隶、糖和咖啡通过创造更广泛的消费者网络,改变了现代早期银、丝绸和香料的重商主义世界。与此同时,糖和咖啡也成为伍德拉夫·D. 史密斯(Woodruff D. Smith)所说的"体面"的象征,因为这些热带奢侈品逐渐在市场中扩散,成为身份和地位的标志。[23]西德尼·明茨(Sidney Mintz)也提出了新颖的观点,他认为糖的消费量"可以作为向现代化转变的某种指标"[24]。这是因为在西印度殖民地和大都市里,咖啡、茶和烟草等其他"新食物"与一个注重时间的工业社会的出现相结合。这是如何伴随着一种新型消费者的出现而出现的?这些新型消费者用自己通过劳动所得购买的东西来重新定义自己与他人的关系。[25]

圣多明各的殖民经济促进了世界贸易的发展,海地革命则起到了推波助澜的作用。为了理解这个过程,让我们从海地上升为世界贸易的中心地位开始,讨论随后爆发的革命及其商业后果,以及对大西洋经济生态的重构。这些变化的速度之快及范围之广都令人吃惊。

## 圣多明各

欧洲殖民者在新大陆的第一个定居点位于伊斯帕尼奥拉岛(后来被命名为圣多明各)的西三分之一处。在那里,哥伦布留下了39名船员,并将其命名为"纳维达"。[26]第二年他回到驻地时,那里已经被夷为平地,他派驻去建立新殖民地的许多船员都已离世。这一糟糕的开端使该岛西部地区在之后的两个世纪都陷入了沉寂。哥伦布随后将他的殖民重点转移到该岛的东侧,即今天的多米尼加共和国,在那里西班牙人集结了他们相当微弱的势力。后来,西班牙人的注意力被科尔特斯(Cortés)和皮萨罗(Pizzaro)用墨西哥、秘鲁的文明及银器吸引开,加勒比地区被挤到了边缘地带,它的作用是为美洲大陆和西班牙之间的暴利贸易提供物资并组织船队。

从1639年开始,法国人就占领了伊斯帕尼奥拉岛北部海岸不远处的托尔图加(Tortuga)小岛。他们从那里逐渐渗透到大陆,以牧牛和耕种为生。然而被称为布坎尼尔(boucaniers)的法国与荷兰海盗联盟让法国的殖民地前景黯淡。尽管当地名义上仍归属西班牙,但法国人授权西印度群岛公司监管伊斯帕尼奥拉岛西部的殖民地和方兴未艾的农业出口。起初,他们出口如烟草、靛蓝和可可这样的美洲本土作物。直到1697年《里斯维克和约》结束了法国与英国、西班牙、神圣罗马帝国和荷兰之间的长达九年的"大同盟战争",法国才借以在欧洲的让步换取西班牙政府承认其在当地的存在。

直到18世纪,这个边缘的海盗巢穴才成为"安的列斯群岛上的明珠",靛蓝发展成为奴隶种植的主要出口产品,为蓬勃发展的欧洲纺织业提供染料。诸如糖和咖啡等外来作物从繁荣的法国殖民地马提尼克岛(Martinique)和瓜达卢佩岛(Guadalupe)转移到圣多明各。圣多明各从一个多民族自由战士抗争西班牙的战场变成世界上主要的奴隶殖民地和法国海外殖民基地,斗争和压迫深深地烙印在这个殖民地的独立史上。

圣多明各的靛蓝出口发展到18世纪中期时已经独占鳌头。[27](大多数靛蓝的传统使用者,如印度和中东地区的人,都通过自己种植的植物来提炼蓝色染料。[28])靛蓝产量持续上升,到殖民时代末期,靛蓝种植园有时有500~600名奴隶,中间值在80名左右。[29]

但是糖改变了经济和社会。糖最初是通过文化地缘政治而非市场力量进入法属加勒比海地区的。葡萄牙种植园主强迫奴隶在环大西洋地区种植甘蔗,如16世纪早期的非洲圣多美岛和16世纪后期的巴西。1624年,荷兰人又占领了巴西最富饶的糖料产地,他们在那里学了30年的制糖技术。1654年,他们被葡萄牙人驱逐到加勒比海的马提尼克岛,随后他们来到附近的瓜达卢佩岛。[30]糖业兴盛于这两个岛,直到18世纪50年代,战争和来自圣多明各的竞争削弱了其国际地位。

18世纪,糖业在圣多明各达到了巅峰,使巴西、圣多美和所有其他糖料生产地黯然失色。一位牙买加种植园主在圣多明各的全盛时期到访并赞美其为"新世界的天堂"[31]。很显然,他是从自由种植园主的角度来观察这个岛的。得益于小安的列斯群岛在制糖和政府立法方面的创举,法属圣多明各迅速扩张,其自由人口数量激增,从1754年到1789年实现了翻番。但有色人种问题给这座宝岛的前途蒙上了阴影,虽然自由民的数量增长了四倍,但奴隶的数量也随之激增,从1739年的117 411人到18世纪中期的164 849人,再到1791年的480 000人。[32]它占据了法国奴隶销售总量的78%,其奴隶数量比马提尼克岛和瓜达卢佩岛上的奴隶加起来还要多,几乎是未来美国殖民地奴隶数量的三倍。[33]构成这一臭名昭著的贸易史的绝大多数奴隶进口都发生在圣多明各。到了1970年,海地似乎已经成为非洲人殖民地,因为其大部分人口出生于非洲。[34]

这也从侧面证明了糖业的成功,位于殖民地的35家糖厂在1701年激增至539家,又在1791年达到了792家。食糖的产量从18世纪初的约1万吨原白糖增长到1791年的78 696吨。这占据了世界糖产量的三分之一。[35]这一数字的巨大影响力在于,糖并非边缘作物,而是世界上最有价值的农产品出口。沃纳·桑巴特(Werner Sombart)认为,茶、咖啡、可可等佐以糖可以变成使人兴奋的饮料,这是资本主义发展的突出因素。[36]

糖业不仅仅是一种出口农业，糖加工厂集资金密集、技术先进、纪律严明、时间严格和综合分工为一体。[37]然而这是一种殖民工业，按照当时的国际分工，法国人只允许殖民地生产原糖或半精制糖，最后的精炼工作则留给了欧洲的生产商以供其谋求利润最大化。这些利润大多在欧洲进行再投资或消费，而殖民地则一无所得。

糖在产量方面的增加对欧洲产生了额外的影响，它使糖类的价格有所下降。[38]据诺尔·迪尔（Noel Deerr）的说法，在英国一磅糖的价格从1701—1725年的12先令降到1776—1800年的7先令11便士。在阿姆斯特丹，100磅糖的价格从1701年的平均40先令降至1788年的19~25先令。在最大的食糖消费市场——英国，尽管其人口本身在迅速增长，但人均食糖摄入量在18世纪却增加了两倍多。[39]研究工业革命的中心——英国的学者理查德·B.谢里丹（Richard B. Sheridan）发现，生活用品、茶叶、咖啡、大米、胡椒，尤其是糖，构成了国际贸易中最具活力的部门，它们占所有进口货物的三分之一以上。[40]正如明茨和其他人指出的那样，糖是十分重要的，因为茶和咖啡等含咖啡因的饮料热量很高。糖价的下跌使生产商压缩付给工人的工资成本，并从他们那里榨取更多的劳动，从而获得更大的剩余价值。加勒比地区的制糖业，尤其是其中最大的生产地圣多明各，不仅为西欧的工厂提供了资金，还为欧洲工人提供了过剩的热量，增强了他们短暂的生命中仅有的劳动力。[41]

于是，糖开始主宰圣多明各的命运。正如特鲁洛特观察到的："糖不仅仅是收入的主要来源，它具有社会性，这种社会性吸引垄断者臣服于它所折射出的世间万物。从社会选择到社会认同，糖成为人类组织生活的原则。城镇因其邻近而建，时间以它的丰收为标志，连国家都难逃它的诱惑。"[42]尽管圣多明各作为世界上最大的糖产地而闻名于世，但在革命之前的几十年里，咖啡开始成为一种主要的国际商品，圣多明各在那时也是世界上最大的咖啡产地。也门垄断世界咖啡的生产长达200年，1729年法国殖民者携带咖啡途经马提尼克岛再次抵达圣多明各。由于加工技术简单，咖啡的资本需求较低，这鼓励了自由的有色人种和贫穷的法国移民去糖料作物种植平原周围被森林覆盖的群山中开采咖啡。在占主导地位的糖料作物种植园，奴隶的数量平均占五分之一至四分之一，初始资本支出占九分之一至六分之一。[43]与糖业不同的是，糖业由不在场的领主和残暴的监工掌控，而咖啡产业的奴隶主通常与奴隶工人的小头目有着较好的私人关系。甚至许多奴隶主本身就是有色人种，他们通常是种植园主和奴隶的后代。他们在殖民地的咖啡产业中扮演了重要的角色，在1789年拥有圣多明各三分之一的种植园和四分之一的奴隶。[44]1765年，贫穷的法国移民和因七年战争而被驱逐出加拿大的阿卡迪亚人（Acadians）也开设了咖啡种植园。[45]不久，繁荣的咖啡市场和丰厚的利润促进了奴隶咖啡种植园体系的广泛传播，这一体系在国际上被称为西印度体系，尽管它在巴西达到了巅峰。在此之前，只有印度洋留尼旺（Réunion）小岛上的咖啡是由奴隶大规模种植的。[46]

但是圣多明各在咖啡领域开辟了一条生产、盈利和剥削奴隶的道路。事实上，在1767年以后，大多数被贩卖到法国殖民地的奴隶都是为了生产咖啡而不是糖。[47]到1750年，西印度体系刺激了岛上2 200万棵咖啡树的种植，能够出口大约700万磅的咖啡。25年后，这个数字激增至4 000万磅。在革命前夕，圣多明各生产了世界上大部分的咖啡，每年出口8 800万磅。[48]正如糖生产一样，由于土壤肥沃，圣多明各的咖啡生产成本很低，再加上价格低廉的非洲奴隶以及改善的交通运输网络，使其价格降至不到竞争对手也门的一半，这帮助圣多明各拓宽了其在西欧和新独立的美国的市场。[49]

因为在圣多明各咖啡产量的增长比糖快，所以到1790年，这两种商品的出口量几乎旗鼓相当。海地在当时已经成为世界上最大的咖啡和糖出口地，也是主要的靛蓝生产地。它的主要市场是法国并间接辐射其他西欧地区，如荷兰和德国。而新独立的美国也成为其一个重要的贸易伙伴，这使美国消费者开始流行用咖啡代替茶作为饮品，同时也扩大了北美糖类和朗姆酒的消费。这是一个重大的变化，因为到了19世纪40年代，美国也将成为世界上最大的食糖进口国和世界上最大的咖啡进口国之一，尽管那时糖和咖啡都不是来自海地。

## 美国与海地

海地在把北美人变成咖啡爱好者的过程中所扮演的角色颇具讽刺意味，因为传统观点认为，正是美国人对自由的热爱和对殖民主义尤其是英国殖民主义的憎恨，才让他们选择了咖啡。[50]然而真实的情况并不是那么美好且鼓舞人心，咖啡在美国最初的成功更多地来自加勒比海和巴西的糖及奴隶制，而不是美国的爱国热情和国家独立。在美国，咖啡是民主文化、资产阶级社会和资本主义能量的象征，究其原因则要追溯到海地和巴西遥远的历史事件。

在美国独立之前，少量的咖啡进入了英国殖民地。威廉·佩恩（William Penn）在1683年抱怨说，英国的税收和运输政策把咖啡的价格提高到了惊人的每磅18先令9便士，这远远超出了大多数殖民地家庭的承受能力。虽然因为加勒比地区生产的扩大，咖啡的价格在18世纪有所下降，但北美的咖啡消费量仍然很低。直到1783年，人均咖啡销量只有1/18磅，这个量只够每人每年冲几杯咖啡而已。[51]海地革命前的咖啡进口在1774年达到了仅仅100多万美元的峰值。到1802年4月，咖啡进口额跃升至950万美元。[52]

事实证明，这些进口咖啡不仅仅是为了满足北美的需求，超过一半的进口咖啡在入境不久便被再出口。在殖民时代,贸易大多频繁地发生于英国在美洲的殖民地之间。而到了 1800 年,美洲的再出口贸易便已达到国际性水平。一开始,这些再出口的咖啡大部分运往阿姆斯特丹、巴黎和伦敦,但在 1790 年之后,美国贸易商又进入了德国、意大利和俄罗斯;或许在一些欧洲消费者的心目中,美国和咖啡开始悄然关联在一起。由于热带商品特别是咖啡,对美国的利益非常重要,美国进入西印度群岛的通道便成了一个严重的问题。一些商人通过走私来满足需求,更多的企业依靠国际竞争、法律漏洞尤其是政府干预来扩大他们的业务。

美国外交官希望阿姆斯特丹方面能够承认美国的利益,荷兰殖民地圣尤斯塔提乌斯(Saint Eustatius)的殖民政府是第一个承认北美独立的政府机构,其次是法国和荷兰。[53]尽管荷兰的自由贸易政策允许美国船只进入其西印度群岛的殖民地,但它在货物种类方面进行了限制,尤其是咖啡和糖类。[54]

可供美国选择的余地其实很小,虽然丹麦方面的要求较为宽松,但是丹麦在西印度群岛的势力不足以满足美国迅猛发展的咖啡产业需要。[55]美国还就其与巴西的咖啡种植园建立贸易关系接洽了葡萄牙的外交大使,但被葡方告知其不允许任何国家的势力进入巴西。[56]在 1808 年拿破仑的军队迫使葡萄牙摄政王逃往巴西之后,北美人民只品尝过巴西咖啡。法国大革命的另一个间接结果是巴西与英国之间的贸易迅速发展,卡多佐在第四章中对此进行了讨论。

1785 年即将结束时,美国的欧洲专员们沮丧地发现自己与奥地利这种国家讨价还价是在浪费时间,因为这些国家没有提供从热带商品中获得利润的前景。这促使杰弗逊政府在 1786 年初与法国达成了一项优惠条约。[57]这一举动意味着美国与当时唯一拥有挑战英国的军事力量的国家结盟。"这将是一种强有力的联系,"杰弗逊说道,"法国将是地球上唯一一个我们在自力更生之前可以坚定地依靠的国家。"[58]此外,法国允许美国进口商进入包括圣多明各在内的法属加勒比殖民地。

美国商人联合起来对杰弗逊的计划表示了支持。1786年10月,法国签署了一系列贸易优惠政策,包括使用美国船只和降低法国与法国安的列斯群岛的关税。[59]法国咖啡供应商销售额的增长是立竿见影的,因为在1790—1791年间,他们在西印度殖民地的供货量占到美国进口总量的77%(见表3-1)。[60]

表3-1　美国从西印度群岛进口咖啡的情况(1790—1791年)

| 地区 | 咖啡(磅) | 占美国咖啡总进口百分比(%) |
| --- | --- | --- |
| 法属西印度群岛 | 3 432 385 | 77 |
| 荷属西印度群岛 | 559 613 | 13 |
| 英属西印度群岛 | 346 875 | 7 |
| 西属西印度群岛 | 51 689 | 1 |
| 丹属西印度群岛 | 28 715 | 0.7 |
| 东印度群岛 | 25 138 | 0.6 |
| 瑞属西印度群岛 | 8 895 | 0.1 |
| 葡属西印度群岛 | 1 108 | >0.01 |
| 西印度群岛(一般) | 8 472 | 0.1 |
| 其他 | 15 783 | 0.4 |
| 总量 | 4 478 673 | 100 |

资料来源：*American State Papers*：*Documents*，*Legislative and Executive*，*of the Congress of the United States*，'Foreign Relations'，vol.1，1831-62，p.195，from McDonald(2006)．

贸易伙伴的转变改善了美国的处境，因为英国继续试图将美国船只驱逐出其加勒比海殖民地。可惜的是，英国人发现仅凭意图是不够的，欧洲的战争削弱了英国皇家海军对该地区的掌控。[61]美国的船只也因此获得了更多的航行自由。显然，美国的中立不仅仅有着外交意义，自欧洲委员会（European Commission）第一次提出建议以来，它便对国家未来的商业繁荣有着至关重要的作用。[62]西拉斯·迪恩（Silas Deane）在1776年8月的国会上非常有远见地称，新获得的海上自由应该用于特定商品的贸易："咖啡、糖和其他西印度产品的消费在欧洲北部快速增长。"[63]但是，如果没有贸易协定，美国人就无法继续甚至扩大与利润丰厚的加勒比殖民地之间刚刚萌芽的贸易。如果没有中立的海运，他们就无法将热带农产品送到消费者手中。而当时英法之间的战争为他们提供了进入欧洲市场的绝佳机会，因为这些商品的进口价格正在飞涨。[64]然而，有了中立的立场和贸易协定以后，13个殖民地的未来要乐观得多。正如一位精明的商人在一个后来被称为新殖民主义的初步定义中所指出的那样，美国将"在没有行政管理和支出的情况下获得殖民的所有好处"[65]。因此，这个新生的国家在向西扩张领土的同时，更重要的是至少它还在短期内将其商业影响力向南扩展。美国快船队成为大西洋三角贸易的主要参与者，其中包括非洲奴隶，加勒比糖、糖浆和咖啡，以及北美谷物、烟草和松香。

以咖啡为主要产品的再出口贸易对美国经济至关重要。倡导这种贸易的政治家们把再出口商描绘成"爱国者"，并称他们的贸易是美国社会和实现美国国际地位链条上一个必要环节，却忽略了英国海军的许多船长认为这些商人是走私犯甚至是海盗这一点。[66]（事实上，有些美国商船有时也兼作私掠船，美国商人经常在纽约、波士顿和费城的咖啡馆招募员工。有些人对某些人来说是爱国者，对另一些人来说就是海盗。)对其他国家咖啡的再出口,就像 18 世纪 70 年代那几年里喝咖啡一样,成为一种爱国行为,引起了美国和国际社会的关注。

英国仍然把美国排除在它的加勒比殖民地之外,但是欧洲的战争削弱了皇家海军在该地区的巡逻能力,美国船只获得了更多的行动自由。[67]英国海军所做的最多就是阻止涉嫌私掠或走私的美国船只,并在英国港口没收它们的货物。[68]英国的做法让华盛顿总统在 1794 年派遣了一个由约翰·杰伊(John Jay)领导的特别委员会到英国谈判请求停战。然而,《杰伊条约》本打算激励美国与英属加勒比地区的贸易往来,不料却适得其反地僵化了美国商人的惯常做法。

实际上,在 18 世纪的最后几十年里,满足了美国的大部分咖啡需求的是法属加勒比地区殖民地而非英国。直到 1803 年,法属圣多明各一直都是向美国出口咖啡的主要出口地。然而,在杜桑·卢维杜尔(Toussaint l'Ouveture)领导革命力量对抗法国殖民地的军队之后,圣多明各在美国市场的主导地位急剧下降。[69]

圣多明各 1804 年改名为海地(象征反抗者与法国殖民主义决裂。海地原本是泰诺-阿拉瓦克语,指的是岛屿的一部分),成为美洲第二个获得独立的欧洲殖民地,也是第一个废除奴隶制的国家。美国政府非但没有赞扬这种双重自由,反而拒绝承认海地的独立,也拒绝向这个新独立的国家派遣大使。事实是,第一个独立的美洲国家对第二个独立的美洲国家实施禁运,因为海地被美国看作解放主义蔓延的载体,而不是一个自由的姊妹国家。美国的南北方冲突决定了它对这个前法国殖民地的国际贸易和外交政策。美国政府官员非但没有支持令整个美洲震动的反殖民浪潮,反而鼓励将糖业贸易从海地转向西班牙殖民地——古巴,并鼓励将咖啡贸易转向蓄奴严重的葡萄牙殖民地——巴西,而不是刚刚解放获得自由的海地。直到 1861 年美国南部脱离美国建立美利坚联盟国,海地的国家地位才得到承认。[70]但这并不能恢复海地与美国的糖和咖啡贸易(由于革命的破坏和随后的正式和非正式禁运,这些贸易已经变得无足轻重)。海地人激起了美国人对糖和咖啡的欲望,但海地在独立后却无法与美国进行相关贸易。

### 古巴的咖啡

值得一提的是,巴西并没有在北美的咖啡市场上不战而胜。事实上,海地最明显的替代者是另一个实行奴隶制的殖民地——古巴。数以百计的法国种植园主从海地逃到古巴,带来了他们的奴隶和他们的关键技术。尽管古巴是西班牙人在美洲新大陆建立的第二个殖民地,而且哈瓦那是连接秘鲁、墨西哥银矿与西班牙银矿的航运体系的中心,但古巴本身几乎和海地一样处于边缘。1774年,岛上的居民只有171 620人,主要任务是为船队提供给养,而不是生产作物用以出口。[71]

这种情况在海地革命和拿破仑战争之后开始发生变化。由于海地的战火导致咖啡价格飙升,西班牙殖民者放松了对海外贸易和奴隶进口的控制。事实上,在19世纪的头几十年里,古巴咖啡是比糖更有吸引力的投资项目。[72]古巴的咖啡出口更多地面向美国,而不是遥远的西班牙。(毕竟,比起咖啡,西班牙人更喜欢可可。)觊觎古巴富饶土地的美国人开始投资古巴的咖啡农场。然而几十年后,咖啡褪色了。1842年、1844年和1846年猛烈的飓风灾害,僵化的西班牙殖民主义,1868年、1878年和1880年的破坏性内战,以及蓬勃发展的美国市场对糖的惊人需求,使古巴咖啡的地位下降到微不足道的地步,以至到19世纪末,这个岛国还从邻近的波多黎各进口咖啡。[73]

美国咖啡和糖类市场的膨胀给巴西和古巴带来了相反的后果。在古巴，之前用来种植咖啡的土地和奴隶转向种植糖类作物。[74]而巴西的情况正好相反，种植糖类作物的土地、资金和奴隶被引入咖啡产业。这两个地区都从服务殖民者的市场转向主要服务美国和一些西欧国家。

## 古巴的糖业

糖的出口量超过了古巴另外两大类出口商品：咖啡和烟草。尽管糖料作物是在1511年到达古巴的，但直到英国人在七年战争期间占领了这个岛屿，并以资产阶级的方式大量引入奴隶之后，糖业才变得举足轻重。他们引进了大约10 700名奴隶。[75]

在1772年西班牙人重新掌控了他们的殖民地并允许其自由生产之后，糖业迅速发展。而更重要的是另一种"自由"。1779年，不受限制地免税进口奴隶得以获准。据估计，在1512年至1763年间，大约有6万名奴隶被引入古巴。在随后的35年里，古巴又引入了近10万名非洲奴隶。[76]1780年，古巴糖的出口量仅为1.2万吨；1790年仅为14 163吨，不到圣多明各总出口量的五分之一。但海地的糖业受到了破坏，世界市场上的糖价格呈指数级上涨。一些法国种植园主和他们的奴隶从附近的圣多明各逃离，使古巴在19世纪成为世界上最大的糖生产国。在19世纪40—70年代，古巴糖的生产量占到全球的25%~30%。[77]它的产量从1800年的28 419吨增加到20年后的47 119吨。1820年，在英国的施压下，西班牙正式结束了奴隶贸易。实际上，走私奴隶尤其是通过北美的奴隶船走私奴隶，获得了迅猛的发展。仅在1830年至1835年的五年间，就有约16.5万名奴隶被进口，这几乎相当于50年前古巴的全部人口。[78]就像几十年前的圣多明各一样，古巴也开始走向非洲化。由于欧洲和北美的现代化和进步，古巴在 1841 年变成一个出口种植园，几乎一半的人口被奴役。[79]到 1850 年，古巴糖产量增长了近 5 倍，达到了 223 145 吨。[80]

古巴模式的成功不仅仅得益于大量进口奴隶，在当时奴隶进口量下降且价格上涨的时代，作为后来者的古巴种植园主采用了最新的技术，使机器能够取代人力。他们在 1831 年就开始在田地里建造大型集中制糖厂。这些大型工厂通过应用先进的化学理论、蒸汽动力和真空锅获得了规模经济效益。古巴也是最早鼓励建设铁路的农业国之一。古巴糖业的资金最初来自欧洲尤其是西班牙，后来又从美国获得投资，造就了一个奴隶制与资本主义的混合体。[81]缘于美国人尤其是美国南方的奴隶主觊觎其肥沃的土地、美国后院般的地理位置以及奴隶文化，古巴也就逐渐被划入美国的势力范围。[82]

古巴的贸易逐渐向北发展。1790 年至 1799 年间，美国从海地进口的糖减少约三分之二（从 930 万磅降至 320 万磅），而从西属西印度群岛（主要是古巴）进口的糖弥补了这一差额，从 53 万磅增至 660 万磅，增长约 12 倍。[83]到 1859 年，古巴与美国的贸易额占其贸易总额的 41.9%，其中糖是最大的贸易商品。[84]

在 19 世纪 60 年代南北战争之前，古巴不仅是美国在西半球的主要贸易伙伴，还贡献了美国对外贸易总额的 10%。它对美国的商业重要性远远超过了所有令人垂涎的亚洲市场的总和。[85]

19 世纪末，古巴也成为美国海外企业的集散地和美国文化产品的接收地。古巴和墨西哥、加拿大一样，在第一次世界大战之前是美国对外投资的主要目标国。[86]

尽管古巴与美国的关系日益密切，但值得注意的是，在 1898 年之前，古巴仍是西班牙的殖民地。随着 1824 年失去其在美洲的殖民地，西班牙比以往任何时候都更加依赖古巴。古巴在西班牙的黄金时代，甚至到 18 世纪的最后几十年都几乎没有经济价值。直到 19 世纪中期，古巴才成为西班牙主要的贸易"伙伴"之一。虽然殖民关系意味着这是一种明显不平等的贸易关系，但它是一项利润丰厚且不断发展的事业。在19世纪中期，西班牙与古巴的贸易远远超过了它与德国、奥匈帝国、美国等主要国家的贸易，几乎是与其邻国法国贸易总额的一半。[87]正是海地革命对糖业的影响重塑了古巴与西班牙之间的关系。最终，糖业在古巴引发了与圣多明各一样的社会紧张局势，导致了1812年和1843年至1844年的起义，随后在1868年至1878年期间爆发了一场漫长而血腥的革命；另一场始于1895年的革命于1898年以古巴脱离西班牙成功独立而结束。

## 美国开始在路易斯安那州生产糖

海地革命不仅影响了美国和西欧的消费习惯和大西洋的贸易往来，也改变了美国大陆的发展方向。作为美洲殖民计划的一部分，拿破仑于1800年从西班牙人手中购买了路易斯安那州（在1682年至1763年间，法国人曾在此定居），目的是为圣多明各提供给养以使其专注于出口。然而海地独立运动的成功使拿破仑在1804年把路易斯安那州卖给了美国。糖料作物是在1751年被引入路易斯安那州的，那时它还是法国殖民地，尽管1796年这块殖民地被西班牙人占领后糖业才迅速发展。它被称为"最后的糖业殖民地"[88]。杰弗逊购买路易斯安那州不仅极大地扩大了新生的美国的疆域并引发了西进运动，还让美国的奴隶制度得以苟延残喘。美国其他地区的奴隶贸易在1808年被废除，这在很大程度上是由于担心新来的非洲人（或激进的加勒比人）会使海地革命重演。然而，正是这场革命使得路易斯安那州的奴隶制一直维持到1864年，因为海地减产导致了全世界糖料的匮乏。结果，路易斯安那州的奴隶人口从1830年的36 000人增加到1850年的244 895人，但只有圣多明各奴隶制鼎盛时期的一半。[89]但是，新制糖技术将工业革命资本密集的优势和古老的奴隶制度结合了起来，使路易斯安那州到1862年生产了264 161吨糖，超出圣多明各出口量峰值的三倍多[90]；到1895年它达到了100多万吨。路易斯安那州成为美洲大陆上一个社会、文化和政治意义上的"加勒比地区"。

大西洋世界受海地革命影响的最后一部分是巴西。在讨论加勒比地区的动乱时，巴西常常被忽视。无论是新奥尔良还是西印度群岛，都不可能满足西欧和美国日益增长的咖啡需求。然而，巴西有充足的土地和奴隶劳工。在18世纪60年代，咖啡经由法属圭亚那（Guyana）和帕拉（Pará）到达巴西的里约热内卢。令人惊讶的是，一个世纪前，葡萄牙人居然未将咖啡移植到巴西。毕竟葡萄牙是第一个统治红海的欧洲大国，包括咖啡种植国埃塞俄比亚和也门。作为水手、运输队员和商人，葡萄牙人有把栽培出来的品种从一个殖民地运送到另一个殖民地并出口产品的传统。葡萄牙人在圣多美和巴西建立了第一个糖料作物奴隶种植园，也是他们首先把茶和另一种广受欢迎的热饮可可引入欧洲（尤其是英国）。[91]

巴西咖啡发展受阻是可以理解的，葡萄牙人对咖啡并不是特别感兴趣，甚至连热衷于咖啡的殖民大国，如荷兰和法国，也一直等到1719年和1723年才把小粒咖啡引入美洲大陆。小粒咖啡进入巴西并未经出口商之手，而是通过葡萄牙官方和宗教团体传入，尤其是嘉布遣会和里约热内卢的主教。法国和荷兰移民（其中一些人逃离了海地）在早期也发挥了重要作用。咖啡最初是在小果园中与其他实验作物如姜和胡椒一起种植的，在那时它还远未被世人所熟知。[92]

咖啡在巴西并不是一种重要的殖民地作物，尽管它在圣多明各取得了成功。丰富的自然资源和适宜的气候不足以使巴西成为世界上最大的咖啡生产国。受到海地革命的影响，世界咖啡消费量激增。法国大革命的另一个后果是，1808年，为了躲避拿破仑的军队，葡萄牙王室从里斯本逃到了巴西，再加上拿破仑对大陆进行了封锁，导致巴西在世界经济中的地位发生了戏剧性的变化。据估计，在巴西长达322年的殖民时期，80%的咖啡出口是在1810年至1822年期间完成的。在1810年之前的15年里，咖啡占巴西出口的比重不到2%，因为葡萄牙人对咖啡增产的兴趣不大，他们把目光放在了糖业上。[93]海地革命摧毁了咖啡种植园并解放了奴隶，但这并没有立即让巴西人开始生产咖啡。事实上，最初海地动乱刚结束时，巴伊安·路易斯·多斯桑托斯·维尔赫纳（Bahian Luís dos Santos Vilhena）写道："由于海地糖业生产的崩溃，人人都想成为糖料作物种植园主。"[94]

即使巴西的主要咖啡竞争对手被边缘化，种植者们也迟迟不愿开辟新的咖啡种植园。海地经过75年的种植，咖啡年出口量达到8 000万磅；而巴西在1830年也就是咖啡第一次被引进的90年后，只出口了1 400万磅。大约同时期，1820年的古巴受益于接纳了海地种植园主和他们的奴隶，出口了大约2 500万磅咖啡。[95]尽管人们普遍戏称"上帝是巴西人"，但巴西咖啡的成功并非上天注定。更确切地说，这是因为作为前殖民地的巴西、美国的独立（以及海地灾难性的独立），加上巴西咖啡产量的增加和美国消费的膨胀，才使得北美人比世界上任何其他地方的人都更依赖咖啡。

## 巴西改变世界咖啡经济

在19世纪的帝国时代，咖啡与糖和橡胶的不同之处在于，它的低技术需求意味着一个独立的前殖民地——巴西可以开始以前所未有的规模生产咖啡。由于毗邻非洲，巴西拥有廉价肥沃的尚未开垦的土地和相对廉价的奴隶劳动力，这也让巴西在1820年后使得全球咖啡价格暴跌，直到19世纪的最后25年，全球的咖啡价格一直保持在低位，造成了由供给引起的需求。巴西的成功并不仅仅是因为欧洲殖民者经营有道，也不只是因为自然资源禀赋。1822年的国家独立是巴西成为世界上主要的咖啡出口国的另一主要因素（见表3-2）。巴西在咖啡领域的崛起主要依托的是世界市场的外源性变化：海地的咖啡生产因革命而崩溃，欧洲移民的涌入在很大程度上促进了美国都市咖啡市场的扩大，并且加速了工业化带来的资本和交通革命（见表3-3）。

表3-2　1850—1900年，巴西在世界咖啡出口中所占份额（5年平均值）

| 年份 | 巴西所占份额（%） |
| --- | --- |
| 1800 | 0.0 |
| 1851—1855 | — |
| 1856—1860 | 53.0 |
| 1861—1865 | 49.4 |
| 1866—1870 | 47.8 |
| 1871—1875 | 50.1 |
| 1876—1880 | 47.6 |
| 1881—1885 | 51.8 |
| 1886—1890 | 56.8 |
| 1891—1895 | 57.1 |
| 1896—1900 | 62.4 |

资料来源：Bacha and Greenhill (1992), *passim* and p. 3; and Ukers (1935), p. 529.

## 表3-3　1850—1900年，美国和欧洲在世界咖啡进口中所占份额
### (5年平均值)

| 年份 | 美国所占份额（%） | 欧洲所占份额（%） | 美国人均消费量（磅） |
|---|---|---|---|
| 1800 | 1.0 | 93.0 | — |
| 1851—1855 | 28.2 | 65.0 | |
| 1856—1860 | 32.2 | 61.0 | |
| 1861—1865 | 17.5 | 75.0 | — |
| 1866—1870 | 24.9 | 69.0 | 5.01 |
| 1871—1875 | 50.1 | 31.2 | 6.86 |
| 1876—1880 | 47.6 | 34.7 | 6.93 |
| 1881—1885 | 51.8 | 37.6 | 8.63 |
| 1886—1890 | 56.8 | 38.1 | 8.62 |
| 1891—1895 | 57.1 | 46.8 | 8.31 |
| 1896—1900 | 62.4 | 31.9 | 9.93 |

资料来源：Bacha and Greenhill (1992), *passim*; and Ukers (1935), p. 529.

巴西的咖啡生产不仅在很大程度上满足了全球不断增长的需求，还刺激并改变了咖啡在海外餐桌上的地位。将农民视为只会蛮干的劳动力或仆人，并且他们会心甘情愿地将农作物提供给都市买家的依赖性观点，歪曲了二者关系的本质。无论是土生土长的巴西人、非洲人还是葡萄牙移民，他们都开发了新的生产技术、发现了高产品种，在地理条件不佳的情况下构建了一个复杂的国内运输网络，并制定了市场标准和金融工具。他们的产量甚至超过了帝国时代所有欧洲殖民地种植者的产量。

得益于英国在航运、保险、贷款、基础设施投资、保护海上航线

等方面的主导地位，巴西人在19世纪取得了成功。[96]当英国加入法国和美国对海地的非正式禁运时，它们都很乐意帮助新独立的巴西——尽管英国和葡萄牙长期以来一直是亲密的盟友。[97]因此，当英国人将贸易重心转向茶的时候，他们不是出口或进口自己的殖民地咖啡，而是出口和再出口大量巴西咖啡。这些咖啡大部分都到了英国原来的北美殖民地，即后来的美国。

到1850年，全世界一半以上的咖啡都产自巴西。在19世纪，全世界的咖啡产量空前膨胀，其中约80%来自巴西。[98]到1906年，巴西的咖啡产量几乎是世界其他国家总和的5倍。值得注意的是，咖啡市场并非边缘市场。在20世纪初，国际贸易中咖啡的价值在全球商品中仅次于谷物和糖。

19世纪咖啡"大爆炸"的原因并非技术革新。[99]直到19世纪最后的25年，巴西的咖啡种植园主在培育、采摘、加工等流程方面仍然在使用其先前种植糖料作物的奴隶劳工，以及法国咖啡种植园主在留尼旺岛和海地大规模使用的栽培体系。和之前唯一的不同是，巴西大片的种植园和工业规模的采摘降低了咖啡的成本，但同时也降低了咖啡的质量。

技术的进步也就意味着对知识、技术和工业资本日益增长的需求，这一点在运输方面的体现比在培育方面更加明显。尽管铁路在19世纪50年代首次出现时并没有显著降低货运成本，但它确实帮助提高了出口的咖啡质量。更重要的是，更便宜、更肥沃的土地现在可以在内地开垦，并且内地的产品可以更快地推向市场，从而降低营运资本的利息支出。换句话说，这些铁路，其中一些开创了攀爬陡坡的工程壮举，使巴西人得以利用国家广袤的土地，以支持国家的繁荣发展。巴西因此克服了地理上的困难，这种困难曾使生产规模小得多的也门、爪哇、马提尼克、荷属圭亚那和海地无法从根本上改变世界市场并从规模经济中获利。巴西在 19 世纪下半叶的咖啡产量比世界其他地区的总和还要大，大量低价的巴西咖啡通过铁路运往国际港口，扩大并重塑了世界市场。这一点对新独立的美国的影响尤为显著。

自 1807 年英国政府宣布奴隶贸易为非法后，美国商人和货运商便试图在大西洋奴隶贸易中取代英国，美国和巴西之间的关系因此变得更加紧密。（英国的反奴隶制运动最初受到圣多明各革命的影响而遭遇阻碍，但最终还是利用这次暴力事件说服议会取缔了英国最赚钱的经济活动之一。[100]）然而，在英国人离开后，巴西商人在维系跨大西洋贩卖奴隶方面发挥了更重要的作用。[101] 在 1822 年巴西独立后，美国船运公司将巴西和非洲纳入三角贸易。仰赖繁荣的奴隶贸易，刚刚"自由"的巴西和新近"自由"的美国之间的贸易关系迅速升温。肯尼斯·马克斯韦尔（Kenneth Maxwell）解决了这个明显的悖论："那些最强烈支持自由放任政策的人（自由放任意味着取消国家的监管职能，尤其是贸易自由），同时也是最热衷于奴隶贸易和奴隶制的人。"[102] 然而这并不奇怪，美国南方的种植园主一直保持着这种思想，直到血腥的内战迫使他们放弃这种思想——同时放弃的还有他们的奴隶。长期以来，巴西一直是世界上最大的非洲奴隶进口国，先是通过葡萄牙的奴隶贩子，然后是通过荷兰、安哥拉、巴西和英国的奴隶贩子。1808 年之后被禁止进口奴隶到美国的美洲奴隶贩子，因英国宣布贩奴非法而受益，因为这项法律为他们减少了英国竞争对手。海地革命的阴影依然笼罩着大西洋的奴隶贸易。

奴隶贸易是巴西和英国之间原本友好的商业关系的一个例外。巴西的海关法给予英国托运非人类商品的优惠待遇，以至于巴西被认为是英国的"附属帝国"或"实质上的英国保护国"[103]。但在 19 世纪上半叶，一些挂着美国国旗并由美国船员驾驶的船只（船主通常是巴西人和葡萄牙人）参与了一些年度大宗奴隶买卖生意。直到 19 世纪

50年代早期,在英国海军的干预下,大西洋奴隶贸易才被终止。[104]美国船只和葡萄牙统治下的巴西船只把贸易货物运到非洲,再把非洲的奴隶运到巴西。而在巴西的里约热内卢,他们又在货舱里装满咖啡,准备销往美国市场。在这次横跨大西洋的交易中,奴隶们又被用于与咖啡交换。

随着大西洋奴隶贸易被禁止,美国商船队在巴西贸易和大西洋贸易中的作用普遍下降。当铁路延伸到太平洋时,美国投资者转向国内市场并向西发展。但是美国人对投资方向的重新定位并没有阻断他们与咖啡的情缘。从1822年独立至1899年期间,巴西的咖啡出口量增长了75倍,究其原因是巴西人抓住了发展的新机遇,而英国商船取代了美国商船的角色。19世纪上半叶,英国的道德家们废除了利润丰厚的奴隶贸易,却无法说服他们的同胞放弃从奴隶种植的作物中获利,这个产业在1850年后空前发展。(奴隶种植的美国棉花和古巴糖的相关贸易也是如此。)1830年以后,咖啡出口占巴西出口的40%以上,其中四分之三出口到美国,超过了糖的出口量。[105]美国资本主义经济的发展在巴西也催生了大量的"咖啡大亨"和奴隶主。

## 结论

正如在导言中所提到的,从竞争与合作并存的角度来讲,冲突是贸易固有的一部分。但是在18世纪之初,还有另一种冲突。在生产一种产品所创造的剩余价值中,在谁获得的份额最大,以及在财产和特权的控制方面,总是存在着竞争。在海地革命时代,劳动力既是财产,也是生产力,因为奴隶制度是国际贸易的动力之一,也是最赚钱的产品如糖和咖啡的劳动力来源。

关于剩余价值和财产的冲突已经超越了国界,影响了国际经济。

海地革命时期，在法国、英国、西班牙、葡萄牙以及美国之间展开了激烈的竞争。从18世纪的殖民地战争到法国大革命，再到美国、海地、西属美洲（古巴和波多黎各除外）和巴西的独立，这些国家（地区）及其国际贸易模式都因一系列国际事件得以重塑。海地革命可能导致10万或更多的人失去生命，包括奴隶、自由民以及法国、英国和西班牙军人。法国在失去其加勒比海重要据点并卖掉了路易斯安那州后，国际地位大大下降。葡萄牙失去了巴西，尽管得到了赔款并保留了安哥拉和莫桑比克，但它的国际地位也大不如前。虽然相对来说英国人占到了便宜，但是他们的加勒比殖民地也随着议会对东印度群岛、大洋洲和北美的关注而走向衰落。[106]他们失去了北美的13块殖民地，并且没能通过1812年的战争予以收复。然而，美国和加拿大在19世纪成为英国资本和贸易的主要目的地。事实上，从海地的灾难中获益最大的是殖民地和前殖民地。美国商人及其商船在加勒比地区取得了霸主地位，并一度称霸南大西洋。尽管出口地区的奴隶制及其与世界经济的新殖民关系阻碍了经济发展，但美国商人促进了古巴糖经济和巴西咖啡经济的蓬勃发展。

圣多明各革命爆发三四十年后，大西洋的经济情况已经发生了天翻地覆的变化。种植园主和有色人种在无意中催生了难以想象的力量。事实证明，冲突是一种非常难以预测且代价高昂的贸易引擎。

# 第四章　打破"大陆封锁政策"
## ——"拿破仑战争"时期英国、葡萄牙和巴西的全球贸易
### 约瑟·路易斯·卡多佐

1806年,在拿破仑对欧洲实行军事统治的巅峰时期,他推行了"大陆封锁政策"。"大陆封锁政策"的适用范围包括所有受法国控制或受法国直接影响的国家,其目标是战胜英国这个恢复能力极强的对手。贸易作为一种战争工具,其效用在此期间得以凸显。对封锁欧洲大陆的后果和影响,人们逐渐形成了各种各样的解释,其中相当普遍的看法是:拿破仑未能实现他的目标。关于其失败的原因有着诸多解释,其中最重要的因素是英国海军成功保证了大西洋走廊的畅通而免遭封锁,从而保证了原材料供应和成品得以持续流入国际市场。英葡之间的战略联盟维持了几个世纪,英国可以进入里斯本的港口,并通过该渠道进入葡萄牙广阔的海外殖民帝国,特别是巴西。

本章详细考察了巴西作为英国商品市场的角色和一种规避封锁的方法,强调冲突环境下的贸易发展表明商业并非总是和平的,而贯穿启蒙运动始终的贸易往来不仅仅是一个社交、互惠和商业层面的问题。猜忌是国家之间经济关系的特点,对抗则是代理商和期待提高物质水平的国家之间的自然结果。评估"大陆封锁政策"对英国贸易的

阻碍作用并不是有效检验"大陆封锁政策"的意义，以及贸易和战争关系的唯一方法。大陆封锁还有其他后果，影响深远且分布广泛，而且大部分是无心插柳，我们可以把这些影响放在全球背景下加以考察。因此，本章也考察了大陆封锁产生的意料之外的后果：在全球贸易中，英国崛起并成为更具统治地位的国家，自由思想得以传播，巴西获得独立。

  本章首先就"大陆封锁政策"所造就的大陆体系的相关史学研究进行了简要的评述，重点介绍了1806年《柏林敕令》是如何遵行拿破仑的宏伟计划的。接下来的一节通过细数可供英国开发的贸易资源，即新国际商业路线的开发情况，解释了为何相较于法国及其盟友、附庸，英国经济因"大陆封锁政策"所遭受的损失更少。这一背景解释了英国和葡萄牙之间外交和军事关系的战略意义，即英国在很大程度上依赖于葡萄牙海外领土（尤其是巴西）的商业影响力。本章接着讨论了开放巴西港口对英国贸易利益的意义，也对当代学者关于葡萄牙结束其在巴西领土及资源的特权所提出的不同观点进行了讨论。最后，本章深入研究了巴西的经济开放和巴西知识分子关于政治经济的辩论之间的关系。这种辩论尤为重要，因为它表明了公众理解"为何要为国际贸易自由化提供理论依据"这一概念的重要性。这些都证明了大陆封锁的基础是十分脆弱的，这已经被那些经历了大陆封锁的即刻后果的人所承认。

## "大陆封锁政策"和拿破仑的帝国理想

  1806年11月21日，拿破仑·波拿巴在柏林颁布了"大陆封锁政策"，主要意图是破坏英国和其欧洲大陆范围内贸易伙伴之间的经济关系。通过宣布禁止所有与英国的贸易及通信往来，并且将所有法国领地上的英国侨民当作战俘,拿破仑试图扩大法国对欧洲的军事霸权。在此之前,推行这项政策的政治和经济层面的基本条件已经完备。1805年12月,拿破仑在奥斯特里茨(Austerlitz)战役中取得胜利。在1806年上半年,拿破仑取得了一连串的胜利,这些胜利帮助他占领了整个意大利、德国的莱茵邦联、荷兰、比利时以及普鲁士。除丹麦、瑞典和俄国外,北欧的所有港口都在法国的控制之下。因此"大陆封锁政策"也可以被理解成法国对欧洲的政治和军事兼并,以及逐步限制英国产品在欧洲销售的过程。这一过程始于1793年,并于督政府时期逐渐巩固。鉴于拿破仑在欧洲的扩张活动,他成功地证明了建立大陆经济体系需要一个预先的军事控制和政治统一的过程。

尽管拿破仑取得了军事上的胜利,但是通过常规的战争手段击败英国仍然是难上加难。因此,《柏林敕令》出现在帝国体制扩张的关键时刻,当时法国正在为其发展寻求新的条件。这是法国向其主要对手展示实力并进行威慑的行为,这也是一个政治和经济领域的声明,它宣称在法国的领导下,欧洲可以在商业和经济领域孤立并击败英国,换句话说,法国可以在欧洲范围内实现政治军事霸权。从这个意义上讲,"大陆封锁政策"代表了法国和英国之间长期存在的地缘政治、经济和商业竞争的历史进程的高潮,这一进程自17世纪以来就被两国奉行的重商主义思想及政策不断培育。[1]甚至可以说,这种商业大国之间竞争的高潮特别能够揭示拿破仑战争(1803—1815年)是如何延长从17世纪开始并持续困扰欧洲两百年的军事冲突的。尽管在19世纪初,各国之间存在的敌意显然不只是建立在王朝或宗教纷争上。[2]

《柏林敕令》并非事先通过谈判达成,因此它的推行也不存在争议。它只是一个凌驾于欧洲的霸权强加于他国的产物。因此,在1807年,丹麦、俄国、西班牙和奥地利不得不遵从拿破仑的政令,而"大陆封锁政策"又于1807年12月17日通过《米兰敕令》进一步强化,而只有英国最后的盟友葡萄牙拒绝遵行。

1807年底,葡萄牙和法国之间日益恶化的政治紧张局势最终导致拿破仑军队入侵葡萄牙领土。葡萄牙拒绝接受任何法国对英贸易的禁令,因此葡萄牙国王及其政府被迫在英国海军的保护下横渡大西洋前往巴西。里约热内卢随后成为葡萄牙的首府及经济中心。虽然得到了英国海军的援助,但葡萄牙直到1810年才恢复其主权。

1808年1月,葡萄牙国王抵达巴西,其颁布的第一项法令就是开放巴西的港口,与友好国家特别是英国进行贸易往来。这项措施不仅仅为巴西提供了应对新经济环境所需的补给,满足了因里约热内卢流亡政府的存在导致的"热带凡尔赛"——里约热内卢的工业产品需求的大幅增长。[3]事实上,巴西港口的开放也帮助英国抵消了《柏林敕令》颁布以来大陆封锁政策所带来的消极影响。

通过"大陆封锁政策",法国试图在其欧洲附庸国和盟友范围内建立起一个孤立英国的经济体系,从而促进法国工业的发展。如此一来,封锁的目的既具有破坏性(针对英国经济的现有实力和发展潜力),又兼具建设性(旨在建立法国在欧洲大陆的霸权)。[4]

一个广泛而封闭的体系的建立需要以法律的形式予以规范,即通过《拿破仑法典》加以保障,实行行政集权,简化和规范货币流通和度量衡制度,合理化税收和财政制度,废除旧的封建经济制度,大胆规划交通运输和船运基础措施。简而言之,这些举措都是为了建立一个尽可能广泛的欧洲市场。而且所有迹象都表明,得益于法国统治下的霸权经济及政治格局的整体战略构想,这一进程已经启动。拿破仑统治下的欧洲自然是在法国的支持下,为了法国的利益而运作的欧洲。

但这一地缘政治兼经济战略的范围或影响,从一开始就受到整个欧洲框架内各种情况的影响。在地方和各级区域，认可或接受现代化的速度各不相同，而这与拿破仑的扩张有内在的关联。[5]最重要的是，在很多情况下，在那些已经具备了必要的变革先决条件的区域可能取得出乎意料的成功，德国就是一个很好的范例。[6]在荷兰及意大利的特殊案例中，前期财政一体化的进程尤为重要，再加上公共财政体系的巩固，这极大地增强了法兰西帝国的经济实力。[7]

当我们探讨现代化的时候，我们首先会想到在法国大革命精神引导下蔓延性传播的改革和制度创新，诸如法律面前人人平等以及通过强大的、具有成熟官僚体系的中央集权国家保障财产权。[8]

然而，大陆封锁相关的事实表明，拿破仑这种以长期目标为基础且广为宣传的战略构想没有完全发挥其效用。当然，理想与现实之间肯定存在着巨大的差距。现实中，法国这一政策归结起来，无非是拿破仑对征服英国坚定不移的信念，更严格地讲，是对王权和荣耀的渴望。[9]

对于那些远超当下政治视野且无法通过简单行使权力或昭示权威来解决的问题，拿破仑缺乏相应的处理能力。事实上，拿破仑举手投足之间都没能显示出任何战略意识，加上许多活动都旨在管理和提升其公众形象，其政治决策和活动多用于满足其个人利益，而这些行为都可以用来解释其引以为傲的帝国在意识形态和政治领域的脆弱性。[10]拿破仑声称的要在法国统治下的土地上建立的现代性，是难以生根和内化的。将法语作为官方语言用于通话，采用新的行政和立法模式，分享共同的商业和工业利益，所有这些都难以在短时间内完成，拿破仑成了他所统治的欧洲的"囚犯"。就其实际影响力而言，其人格的光荣和伟大并没有超越神话般的存在。1815年以后，受法国影响的公民国家的一些制度结构设计仍然保有拿破仑时期的残余，如中央集权、《拿破仑法典》、中等教育体系以及财政和金融制度。然而在法国的霸权统治下,拿破仑过于理想化地建立起一个庞大帝国则只能面对短命的现实。在1814—1815年的维也纳会议后,帝国瞬间倾覆。

## "大陆封锁政策"的经济范围和局限

拿破仑军队的强大实力是一个公认的事实,不需要任何多余的证明。但是如果不掌控海洋,拿破仑就难以实现王权永固,而这反过来就需要消灭英国商人和皇家海军的力量。此外,他还需要获得身处欧洲边缘的俄国和伊比利亚半岛的盟友的支持。

矛盾的是,正是对维护帝国统一的过度的军事狂热破坏了拿破仑梦寐以求的欧洲大陆体系的建设。为了将俄国纳入版图,拿破仑过于草率的和致命的军事决策在1812年让他的大军遭遇了最黑暗的冬天。大陆封锁的失败表明,拿破仑没有能力通过孤立英国海军和贸易来掌握制海权。[11]就伊比利亚半岛而言,拿破仑未能成功吞并葡萄牙也清楚地表明他在巩固其帝国统治方面确实遇到了困难。正如杰弗里·埃利斯(Geoffrey Ellis)所指出的:(在1808年8月朱诺战败后)葡萄牙一直是拿破仑在西线的眼中钉,也是他在欧洲南部对英国进行大陆封锁的主要军事目标。[12]

大陆封锁从未有效地切断英国对欧洲市场的出口贸易活动。事实上,"法国人自己从来没有时间像征服其他地方一样征服葡萄牙"[13],在被其吞并的领土、附庸或盟国也有着其他的漏洞和问题。法国贸易商和制造商通过关税优惠制度和保护法国制造商的措施获得的特权引起了激烈的争论,并成为帝国其他地区不满的根源。特别是在1810年以后,特许制度使法国船只有可能突破大陆封锁,把英国产品引进欧洲大陆。这样一种充满各种特例的政权所引起的不满自然会因强制征募和征税而加剧,这增加了反抗拿破仑统治的新因素。

特许制度表明，法国认识到大陆封锁损害了法国的经济利益和整个欧洲消费者的利益。走私活动和腐败行为从未停止过，这些都大大限制了大陆封锁的效果。被焚毁的英国商品也证实了特许制度并未按拿破仑的初衷发挥效用，但从另一层面来讲，这也是一种宣传手段，目的是要表明封锁是有效的且封锁政策会被遵守。这类行动的普遍影响就是营造了一种恐怖和高压的气氛，使得公众舆论处于紧张状态，并服从于帝国政府的政治意图。至于发展秘密贸易这一更普遍的问题，一般都会伴随着腐败和敲诈勒索的情况，甚至帝国的高层官员也参与其中，这在帝国各地都有明确的记录。[14]

尽管存在走私、隐瞒和贪腐，贸易量还是经历了大幅下跌，但受到冲击的不仅仅是英国的贸易商和生产商。事实上，在比较新的一项研究中，凯文·H.奥鲁克表明英国是受大陆封锁影响最小的国家。[15]他试图用定量的方法分析1793—1815年这场席卷欧洲乃至世界其他地区的冲突的经济影响。他指出，英国出口量的下滑是相对较小的，进口量甚至略有增加，相反的是，法国、瑞典甚至美国的进出口量都有严重的下滑。

奥鲁克提出的最令人信服的证据是他对各个国家（除了上述国家以外，还包括荷兰和德国）进口商品的相对价格走势的分析，他把从欧洲、亚洲和美洲进口的产品的价格与每个样本国家在更先进的生产条件下生产的产品（如英国的纺织品或法国、美国的小麦）价格进行比较。对价格比率的分析表明，大陆封锁期间，所有国家的产品价格都急剧上升，换言之，1806年以前的贸易环境普遍恶化。他的研究还表明，与其他大多数国家相比，英国对贸易条件的要求更低，因为其在亚洲和美洲市场的收益能够补偿其在欧洲遭受的损失。英国海军强大的实力和庞大的商船队能够确保其抗衡拿破仑的"大陆封锁政策"，此外，南美市场在这方面发挥的作用也尤为明显。

## 第四章 打破"大陆封锁政策"

拿破仑战争对传统贸易组织产生了重大的经济影响，而传统贸易组织的变化源于两个主要因素：一是由于英国强大的海军及制成品需求压力而实行的海军封锁；二是拿破仑对欧洲大陆实行的封锁，更准确地说是欧洲大陆的霸主对欧洲实行的自我封锁。[16]然而，战争背景下的贸易活动还产生了其他影响深远且出乎意料的后果。

英国海军的封锁直接表明开展以沿海腹地和为其服务的港口为中心的经济活动的重要性。18世纪的欧洲以海洋经济为导向，并建立在一系列生产和贸易活动的基础之上，这些活动集中在城市或港口附近。在大西洋经济体系中，对霸权主义的反抗和冲突是经济发展的主要障碍。[17]

尽管成效有限，但法国强加于欧洲大陆的自我封锁是为了促进工业发展以替代从英国进口，推行一系列贸易保护政策使得国家层面的工业获得了长足发展。这种基于保护主义的工业发展创造了巨大的利益，这些利益在冲突结束后仍然如温室花朵般需要维护，而事实上工业很可能只需要适度的保护就能更有成效地发展。[18]因此，"大陆封锁政策"所施加的限制有助于各国经济的发展，也有助于维也纳会议后欧洲的经济一体化和版图重整，其中最具代表性的案例就是德国及意大利的统一。[19]

弗朗索瓦·克劳泽（François Crouzet）致力于研究"大陆封锁政策"及其对英国经济的影响，他认为拿破仑的政令是一个干扰性因素，暴露了高度外向型经济需要外部市场的脆弱性，加上1807年美国颁布的禁运令[20]，关闭欧洲港口确实对英国经济构成了巨大的威胁。尽管如此，英国能够化解这种威胁主要归功于两个基本要素：其一是工业结构的技术优势让其能够以极具竞争力的价格倾销商品，可以说这变相鼓励了走私和突破大陆封锁；其二是英国商人的进取精神、创新力以及精明，他们想方设法为工业产品找到了新的市场和新的贸易路线。[21]这些因素至关重要,因为它们确保了英国可能遭受的损失小于其他欧洲大国。奥鲁克也用另一种方式阐释了这一点。[22]

鉴于这种生存能力和英国代理商规避贸易壁垒的本能,"大陆封锁政策"很难实现其破坏英国经济的目标。更深层次的原因是,它作为一种政治手段,需要更长的时间来推行以确保其发挥作用。[23]

自《柏林敕令》颁布之后,从1807年中期到1808年中期,"大陆封锁政策"所造成的影响及其附带作用尤为严重。正是在这一时期,南美洲特别是巴西俨然成为英国经济复苏的重要因素,并深深吸引着英国的贸易商,因为这里被英国商人看作一个安全的出口市场。于是,英国商人大批来到这里定居,并得到了外交和领事支持。克劳泽对此总结道:"不可否认的是,在1808年的头几个月里,对巴西的出口对英国经济尤为重要,因为大多数出口市场都被封锁了,巴西市场对平复英国市场萧条所引起的经济低落情绪发挥了巨大的作用。"[24]这使得英国得以摆脱贸易萎缩的危机,加上法国军队在伊比利亚半岛节节败退和高涨的民众起义,对于实现拿破仑孤立和破坏英国经济的计划是一个严重的挫折。因此,在不质疑拿破仑战争对国际贸易关系地理格局的长期影响的前提下,我们还必须强调,其对南美市场在英国海外贸易结构中的战略作用的短期影响十分重要。此处讽刺的是,正如奥布莱恩所指出的,欧洲大陆的经济才是受"大陆封锁政策"影响最严重的。遏制英国贸易的战略意图最终使得英国成为受益者,这场冲突为英国提供了宝贵的机会,使其在世界工业制成品和商贸活动中占据更大的份额。[25]

这些由"大陆封锁政策"施加的条件所导致的英国海外贸易结构的变化,凸显了巴西及其开放海港在维护英国利益方面所发挥的关键作用。巴西的贸易活动重塑了欧洲冲突的进程,并使英国受益。

# 第四章 打破"大陆封锁政策"

## 巴西各港口的开放与英国的贸易利润

葡萄牙和巴西的史学界对巴西开放港口的原因以及与此相关的后果进行了广泛的分析和辩论。鉴于"大陆封锁政策"所产生的影响,这一事件的意义已经成为具体的研究主题。[26]大陆封锁、法国入侵、巴西港口的开放以及1810年的友好贸易条约,人们似乎对这一关键时期历史事件的相关性达成了普遍共识,以解释这一系列事件所造成的短期压力及其对葡萄牙经济增长和发展的更广泛影响。

从英国利益的视角探讨这一问题,可以把商业领域支配地位的问题扩展到其他领域,而这些研究领域对理解19世纪早期的地缘经济关系仍然是非常重要的。正如阿兰·K. 曼彻斯特(Alan K. Manchester)记录的那样[27],英国是1808年1月颁布的港口开放法令的唯一受益者,因为只要欧洲大陆的战争还在继续,其余的"友好国家"便难以从中获益。从1808年下半年开始,英国在巴西的势力进一步增强,关于外国船只进入里约热内卢港口的记录证实了这一点:1808年,进入里约热内卢港口的外国船只有90艘;到1810年,这一数字增加到422艘,其中绝大多数是英国船只。设在里约热内卢的英国贸易实体也在不断增加,约占该市葡萄牙和外国商店总数的30%。[28]

同样表明英国在巴西影响力增强的是在1808年6月25日,113名商人召开会议,在葡萄牙驻伦敦大使的倡议下,英国商人在巴西建立了"英国商人协会"。[29]协会选举了一个由16名成员组成的常务委员会,负责促进英巴贸易关系的发展。《巴西邮报》(*Correio Braziliense*)的编辑希波利托·约瑟·达·科斯塔(Hipólito José da Costa)并没有忽视这一事件,并对这一事件的重要性进行了宣传报道。

该协会的成立表明了英国商界为维护自身利益所做的努力。巴西开放的港口、降低的关税以及更容易获得的原材料都更让英国商人充满动力。然而，英国商人在巴西商圈的存在可以往前追溯到殖民贸易垄断时期。特许制度以及走私衍生的贸易活动（约占进口总额的17%）保证了最紧俏的工业制成品的供应。英国的走私产品在巴西市场所占的市场份额被用来说明1808年两国所形成的依赖关系。[30]

1808年签订的友好贸易条约也在巴西开放港口后的几年里继续巩固着英国的特权地位。这些条约为英国贸易商和生产商建立了优先保护制度。因此，巴西成为英国工业制成品的重要市场和第二大原材料进口地，为英国提供了良好的贸易平衡。在1812年，因为这种优惠关系，葡萄牙在南美的领地从英国进口的货物价值比英国出口到亚洲的货物价值高出25%，比英国出口到美国和英属西印度群岛的货物价值高出50%，比英国出口到南美其他港口的货物价值高出80%。

1815年后，随着欧洲重归和平以及亚洲贸易的恢复，巴西在英国殖民贸易发展中的中心地位发生了变化。尽管如此，在那个时期巴西仍然占据英国对美洲大陆出口总量的三分之二。[31]此外，正如曼彻斯特所解释的，从1808年到1821年，英国的商业渗透其实是为金融渗透打前站："英国人对巴西的渗透达到了令人生畏的地步，因为在条约规定的特权、豁免权和相关保障的鼓励下，英国资本和企业都被吸引到这块领土广袤的殖民地，开发巴西的时机已经成熟。"[32]

英国对巴西来说是非常重要的商业伙伴，以至巴西即使在1822年获得了独立，它依然设法维持1810年所签订的条约。但英国商人的活跃很快引起了葡萄牙商人阶层的不满，葡萄牙商人曼纽尔·路易斯·达·维加（Manuel Luis da Veiga）在伦敦出版的一本宣传册中表达了这种敌意。[33]

## 第四章 打破"大陆封锁政策"

在这本宣传册中,作者描述了英国官员和商人如何依据一项特别战争条款对葡萄牙船只及货物进行扣押和禁运,并严词谴责了这种羞辱式的行为。英国的这种行为很可能是对葡萄牙向法国投降的误解造成的。

且不论这段小插曲的真实性或重要性几何,维加对英国人的抱怨可见一斑:从英国人的傲慢到在征收关税、利息和保险费,以及在外汇业务、买卖货物(特别是从巴西进口的棉花)的称重,英国代理机构和代理人在直接参与的交易活动中收取过高费用中的欺诈和违规行为。这是一段重要的史实,因为它重塑了葡萄牙商人在有限制的竞争条件下进行商业活动的观念。

尽管葡萄牙大使和葡萄牙驻伦敦领事默许了这样的言论,但是他们也在这本宣传册中饱受批评,作者指责他们容忍英国人的违规行为,没有采取他力所能及的措施来捍卫葡萄牙的利益。尽管拿破仑战争时期英国向葡萄牙提供了援助,但英国人追逐利益的行为还是受到了葡方的指责:"的确……是英国人反抗拿破仑,并努力使欧洲摆脱他的束缚;是他们救了我们深爱的王子和他的奥古斯特家族,并努力拯救葡萄牙等。但他们是出于什么企图呢?难道是在行善,扶助他们的盟友和人民吗?恰恰相反,他们只是被利益所驱使而已。他们确实拯救了葡萄牙王室并提供了帮助,然而这是因为葡萄牙有海外殖民地可以让英国人把工业制成品倾销到那里,葡萄牙有港口可以让英国人把船开到那里,葡萄牙人有盟友可以帮助英国人对抗最强大的敌人,葡萄牙有土地可以让英国人获取所需的原材料。"[34]维加对葡萄牙大使唐多明戈·德索萨·库蒂尼奥(Dom Domingos de Sousa Coutinho)的处理方法极为不满,这也促使了他对英国人进行口诛笔伐。在他看来,巴西和葡萄牙的商人无法与英国商人公平竞争。他赞成采取贸易保护措施,规定一个时限,在此之后将禁止对必需品和棉制品的进口或进行严格的限制。

从上文可以得出结论：开放港口将会导致贸易机会的不平等，这不仅仅是因为英国商人拥有技术优势和金融影响力，归根结底是由于英国人获得了葡萄牙政府高层的首肯。

## 巴西接受和欢迎英国商人

尽管大多数葡萄牙商人不愿接受英国商人和企业涌入巴西，但英国人在巴西还是获得了意识形态及政治领域的支持，一如1808年巴西开放港口以后，约瑟·达·席尔瓦·里斯本出版的宣传册所表明的那样。

席尔瓦·里斯本曾是一名王室官员，负责管理巴西领地的经济和财政（先在巴伊亚，后在里约热内卢），他因1804年出版的图书拥有良好的学术声誉，该书是葡萄牙传播亚当·斯密理论的重要文献之一。正是通过他的影响，他的儿子本托·达·席尔瓦·里斯本（Bento da Silva Lisboa）将《国富论》翻译成葡萄牙语，并于1811年和1812年出版。而且，在席尔瓦·里斯本的整个职业生涯中，他展示了对亚当·斯密传统政治经济学的透彻理解，并试图将其应用于巴西经济。[35] 席尔瓦·里斯本的宣传册使我们能够听到当时葡萄牙最具代表性的声音之一，即在葡萄牙帝国关键的过渡期，他赞扬了英国对发展和促进巴西经济所做出的贡献。根据1815年的官方名称，南美殖民地已不再仅仅是葡萄牙王冠上的一颗宝石，而变成了葡萄牙·巴西·阿尔加维联合王国。

在席尔瓦·里斯本撰写的关于巴西港口开放的第一篇文章中[36]，他赞扬了这项措施，因为它符合自由政治经济的原则，特别是让商业主体能够在国内外的活动中享有充分的自由，让参与商业活动的人互惠互利。他还进一步解释道，应当坦然承认英国是欧洲最勤劳和最富有的国家，这些优点应当记录下来，并出于必要性、利益、政治以及国家层面的感激之情而加以宣扬。[37]

席尔瓦·里斯本认可并赞扬了英国制造业产品的卓越质量，并强调了英国商人的资金实力、企业精神、善于抓住机会以及正规化的司法行政体系、反垄断措施以及科学和商业手段的发展。因此他认为，与英国的贸易往来越多，巴西就越有可能参与并分享其中的利益。

为了回应当时葡萄牙对英国商业活动的不满情绪，1810年席尔瓦·里斯本出版了一本小册子，专门用来驳斥对英国贸易的抗议。[38]在这种情况下，他坚持主张在国际贸易中建立互惠互利的开放型关系，这种想法也是基于国际分工理论。他的初步结论是，每个国家都可以而且必须利用其在更好的条件下生产商品的专门优势。暂且不论李嘉图的观点[39]，席尔瓦·里斯本的想法极具现代性，他是自由贸易的忠诚捍卫者，而自由贸易能够促进每个国家和国家集团积聚更多的财富：

> 有多少错误的想法！有多少冲突！在此之前有多少战争是可以避免的，在此之后又有多少战争是可以避免的。欧洲国家有没有可能从其对外贸易中划分出货币交易，将以工作日计算的利润表正式化。有了这一新的分母，对外贸易在它们看来就是这样的：所有分享这一分母的国家都是互利的。而那些国家实际上认为它们从中一无所获。如果有人抱怨他们在这种贸易中蒙受了损失，他们会立刻发现其通过这种贸易以较少的费用获得了他们所需要的物品，而且他们所得到的远远超过相应商品的确切等价物。[40]

创造更多的财富取决于引进新的工作方法（提高生产力）的能力，这能使每个国家增加其优势产品的价值。通过这种方式可以解释：为何英国能够持续以具有竞争力的价格将其产品投放到外国市场，尽管欧洲大陆处于封锁状态。或者换句话说：新市场的开放与旧市场的封锁恰到好处，英国工厂非但没有受挫或萎缩，反而成功地为其资本和事业、运输找到了新方向。[41]将这种推理应用于欧洲的经济局势，通过拿破仑的"大陆封锁政策"和席尔瓦·里斯本所谓的"贸易禁令"的影响，可以解释形势如何翻转：

> 英国的地理位置和海军优势，保证了它有幸用一个开放的市场取代一个封闭的市场……使它有机会为其过剩的产品在美洲大陆文明而富饶的地区找到新的市场。与此同时，由于17年的战乱，旧欧洲变得穷困。当欧洲大陆迫使并习惯于英国放弃其贷款时，它是否一定能为其过剩的产品找到市场？[42]

基于这些，席尔瓦·里斯本总结道："旨在颠覆不列颠群岛，阻止其资金流动，摧毁其权力基础的《柏林敕令》，除了让爱尔兰海关收入翻番，而法国海关收入减少四分之一外，再无其他作用！"[43]他在结尾写道："如果考虑到英国商品在西印度群岛、北美洲和南美洲的销售情况，那么就英国出口贸易而言，欧洲大陆市场的紧闭对其来说确实影响甚微。"[44]席尔瓦·里斯本对英国在国际经济关系中所占据的战略领导地位有着敏锐的理解，他清楚其他国家或地区也可以从中获益。席尔瓦·里斯本的著作在说明葡萄牙帝国经济组织变化的正当性和合法性方面发挥了无可置疑的作用，这些变化源于拿破仑战争和英国对法国"大陆封锁政策"的反制。此外，他的著作也证明了当时人们对拿破仑的经济政策前景并不看好。因此，关于"大陆封锁政策"的现代史学研究对当时仅凭直觉做出的决策进行了严格的评估。

## 结论

从全球史的视角评价这一行动可以得出两个基本结论：首先，巴西完成了符合英国商人利益的市场多样化的使命，通过这种方式，巴西展示了"大陆封锁政策"所造成的影响，并直接参与了欧洲主要大国的经济重构。尤其值得强调的是，这一历史事件清楚地表明了贸易在欧洲国家冲突达到顶峰时所起到的作用。正如本书导言中所指出的，这场由拿破仑战争引发的冲突成为国际贸易新路线获得发展的条件。与此同时，巴西和英国之间的新商业关系也获得了国际层面的培育和增强。鉴于英国和葡萄牙之间坚定的政治同盟，巴西的贸易受到了英国利益的影响，有助于打破法国统治下的欧洲政治平衡。这种地缘政治的观点对更好地理解本章所讨论的案例乃至贸易与冲突史大有裨益。支持扩大国际贸易的知识分子虽然承认贸易的社会化作用，正如启蒙性概念"温和的商业活动"所隐含的那样，但他们也清楚地认识到贸易对赢得战争也是至关重要的。英国的巴西贸易给其带来一种新的经济力量，助力其打败拿破仑，战胜法国统治欧洲的野心。

其次，随着1808年更进一步的经济开放，巴西朝着建设独立主权国家迈出了决定性的一步。[45]尽管直到1822年9月巴西才正式宣布独立，但其在1808年就发现了美洲其他殖民地可以效仿的独立之路。失去对殖民贸易的垄断使葡萄牙失去了对新兴的巴西经济的有效控制。1807年，拿破仑以任何国家都不能违反"大陆封锁政策"为由入侵葡萄牙，迫使其王室流亡海外。拿破仑不经意间加速了巴西独立的进程，并亲手结束了自己的帝国伟梦。

# 第五章　退出全球化
## ——两次世界大战期间英国和大英帝国贸易的复兴
### 蒂姆·鲁斯

20世纪30年代经济衰退造成的"大萧条"和人类浩劫，与一战前国际主义的急剧倒退有关。作为19世纪的主要经济强国，英国在国际贸易自由化方面发挥了核心作用。一个开放的世界体系符合英国的利益，这样英国的实业家能够利用他们在技术和工业上的领先地位，获得价格低廉的食品和原材料。从19世纪40年代起，《谷物法》被废止，管控航运的《航海条例》被废除，英国开始着手破除全球贸易壁垒，将曾经卫护其早期工业化发展的贸易保护主义高墙逐步推倒。许多关税被单方面取消，不过包含最惠国条款的贸易条约却是利器，在必要并且情况允许的条件下，可以将胁迫作为最后手段。帝国贸易特惠制消失了，这是不可避免的必然结果。19世纪中后期，竞争不断加剧，国际紧张态势不减，去全球贸易壁垒运动达到顶峰，但其前进步伐因全球化的反弹而暂时告一段落。

罗纳德·芬德利和凯文·H. 奥鲁克认为，"'全球化的第一个黄金时代'因一战爆发而戛然而止，可悲可叹"。他们的观点已被广泛接受。[1] 国际联盟（League of Nations）和后来贝里克·S. 索尔（Berrick S. Saul）所研究记述的多边支付复杂体系，是从19世纪末渐次发展而来的，后来被战争破坏，1918年之后已再难重建。[2]毫无疑问，战争给生产、贸易和国际金融带来了巨大的混乱。随后，为重振国际经济，国际社会做出了极大努力。罗伯特·博伊斯（Robert Boyce）令人信服地指出，20世纪20年代应被视为全球化过程的延续：美国、英国和法国虽说想极力创建一个全球化的世界，不过它们却未能构建出管控全球体系的条件。[3]

我们可以从通过金本位制货币之间的重新关联中找到全球化持续进行的证据。金本位制在1926年基本确立。到20世纪20年代后期，金融流动与战前相当，国际贸易的增速超过了国家增长。到1929年，世界贸易大大高于战前水平，商品出口占国内生产总值（GDP）的9%，而在1913年这一比例为7.9%。[4]

然而，到20世纪20年代末，一些扩张动力正在丧失，明显的疲软迹象开始显现：随着世界库存的累积，农产品价格正在走弱，长期国际投资从1927年开始下降。值得注意的是，1927年以后，国际贸易自由化的势头也开始减弱，博伊斯认为这在很大程度上归因于英国的参与度不足。货币稳定本应激励关税自由化。相反，在召开的国际会议上，大家虽一致同意降低关税，但各国政府后续无所作为。[5]与此同时，农业价格的下跌压力导致1928年德国的关税上涨（到1927年，德国的食品关税已经高于1914年前；而且在1927年至1931年期间，关税几乎翻了两番）。1928年至1929年法国的关税也呈上涨态势。到1929年，美国本已高企的关税面临大幅提高的威胁，开始给全球经济蒙上阴影，并妨碍了进一步推行关税休战的努力。

## 英国的情况

战前,英国深刻参与国际经济事务,角色日益重要。政策和制度在维持英国国际地位方面发挥了核心作用,特别是通过继续坚持金本位制和自由贸易。强劲竞争对手的出现和国际竞争的加剧,对国际正统观念提出了挑战,最显著的例子是约瑟夫·张伯伦(Joseph Chamberlain)的关税改革运动,但这一做法遭到了抵制。然而,一战进一步推动了一场旨在重组工业和政府机制、扩大保护范围并实现与帝国更紧密的经济一体化的"现代化"运动。这场运动的遗产之一是引入了一些有限形式的保护。1923年,保守党甚至以贸易保护主义为竞选纲领进行竞选。保守党的竞选努力以失败告终。第二年晚些时候,当保守党重新掌权时,他们避开了保护主义:正如理查德·托耶所探讨的那样,任命自由贸易主义者温斯顿·丘吉尔(Winston Churchill)担任财政大臣这一关键角色,为政策的逆转提供了实质性的支持。实际上,他们选择了国际贸易。1925年,丘吉尔决定以战前平价回到金本位制,这个重大决定就是对此选择最为醒目的注脚。回归金本位制是英国在两次世界大战之间致力于施行经济国际主义的点睛之笔。

如果选择进行国际贸易的目的是恢复英国的繁荣和全球地位,那么它显然未能得偿所愿。到20世纪末,英国显然已经失去了1914年以前的国际领导地位。不仅英国在国际经济中的地位矮化,而且其战前奉行的世界主义大格局也被狭隘的帝国贸易和投资模式所取代。尽管英国在19世纪末和第一次世界大战之前面临严峻的挑战,但它仍然是一个全球强国。英国的国际投资超过了其他贷款机构,仍是世界贸易舞台的主角。重要的是,它的贸易和金融超越了形式上的帝国边界。到了20世纪20年代,情况已不复如此。纽约已经超过伦敦成为国际投资基金的主要来源,美国作为商品出口国已经超越英国。相较于 1913 年不足一半的英国投资发生在帝国版图内,1930 年时该比例已经升至 59%。1927 年时大英帝国出口份额在整个英国出口中为 43%,值得注意的是,国际贸易中它的出口产品更新、范围更广。在英国进口中,从帝国附属国的进口份额也比此前高。然而,当英国越来越依赖帝国市场的支撑时,帝国附属国不仅从英国获得的供应越来越少,而且它们也越来越多地开辟了除英国以外的出口市场。因此,到 20 世纪 20 年代后期,英国对帝国市场空前依赖,而大英帝国的附属国则越来越多地将目光投向英国以外的地区,寻求销售和供应市场。

尽管国际经济发展迅猛,英国的出口却表现不佳。到 1929 年,英国的出口额远低于 1924 年的水平。与战前相比,情况更加糟糕。1913 年至 1929 年,制造业的国际贸易量增长 37.5%,但英国的出口竟糟糕到直到 1929 年也未能恢复战前水平。这代表着英国在全球市场的大幅下滑:英国在工业品市场的份额从 1913 年的 30.2% 降至 1929 年的 20.4%。

恶劣的出口境况对英国经济和政策的其他方面产生了深远影响。国际市场竞争的失利造成超过 100 万人失业,政府的预算政策压力大增,必须施行空前严格的货币政策:实际利率在 20 世纪 20 年代初异常增高,1921—1930 年一直处于历史高位。人们指责这些高企的利率抑制了投资,尤其是对利率敏感的行业如房地产投资,而且可能确实导致了 1928 年产出的下降。[6]

竞争力的缺乏表现在英国海外账户的疲软,这构成了 20 年代末国际金融体系动荡的一个组成部分。商品赤字急剧扩大,而无形贸易盈余却在萎缩,使困难更趋严重。尽管经常账户有适度盈余,但规模太小,无法让伦敦恢复战前的国际主导地位。尽管不时对外国(而非帝国）问题实施控制，但长期贷款远远高于经常账户盈余所担保的水平，因此差额必须靠短期借款来提供资金。到1929年，伦敦的短期国际债务已远远超过其等值资产。

很明显，经济体系未能创造繁荣或减少失业。许多商人开始认为竞争性的经济体系是浪费和低效的同义词；在经济衰退前夕，人们对市场机制有效性的幻想日益破灭，尤其是要求保护的呼声日益高涨，这一点显而易见。主要行业对自由放任主义的支持已分崩离析。许多战争期间和战后施行的保护主义措施仍然存在。尽管丘吉尔担任了财政大臣，但在20世纪20年代末[7]，保护主义政策仍得到适度的延长。然而，英国对自由贸易的承诺并没有发生重大的动摇，到这个十年结束时，以国际标准衡量，英国的关税仍然很低，覆盖范围也不大。

随着"大萧条"的开始，激烈的进口竞争和不断上升的失业率刺激了关税运动，保护主义者也能够看到世界其他地方关税自由化的失败。更糟糕的是，关税现在还在上涨，最臭名昭著的是1930年6月由美国总统赫伯特·胡佛（Herbert Hoover）签署通过的《斯姆特-霍利关税法》提高了2万多种进口商品的关税。然而，英国在采取全面保护主义方面进展缓慢。拉姆齐·麦克唐纳（Ramsay MacDonald）领导的工党政府抵制的一个重要因素，是丘吉尔的继任者、时任英国财政大臣的菲利普·斯诺登（Phillip Snowden）的存在。斯诺登也是一位自由贸易主义者，对任何保护主义举措都充满敌意。直到1931年夏天金融危机导致工党政府垮台，英国才完全推行贸易保护主义政策。至关重要的是，在野期间，保守党就已经采纳了一整套成熟的保护主义计划。[8]

工党政府垮台后，联合政府成立，虽然联合政府执政时间不长，但足够主导英国在9月份放弃金本位制。但在10月底，由保守党主导的国家政府当选，并在几天内就提高了关税。11月，《非正常进口法案》(Abnormal Importations Act) 获得通过,该法案明显是一项临时措施,征收高达100%的关税。1932年3月,经过充分讨论的《进口税法案》(Import Duties Act) 得以通过。虽然对大多数制成品的新关税最初只定为10%,但根据进口税咨询委员会的建议,这些关税差不多马上翻番,随后又进一步增加。帝国特惠条款被纳入其中,尽管大体上是暂时而为之。

## 缔约和大英帝国特惠制

这可能会改变英国与帝国/英联邦的关系:奉行贸易保护主义的英国现在能对帝国内的其他国家有所帮助,尤其是在它暂时将帝国特惠措施纳入关税结构之后。此外,经济衰退的一个影响是彰显了英国市场对自治领的重要性。在20世纪20年代,自治领的出口销售已不再那么依赖英国。"大萧条"改变了这一切(见图5-1)。1929年以后,英国在世界进口中所占份额上升,这是由于世界大萧条对英国市

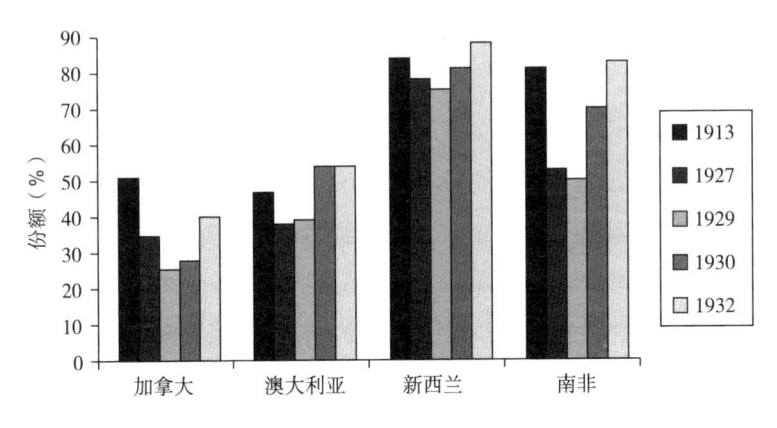

图 5-1 各自治领对英出口占比情况

资料来源:League of Nations, International Trade Statistics (various years).

场的影响相对来说不是那么严重，而且直到1931年的下半年，英国还一直保持相当开放的市场。其他国家如法、德对畜产品进口的限制不断加大，这增强了英国在世界畜产品进口中的主导地位。格列高利·P. 马奇尔登在本书所讨论的粮食问题，情况也是如此。

显然我们可以由此推论：许多初级生产者越来越严重地依赖对英销售。随着经济衰退程度的加深，对英国市场的争夺竞争加剧，包括一些来自帝国之外的强大竞争者。现在，关税以及进入英国市场的优先权，给予了自治领很多讨价还价的机会。

因此，令人惊讶的是，并非所有自治领都对1932年夏天在渥太华召开的帝国经济与货币会议（Imperial Economic and Monetary Conference）热情似火或者期望甚高。南非主要对黄金感兴趣，接受了产品特惠条款，不过这些产品只是产自该国的一小部分地区，而且一般来说，该国政府在这些地区的政治影响力也较弱。新西兰看起来沾沾自喜，政府在准备工作上几乎没有付出什么努力，主要是把这些工作留给初级生产者。[9]

相较而言，澳大利亚和加拿大则兴趣颇浓。由于《斯姆特-霍利关税法》，加拿大的对美贸易输得很惨，1930年大选中坚定的贸易保护主义者 R. B. 贝内特（R. B. Bennett）当选总理。[10]奇怪的是，加拿大对渥太华会议的准备不是很充分，许多决定到最后一分钟才拍板，不过这可能与贝内特的管理风格有很大关系。[11]澳大利亚也很想从会议中得其所需且准备充分，包括与英国进行初步讨论，澳大利亚还派了阵容强大的代表团前往渥太华。英国的筹备文件非常广泛，但代表团抵达渥太华时政策都还没有敲定，许多问题也悬而未决。

会议进程有所迁延，从1932年7月21日持续到8月20日。然而，正如基思·汉考克爵士（Sir Keith Hancock）指出的那样，尽管帝国主义狂热者"原本设想这是场繁荣国家的盛会，胜券在握，目标专注，致力于帝国一体化……相反，与会国家焦虑而痛苦，使出浑身解数来拯救经济"[12]。幸好渥太华那年夏天比往常凉爽，但不管怎样，与会人员还是烦躁不堪。英国代表团［名义上由斯坦利·鲍德温（Stanley Baldwin）率领］的张伯伦和黑尔什姆（Hailsham）、加拿大代表团的贝内特和澳大利亚代表团的斯坦利·布鲁斯（Stanley Bruce，澳大利亚前总理，1932年时为驻伦敦公使）主导了会议进程。最终，会议中的敌意氛围日益高涨，在几次几近破裂之后，会议产生了一系列双边关系条约。其中最重要的是每个自治领和英国达成的协议，允许特定食品和原材料可以免税进入英国市场，来为英国制造商换取在自治领市场更多的贸易特惠待遇。[13]

英国人从渥太华回来时，所获会议成果远低于乐观主义者们的预期。有此落差的部分原因是英国代表团不愿意做出更多的让步。由于代表团内部和内阁内部的分歧，他们到达渥太华时都还没有确定与会政策。毕竟，这是一个联合政府。像张伯伦这样比较热心的帝国主义者很乐意做出更多让步，肯定不会因为不愿满足自治领的合理要求而导致会议的失败，这不在他们的考虑范围内。但跟他们唱对手戏的是贸易部（Board of Trade）主席沃尔特·朗西曼（Walter Runciman）和自治领州务卿J. H. 托马斯（J. H. Thomas），他们代表的是一小部分自由贸易者。他们还希望保留后手，以备以后与非帝国供应商谈判时使用（这是朗西曼特别关心的问题），这使他们不能充分满足自治领的要求。

因此在1932年的英国代表团中，对自由主义原则挥之不去的眷恋依然明显，这种情绪在官员中也明显很普遍。但当代表团抵达加拿大时，人们强烈地意识到，英国不会在贸易方面做出太大让步。[14]自治领政府不会撤销保护措施：在经济衰退中制造业工作岗位太过珍贵，而且诸如澳大利亚和加拿大这般利益集团盘根错节于其中的复杂经济和政治体制社会也不会允许牺牲第二产业来为第一产业谋些不确定的好处。会议期间,渥太华到处都是来自工业的施压团体,加拿大制造商协会(Canadian Manufacturers Association)1932年的年会也在渥太华举行。[15]此外,脆弱的贸易平衡进一步受到损害,并如下文更充分讨论的那样危及偿债。英国出口商处境艰难,因为主要生产国因更高的关税和进口替代政策而使其购买力大幅下降。他们最可能得到的或许是一些非常适度的保护措施缩减,以及通过扩大优惠幅度来帮助他们进行贸易转移。但除此之外,英国还必须得达成协议。托马斯曾说,他"觉得有必要记住:最终,压倒一切的考虑必须是维护帝国统一"。因此,麦克唐纳担心"我们面临的危险就是:我们太过害怕谈崩,没办法那就只得允许自治领与我们一起合作"[16]。当时国际局势日益恶化,使得各方更加重视帝国的团结,而这次会议如若失败将严重损害英国的国际地位,这肯定会阻碍英国在渥太华更有力地施展议价能力。

自治领从渥太华会议中得益几何?这些协议的潜在优势体现在两个方面:第一,关税优势和以牺牲非帝国竞争对手为代价而获得的其他优势;第二,反对英国初露端倪的农业保护主义。第一个是真实存在的,但由于英国希望与其他国家签订一系列贸易协定,尤其是与阿根廷和斯堪的纳维亚国家签订贸易协定,因此它受到了抑制。在渥太华会议之后的一年左右的时间里,双方就第一批对外协议进行了谈判。结果证明,这些协议对英国出口的好处要大于帝国条约。但也激起自治领特别是澳大利亚和新西兰的强烈反感,而且在国内的帝国主义者中也引起了极大的反感。比弗布鲁克(Beaverbrook)勋爵的《每日快报》(Daily Express)谴责这些协议为"黑色协约"[17]。一般来说,这些协议对英国进口产品以3年为期固定关税水平,但有时也包括英国所采用的如对进口牛肉或培根等的定量配额。

自治领的第二个主要收获是反对英国农业保护政策所做的种种保证。矛盾的是，这些保证常常因"黑色协约"而加强。渥太华会议以及后来的诸多协议所规定的重重义务严重阻碍了英国决策者的自由，后来他们开始考虑英国农业日益恶化的困境。在渥太华会议上，英国农民的需求根本不是什么重点，没有得到什么关注。如果说有什么的话，那就是代表团中自由贸易商的存在妨碍了英国代表团提供更大的优惠，因为他们不希望提高国内食品价格。1933年的协议也没有把英国农民的需求作为主要内容，随后在1933年至1934年期间，英国农民的困境继续恶化，保护他们的压力不断累加。由于受到渥太华会议所达成协议和"黑色协约"的限制，英国最终被迫使用财政部出资的补贴来帮助英国农业。1932年至1933年期间，英国引入歧视性的限制手段和税收措施以大幅改变英国的进口结构和进口地。保护主义的施行致使1932年制造业进口额与英国工业产值之间的关联出现明显断裂，这也是货币贬值的结果。以进口量衡量，20世纪30年代末的食品进口高于1929年的水平，制造业进口则比1929年低了约四分之一。价格的差异变动也让人不易觉察这种成交量的变化。从广义上讲，由于进口结构的变化，初级生产者可能预期会获得一些较小的相对收益，尽管这些收益大部分将积累到石油供应商手中。

事实上，在20世纪30年代，大英帝国在英国市场上取得了重大进展，而且能取得如此进展似乎完全是通过增加其在个别大宗商品进口中的份额，而非通过对贸易商品的构成做任何改变。通过表5-1可一览情势。1929年，英国本土从大英帝国的留用进口货物金额约为2.99亿英镑，占进口总额的26.9%；到1937年，相应数字约为3.65亿英镑，占比为38.3%。渥太华会议各签约方的潜在利益差别很大。印度和南非几乎没有获得真正有价值的优惠，而加拿大（小麦、木材和培根）、澳大利亚（小麦、肉类和黄油）和新西兰（肉类和黄油)则收获良多。澳大利亚、加拿大和新西兰尤为突出,它们在英国进口中所占的份额从11.7%升至20.2%。澳大利亚和加拿大获益巨大。1928年至1930年间,英国从澳大利亚的留用进口货物金额平均为4 200万英镑,占英国进口总额的4%。尽管如此,在1936年至1938年间,虽然价格水平较低,来自澳大利亚的供应平均金额仍然达到6 250万英镑,占进口总额的7.2%。这些数字远远不能反映出澳大利亚出口到英国的农产品数量:到1938年,这些出口产品销量是1929年销量的两倍多。以目前的价格衡量,这种增长司空见惯、毫不起眼,但若以销量来衡量,销售上的增幅可谓巨大。这些都没有体现在自治领政治家的愤愤不平的言辞中。

**表 5-1 1929、1932 和 1937 年英国留用进口总额与帝国及特定自治领占比情况**

|  | 1929 | | 1932 | | 1937 | |
| --- | --- | --- | --- | --- | --- | --- |
|  | 金额(千英镑) | 占比(%) | 金额(千英镑) | 占比(%) | 金额(千英镑) | 占比(%) |
| 帝国 | 298 992 | 26.9 | 220 958 | 34.0 | 364 648 | 38.3 |
| 南非 | 14 440 | 1.3 | 10 124 | 1.6 | 13 829 | 1.5 |
| 澳大利亚 | 45 253 | 4.1 | 40 920 | 6.3 | 65 044 | 6.8 |
| 新西兰 | 40 673 | 3.7 | 33 221 | 5.1 | 43 541 | 4.6 |
| 加拿大 | 43 684 | 3.9 | 40 431 | 6.2 | 83 568 | 8.8 |
| 全球 | 1 111 193 |  | 650 648 |  | 952 691 |  |

资料来源:Annual Statement of the Trade of the United Kingdom (various years).

加拿大在英国的销售增长更为惊人。由于行业弱点,加拿大的成就更为显著:20世纪20年代末,最重要的三项出口产品在协议签订后的销售水平有所下降。小麦销售遭遇灾难性失败，尽管有帝国特惠，但在某种程度上，小麦仍是政策的受害者，也是灾难性收成的受害者。然而，其他行业的扩张强劲有力，到20世纪末，加拿大对英国的出口远高于"大萧条"前的水平，即使以当前价格衡量也是如此。各方面遍地开花，有色金属的表现最惹眼，不过具有讽刺意味的是，这些金属贸易几乎没有受到贸易协定的影响。尽管小麦销量下降，英国还是超过美国成为加拿大的主要出口市场。来自加拿大的留用进口货物金额从1928年至1930年的4 460万英镑增加到1936年至1938年的7 600万英镑，在物价下跌和英国进口整体下降的情况下，这一增幅居然达到70%。加拿大在英国市场的份额增加了一倍多，从占进口总额的4%升至9%。加拿大在英国市场的排名从20世纪20年代末的第九位上升到二战前夕的第二位。

英国市场的主要输家是工业国。如表5-2所示，主要供应粮食和原材料的贸易协定国的情况大不相同。因此，同样明显的是，各国的前景在很大程度上受到其出口商品组合的影响。与培根相比，北欧人对木材和矿石更感兴趣，因此相对而言培根在那些地方不享受什么保护或者优惠。他们至少有可能从20世纪30年代英国市场的繁荣中获益。培根和黄油的主要供应国——丹麦即为佳例——极易受到英国贸易保护政策和帝国特惠的影响。在欧洲之外，阿根廷出口严重依赖肉类和小麦，对黄油出口也兴趣盎然，因其出口结构问题而大受英国贸易保护政策的影响。对于小麦种植者来说，在供应其他市场时可能会得到补偿——但对于肉类包括培根及黄油产品，英国市场完全占据主导地位，而其他市场的前景渺茫。这些因素都反映出20世纪30年代各国在英国市场上的表现。

表 5-2　1929、1932 和 1937 年特定贸易协定国对英出口数据

|  | 1929 | | 1932 | | 1937 | |
| --- | --- | --- | --- | --- | --- | --- |
|  | 金额（千英镑） | 占比（%） | 金额（千英镑） | 占比（%） | 金额（千英镑） | 占比（%） |
| 芬兰 | 14 945 | 1.2 | 11 733 | 1.7 | 22 437 | 2.2 |
| 瑞典 | 25 709 | 2.1 | 13 424 | 1.9 | 26 191 | 2.6 |
| 挪威 | 14 149 | 1.2 | 8 283 | 1.2 | 11 574 | 1.1 |
| 丹麦 | 56 178 | 4.6 | 40 570 | 5.8 | 36 570 | 3.6 |
| 阿根廷 | 82 447 | 6.8 | 50 885 | 7.3 | 59 836 | 5.8 |

资料来源：Annual Statement of the Trade of the United Kingdom (various years).

英国对北欧贸易协定国的出口状况比对自治领的出口状况要好得多（见表 5-3 和表 5-4）。英国出口受益于北欧国家相对强劲的复苏，并受益于贸易转移，其中很大一部分源自贸易协定。在 1929 年至 1937 年间，所有国家的人均收入都经历了增长，其中丹麦增长得最缓慢，芬兰最具活力。除了丹麦，所有国家都经历了进口的增长（以本国货币衡量）。英国在这些国家进口贸易中的份额也有所增加。能有此效果，是因为贸易协定、英镑贬值以及斯堪的纳维亚国家的货币与英镑挂钩（随着英镑区的发展）一起发挥了作用。与瑞典和挪威相比，英国与丹麦和芬兰讨价还价的筹码要大得多，这反映在进口转移的程度上。[18]

表 5-3　英国对北欧贸易协定国出口数据（均值，千英镑，当前价格）

|  | 1928—1930 | 1936—1938 |
| --- | --- | --- |
| 丹麦 | 10 226 | 15 875 |
| 芬兰 | 3 126 | 5 213 |
| 挪威 | 10 239 | 7 883 |
| 瑞典 | 10 109 | 11 709 |
| 波罗的海沿岸国家<br>（爱沙尼亚，拉脱维亚，立陶宛） | 2 165 | 4 406 |
| 总共 | 35 865 | 45 086 |

资料来源：Annual Statement of the Trade of the United Kingdom (various years).

表 5-4 英国对特定自治领出口数据（均值，千英镑，当前价格）

|  | 1928—1930 | 1936—1938 |
|---|---|---|
| 南非 | 30 167 | 39 479 |
| 澳大利亚 | 47 189 | 35 980 |
| 新西兰 | 19 516 | 18 913 |
| 加拿大 | 32 871 | 24 441 |
| 总共 | 129 743 | 118 813 |

资料来源：Annual Statement of the Trade of the United Kingdom (various years).

英国对自治领的出口相较于对北欧的出口要重要得多。1929年，仅澳大利亚就购买了比欧洲所有贸易协定国加起来还要多的英国商品。渥太华会议上签署的协议本应比外国协定更有利于英国。1931年和1932年，这些自治领获得了进入英国市场的特权，它们可以而且确实给予了明确的优惠，而不是英国从北欧国家颇费周折才搞到的优惠。此外，南方的自治领在20世纪30年代经济得到扩张。特别是1933年美国货币贬值使黄金价格受益后，南非经济迅速复苏。澳大利亚和新西兰在20世纪30年代也经历了稳健扩张。下文将讨论的加拿大是一个例外，其经验确实是灾难性的。如表5-4所示，这没有通过英国的出口表现反映出来。《渥太华协定》(Ottawa Agreements)未能为英国出口商带来好处。具有讽刺意味的是，唯一的增长发生在对南非的出口上。英国对南非这个国家的让步最少，南非从渥太华会议获益也最少，这反映了1933年之后南非的经济力量。其他国家的表现则令人大失所望。这仅仅是理念的错误，还是有其他的解释？有些贸易转移对英国有利。20世纪30年代初，进口商品中英国货所占份额大幅上升，尤其是加拿大的进口，但在30年代后期又趋于下降。[19]但是在英国市场份额本已相当高的南方自治领，范围更为有限。令人震惊的是20世纪30年代期间的进口替代程度。随着经济衰退的加深，关税和其他形式的贸易保护主义措施大幅增加。例如，在澳大利亚，相较于进口，贸易保护主义在加强制造业竞争地位方面发挥了重要作用。英镑贬值、关税飙升80%，以及进口商在英镑汇兑方面遭遇的困难，造成了这种局面。到1937年，制成品供应中的进口份额已从1929年的水平大幅下降，尤其是在澳大利亚和加拿大。[20]

发生这些状况背后的主要驱动力是经济衰退时期自治领所面临的严重的国际收支问题。这些国家习惯从国外大量借贷，因而成为主要的国际债务国。在经济衰退之前，澳大利亚的经常账户早已疲态尽显，在1925—1926年至1929—1930年间，赤字平均每年为5 200万英镑，约占GDP的7%。[21]到20世纪20年代后期，国际货币市场对澳大利亚的债务状况愈感不安。随着1929年国际货币市场的恶化，澳大利亚出现融资困难，短期债务急剧上升。海外债务的偿息成本增长甚至超过债务本身：在20世纪20年代末偿息鲸吞了大约四分之一的出口收入，但由于出口价格暴跌，偿息负担进一步加重，到1930—1931年，这部分在因出口价格影响所减少的收入中已经占到48%。

加拿大的国际收支状况不像澳大利亚在20世纪20年代末那样不稳定。澳大利亚早在1928年就发现资本市场针对自己进一步的贷款持谨慎态度，但加拿大则在1929年和1930年仍能够继续在华尔街筹到资金。但这只是暂时的缓解而已，利息和股息的支付从1926年的2.4亿美元增加到1930年时的最高值3.48亿美元，当年经常账户赤字接近国内生产总值的6%。尽管出口急剧下降，但偿息成本问题却更为棘手。1931年，商品出口额仅为6.01亿美元，不到1926年至1928年平均水平的一半，其中47%用于偿还外债。

沉重的偿息负担是很难减小无形账户赤字的原因之一。因此，调整的主要负担落在商品贸易账户上。在这两个国家，购买力的崩溃，特别是加拿大投资水平的下降，造成了进口的急剧减少。但这绝不足以消除外部赤字。为尽快增加制造业就业,两国政府都大幅提高关税、延长或引入其他管控措施。进口大幅下降:澳大利亚从1928—1929年的1.43亿英镑降至3年后的4 400万英镑,加拿大从1929年的12.72亿美元降至1933年的3.68亿美元。

两国都非常成功地增加了对英国的出口,但出于均衡的需求,并非所有额外的英镑收入都耗费在从英国购买更多商品上。这对解释英国出口表现为何如此糟糕意义非凡。正是总进口的剧烈减少才造成了英国出口差劲的表现。

在金德尔伯格的分析中,1914年以前英国在稳定国际经济方面发挥了关键作用,部分原因是在经济萧条时期,英国对抛售的货物仍然保持市场开放。[22]到20世纪30年代,英国已不再是全球经济巨擘,但对于少数受其青睐的初级产品生产国(如澳大利亚和加拿大)而言,它仍是这些国家经济的倚重之国。受英国保护主义措施冲击最大的是工业进口产品,而食品和原材料受到的冲击总体上要轻得多,20世纪30年代农业保护主义的结构使得食品进口市场相对开放,尤其是对帝国供应商而言。英国债券持有者和伦敦金融城(City of London)获利,英国出口商亏损。[23]

## 国际反响

英国的保护主义政策是加速了还是鼓励了世界进一步退缩到贸易壁垒之后?英国是后来才施行贸易保护主义政策的,它在1931年至1932年的冬季推行贸易保护主义是否对激起他国的报复行动有重要的直接影响,尚且存疑。真正的损害是1931年9月放弃金本位和英镑贬值造成的。这在世界范围内产生了反响,迫使各国要么追随英国的货币贬值步伐,要么通过紧缩财政和货币政策和(或)进一步提高贸易壁垒来直接限制进口,从而实现通货紧缩。

帝国贸易协定和随后的贸易协定显然都毫无帮助,因为大多数签约国为扩大英国对本国有利的优惠,更多的是通过增加对非英国进口产品的壁垒,而不是减少对英国所供应产品的壁垒来达到此目的。[24]另外,帝国特惠制明显背离了最惠国原则,而这些最惠国原则在19世纪第三季度的世界贸易自由化中曾发挥重要作用。渥太华会议之后,英国与其他国家签订的各种贸易协定通常以更不透明、更不易为人察觉的方式违反最惠国待遇义务。

此外,英国在20世纪30年代中期坚定不移地坚持贸易保护主义,这对任何形式的贸易自由化都是一个障碍。在1933年在伦敦举行的世界经济和货币会议(Word Economic and Monetary Conference)筹备及持续过程中,英国的保护主义政策始终没有动摇。这次会议恰逢全球经济衰退的最低点,其失败令人震惊,尽管大部分责任在于美元贬值及随后美国拒绝稳定美元的行为。[25]马奇尔登解释说,与以往任何时候相比,国家利益压倒了寻求共同解决方案的尝试,而且这种观点也削弱了20世纪30年代尝试管控小麦生产的努力。

英国贸易的重新定位,特别是对帝国进口的重新定位,进一步破坏了多边解决体制的微妙平衡。[26]英镑贬值加上工业保护措施,削减了来自欧洲的入超\*。西欧国家习惯上用这些英镑收入从其他地方进口食品和原材料。由于赚不到和以前一样那么多的钱,各国越来越多地直接从自己的帝国或势力范围内购买商品。荷兰和法国加强了与各自帝国的联系,最显著的是德国加强了对东欧和拉丁美洲的渗透。因此,英国的政策有力地从更大程度上推动了双边主义。

20世纪30年代中期有一些自由化的举措,尤其是1934年通过的美国《互惠贸易协定法》(RTAA)以及欧洲的各种倡议。经过长

---

\* 即贸易逆差。——译者注

期谈判，英国于 1938 年与美国签署了协议以降低关税。但我们对谈判详加研究后却很少看到自由主义精神或对贸易渠道的慷慨开放。尽管加拿大受到《渥太华协定》的限制，但在 1935 年其还是与美国签订《加拿大-美国协定》推行贸易自由化。

美国对澳大利亚的请求置之不理，到 1936 年时两国已陷入贸易战。[27] 1936 年澳大利亚采取的贸易转移措施是造成两国不和的原因之一，这当然代表着保护主义的加剧。新西兰也加强了对贸易的限制，在 1938 年因国内信贷扩张而面临国际收支问题时更是如此。

英国也承认，多边支付体系的崩溃以及英国在这一过程中所扮演的角色，给其他欧洲国家造成了压力，尤其是德国。英国有些人认为这是进行贸易和支付自由化的很好的由头，但他们属于少数。人们担心再度出现与德国之间的出口竞争。对此的回应是：英国和德国的实业家就通过"卡特尔协议"来限制竞争展开谈判，这意义重大。20 世纪 30 年代的贸易保护对工业发展意义重大，因此工业领域的人们强烈抵制任何可能削弱贸易保护的举措。

如果认为在 20 世纪 30 年代末出现广泛的国际贸易自由化动向，以及 1937－1938 年国际经济急剧收缩造成关税上调和其他贸易限制增加，那可就错了。随着战争的临近，贸易保护措施却一如既往地未被撼动分毫。

## 经济成就与战后政策的悖论

尽管失业率高企、许多初级产品价格极低、社会普遍贫困，但不少国家却从"大萧条"中强劲复苏。正如巴里·艾肯格林（Barry Eichengreen）等人所力称，这些国家一般都是在经济衰退的头两三年里实现本币贬值，而不是坚守旧时的黄金平价。[28] 所有这些国家也都加强了贸易保护。W. 阿瑟·刘易斯（W. Arthur Lewis）早就提出，这些都是可将经济与 1929 年后全球经济的最严重通缩困境隔离开来的有效手段。[29]他认为，错误在于，尽管国际经济开始复苏，但贸易自由化没有被顺利地推行。

英国就属于这种模式。英国经济复苏中的扩张在很大程度上依赖于工业化的进口替代以及一些以英国标准衡量几乎不依赖出口市场的行业。[30]英国在 20 世纪 30 年代明显脱离了国际经济，出口加上商品和服务的进口占国民生产总值（GNP）的比重从 1929 年的 47.6% 下降到 1937 年的 35.3%。货币贬值加上关税导致制成品进口的急剧萎缩：从 1924 年到 1931 年，制造业的进口倾向已经从 9.9% 上升到 12%，但在 1932 年下降到 8%，这一水平一直保持到 20 世纪 30 年代末。[31]由图 5-2 可见一些主要国家的经济数据对比。澳大利亚和新西兰在从经济衰退中强劲复苏的表现与英国大体相当，而"大萧条"对加拿大的影响深度和持久度也显而易见（加拿大的低谷年份是 1933 年）。

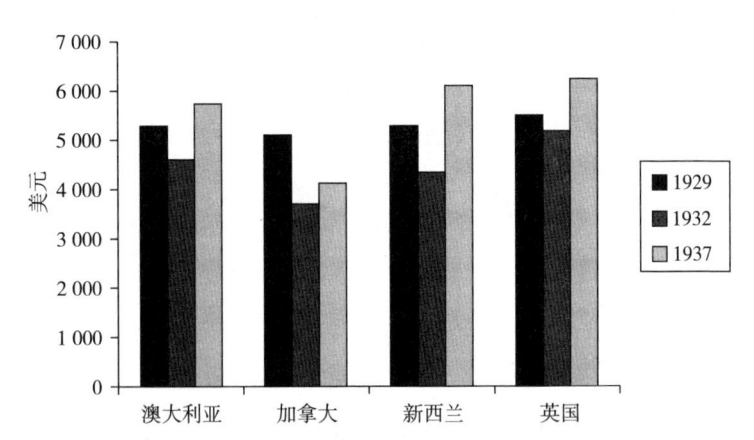

**图 5-2　1929、1932 和 1937 年特定国家人均 GDP（1990 年度吉尔里-哈米斯元＊）**

资料来源：Maddison（2003），p.185.

---

＊ 又称国际元。——译者注

澳大利亚的产出也颇具弹性：1932年至1937年间，该国实际国内生产总值（GDP）增长26%；到1937年，较1929年水平高出约9%。1937年，海外销售大幅增长，出口占GDP的比重达到20.7%，高于经济衰退前的水平。对英出口量的大幅扩张与下文内容有很大关系：依照艾肯格林的研究报告，澳大利亚出口量的大幅扩大远超货币预估贬值可能产生的影响程度，能有此表现与主要贸易伙伴的经济前景及政策关系密切。[32]这种出口增长有助于维持产出和就业，但未能充分转化为收入，因为价格低，贸易条件不利。制造业产出在20世纪30年代也出现了扩张，制造业进口商品大幅下降为此扩张创造了空间。[33]如上文所述，抑制进口对于外部偿债能力是必要的。澳大利亚是否需要这么做？鲍里斯·谢德文（Boris Schedvin）曾表示，"澳大利亚对海外合同神圣性原则的盲目坚持"导致了高失业率。[34]巴里·戴斯特（Barrie Dyster）和戴维·梅雷迪思（David Meredith）认为，回想起来，澳大利亚"接受债权国的挑战貌似也不会有什么影响"，随后的国际形势也部分佐证了这种观点。[35]

一战之后，新西兰经历了十年的动荡，也在20世纪30年代出现经济的强劲增长。1932年至1937年间，新西兰人均GDP增长了41%。按某些指标衡量，到1938年新西兰已成为全球收入最高的国家。[36]这是因为在20世纪30年代经济复苏期间，其出口增长表现抢眼，高生产率的奶制品和肉类加工业因此受益良多。

我们所引用的数据中没有包括南非的经济增长数据，在1933年之后南非的经济增长也很强劲，不过这与英国市场或《渥太华协定》几乎没有关系，其增长主要是基于从美元贬值中获益的黄金行业。高金价刺激了南非经济的快速复苏。

只有加拿大在20世纪30年代的可怕经历使其与众不同。即使是到了经济复苏最好的年份1937年，加拿大的人均收入仍然远低于该国1929年的水平,也没有恢复到1917年的水平。受美国人收入锐减和《斯姆特-霍利关税法》的双重打击,加拿大对美出口急剧下滑。单凭这一点就会造成严重的经济混乱,但小麦行业的不幸使情况变得更为糟糕。加拿大经济衰退的第二个主要原因是投资的大幅下降,这是由加拿大大部分行业的产能过剩造成的。英国市场虽然可以提供一定的补偿,但不能替代美国市场,也不能给草原农民提供多大帮助。1937年的加拿大复苏速度相当快,但起点较低,在草原省份的效果并不明显,经济衰退异常严重,而且迁延甚久。

矛盾之处在于,各国在20世纪30年代的经济情况与其后来对国际经济的态度形成强烈对比。在战争期间及战争刚刚结束后关于国际制度未来形态的讨论中,加拿大和澳大利亚、新西兰的立场截然相反。新西兰把这一点推到极致。在澳大利亚和新西兰,人们普遍认为国际经济是混乱和动荡的根源。最近有人认为,就新西兰而言,这可能是对动荡原因的误读,特别是对20世纪20年代长期萧条原因的误读,后者更多的是由国内土地市场波动引发的。[37]尽管情况可能是这么回事,关键还是当代的观念认知。到1945年,澳大利亚和新西兰都对美国的战后世界计划产生了深深的怀疑。[38]这两个国家的工党政府都有怀疑市场效率的传统。尽管澳大利亚在犹豫良久之后还是勉强加入布雷顿森林体系,但新西兰对该体系的敌对情绪极深,直到1961年才加入。然而加拿大虽说受经济衰退的打击更为严重,却对恢复开放的国际经济表现出更大的热情,并积极参与战后货币秩序的规划。[39]

## 结论:一体化和崩溃的模式

正如汉考克在关于战时英联邦经济关系的权威调查报告中总结所

言，20世纪30年代明显暴露出"帝国的自我不足"[40]。除了对那些消息最不灵通的帝国狂热死硬派而言，这应该不足为奇。尽管如此，在"大萧条"的十年中，英联邦国家之间的经济联系日益紧密，凝聚力的不断加强取代了20世纪20年代的离心离德。英镑区的出现强化了彼此的紧密关系（加拿大则远离英镑）。这是1927年左右开始的全球化快速倒退的一个重要部分。大多数国家的贸易减少，双边贸易差额日益消除。价格差幅急剧扩大（价差收窄幅度是全球经济的一个关键指标）。[41]一个全球化的世界的其他特征也深受经济衰退的影响。国际资本流动枯竭，迫使各国进行令人痛苦的调整，尤其是在继续偿还债务的情况下。移民速度大大放缓。

经济危机迫使帝国内部成员团结起来。全球经济产能过剩，市场萎缩，竞争加剧，这一切使得英国和各自治领之间极有可能擦枪走火，发生冲突。在国际紧张局势日益加剧的形势下，为了保持帝国一派团结的大好形象，有必要达成协议，而这影响了英国的谈判筹码。当酝酿已久的紧张局势爆发为战争时，除了爱尔兰之外，各个自治领很快与英国结盟，这保全了大英帝国的统一。

更为紧密的英联邦经济一体化的形成，只是长期趋势的组成部分，这个趋势在"大萧条"之后仍在延续且不断深化，一直持续到战争和战后不久。[42]几个英联邦国家准备在1945年至1946年同英国政府签署独家粮食合同，尽管它们的热情程度各不相同：在粮食严重短缺的时期，它们保证向英国出口特定数量或比例的粮食。1947年发生的诸多事件也特别重要。1947年英镑危机之后，澳大利亚、新西兰以及迫于形势的南非进一步加强了与英国的经济联系。[43]

到20世纪50年代中期，面对食品需求的低增长和英国农业保护主义的坚决态度，英国市场的表现令人失望。英国的资本供应不足，无法满足雄心勃勃的发展计划，而且人们发现英国工业能力不足，未能满足自治领的需求。[44]人们重新认识到"帝国的自我不足"("帝国"这个词现在已经过时)。南方各自治领越来越意识到多边经济的好处,而现在多边经济成为现实,英国比以往任何时候都更加意识到英联邦经济潜力有限,正把目光投向欧洲。

## 第六章　温斯顿·丘吉尔言辞中的贸易和冲突

理查德·托耶

在其众多关于贸易的演讲中,温斯顿·丘吉尔都认为"商业与战争截然不同"。他说,在战争中,无论谁打胜了,双方都是输家。但贸易如同仁慈,会得到双重祝福,给双方带来好处。因此,他建议"战争永远不应该应用于贸易"[1]。尽管丘吉尔认为贸易和战争之间的联系并非恰当,但冲突的概念是贸易言辞的核心。贸易保护主义者经常使用"贸易是战争"的概念隐喻,自由贸易主义者则倾向于使用"贸易是友谊""贸易是合作""贸易是和平"的对比隐喻,后者则被菲利普·尤班克斯(Philip Eubanks)称为"二战后的伟大真理"[2]。此外,恰如下文所论,对贸易的不同理解在言语上的呈现,应该是我们理解与之相关的政治结果的关键。政府间的贸易谈判不仅在一定程度上是言语交锋,而且影响谈判结果的国内政治局势本身也受到生产者、消费者、公民社会、政党以及一心为己的"特殊利益集团"之间言语互动的影响。可以说,贸易言辞只是一种附带现象,仅仅是潜在经济利益的外在表现。但是,尽管这样的经济利益的确存在,但它们受到人们对自身利益感知的强烈制约,这很可能与理性主体模型所示并不契合。[3]此外,这些观念还有相当大的空间可以通过话语来塑造

(并非所有的话语都明显涉及经济)。因此,研究围绕贸易的言辞可以知晓在政府间谈判和公共辩论的过程中,这些利益是如何被描绘、被感知以及在某种程度上被重新塑造的。

黛尔德拉·N. 迈克洛斯基(Deirdre N. McCloskey)曾强调过言辞对经济学的重要性。[4]有少量著作专门研究贸易言辞,其中一些是从历史角度展开研究。[5]然而它们关注的是美国而不是英国,这并不奇怪,因为美国的言辞批评学派比英国要发达得多。[6]弗兰克·特伦特曼(Frank Trentmann)的《自由贸易国家》(*Free Frade Nation*)为 20 世纪上半叶的自由贸易文化提供了丰富的指导,但对贸易言辞本身进行更明确的分析仍有空间。[7]在本章中,"言辞"主要指口头上的说服努力。[8]正如艾伦·芬利森(Alan Finlayson)和詹姆斯·马丁(James Martin)所说,言辞的重要性源于它在"政治的象征性仪式维度"中所扮演的角色。[9]因此,重要的是,不仅要注意人们所说的话语,还要注意政治姿态、政治空间主导地位的争竞以及为更广泛的公众消费而构建的"形象事件"[10]。在爱德华七世时期的关税争议事件中,这些因素都存在,不过公众集会文化的衰落在某种程度上恰好与 1931 年至 30 年后英国首次申请加入欧洲经济共同体(EEC)间贸易问题从英国选举政治中相对消失吻合。[11]这并不是说贸易被去政治化了,只是说公众的关注程度有起有落。无论这些事态发展之间是否存在因果关系,英国贸易言辞的转变都离不开其所处的政治文化和国际环境的变化。

## 丘吉尔介入贸易政治问题

英国在 19 世纪是自由贸易的先驱和堡垒。但从第一次世界大战开始,它转向了有限的贸易保护主义或"适度的自由贸易"。鉴于英

## 第六章 温斯顿·丘吉尔言辞中的贸易和冲突

国在国际经济中处于核心地位（尽管正在逐渐下降），在全球范围内都能受到英国内部政策辩论的后果的影响。丘吉尔可以说是20世纪英国政坛的关键人物，他的职业生涯为我们提供了一个有用的窗口，让我们得以了解这些辩论论点在很长一段时间内是如何逐步重新构建的。丘吉尔于1900年首次当选议会议员，1955年最终辞去首相一职。他的职业生涯历经1914年前的关税改革争议、两次世界大战之间的"大萧条"以及战后《关贸总协定》（GATT）的成立。在担任议会议员的头30年里，丘吉尔公开支持自由贸易，他以据称永恒不变的科学定律为其辩护，但后来（貌似非其内心所愿）却成了务实保护主义的倡导者。

1904年保守党转向贸易保护主义时，丘吉尔离开了该党。事实证明，他是一位代表自由贸易并对自由主义精力充沛、执行有力的活动家。作为殖民地事务部次官，他与各自治领就帝国特惠制问题展开讨论，是自由贸易现状的坚定捍卫者。1924年，丘吉尔重返保守党担任财政大臣时，许多支持贸易保护主义的同僚认为他是他们偏爱的政策的绊脚石。作为英国财政大臣，丘吉尔在规避贸易保护主义要求方面发挥了核心作用，并努力遵守政府在选举中做出的不扩大贸易保护范围的承诺。具有讽刺意味的是，他在1925年决定恢复金本位制，让英镑汇率与战前持平，这是英国经济在20世纪20年代末表现糟糕的一个重要因素，而这种糟糕表现助长了贸易保护主义情绪。（要了解英国在两次世界大战之间从自由贸易走向贸易保护主义的过程，参阅第五章。）然而在1931年的政治和经济危机期间，他承诺支持关税政策。此后，丘吉尔不再把自由贸易描绘成一种基于永恒不变的科学定律的政策，而是采取更加务实的立场，认为贸易政策应由情势来决定。尽管他可能仍然相信自由贸易，但他实际上不再大谈特谈自由贸易了。在第二次世界大战期间，他尽了最大的努力保卫帝国特惠制——由大英帝国内部国家达成的优惠贸易协定组成的连锁网络——这种做法与罗斯福政府确保其灭亡的努力背道而驰。他在20世纪50年代最后一个首相任期出现进一步的转变：在与党内持不同政见者进行了多次斗争之后，丘吉尔政府接受了将《关贸总协定》作为永久性的固定措施，致力于更自由（如果不是完全自由的话）的贸易。[12]细细考究丘吉尔在不同职位时所使用的言辞技巧——也就是说，那些他遵循及使用的常见辩论规则以及熟悉的政治行为和符号——我们不仅可以了解他个人的政治轨迹，而且也能对政治经济文化管窥一二。为全面理解这种文化，我们不仅仅要把贸易言辞看作表达经济理念或利益的一种手段，更要把它看作一种可以用来进行更广泛的政治斗争的工具。反过来，对国内事务的关注有助于形成国家贸易政策，而这本质上是政治化行为。换言之——尽管许多经济学专业人士声称事实并非如此——经济论点永远不能只与经济学有关，而必须与一些更广泛的价值观或有关理想社会结果的信念相关。

至于"丘吉尔的真正想法如何"，我们可大体上接受彼得·克拉克（Peter Clarke）所述的情形：经历过早期的真挚热忱，1931年危机期间丘吉尔就已经不再是自由贸易的标签人物了。他认为自由放任原则不再适应当前形势，从而走向了不可知论。自此以后，他成了一名实用主义者。[13]本章意在展示丘吉尔——像之前和之后的许多政治家一样——如何在不同时期使用贸易和冲突的语言来维护特定的立场。（泽勒关于尼克松冲击的第九章是对好战的贸易言辞的补充性个案研究。尼克松运用贸易言辞加上惩罚性的经济举措，旨在赢得选票并使美国摆脱经济困境。）然而，仅仅从他的言辞中挖掘"经济内容"，从而推断出其不断变化的立场，那可就错了。尽管这与经济没有什么明显关系，但通过丘吉尔对待政治对手的方式——通常是人身攻击——倒是可以明白他所处的贸易政治格局。

# 第六章　温斯顿·丘吉尔言辞中的贸易和冲突

无论是把贸易保护主义者描绘成被特殊利益所奴役从而处于腐败边缘的一群人，还是仅仅为了政治权宜之计而压制他们的真实信仰，党派冲突的言辞都阐明了如下文所示的有关贸易本身性质的关键假设。同样，丘吉尔早期反对贸易保护主义的许多论据，不仅基于贸易保护主义的经济劣势，而且基于这样一种观点：关税将导致特殊利益团体对民主进程的破坏。同理，他援引科布顿主义的诸多主题来支持自由贸易论点，也是从本质上基于政治考量。换句话说，丘吉尔利用贸易言辞来对付他的政敌，而且为了达到此目的，他声称对手的提议将导致冲突和灾难。国内政治斗争的特点使他像其他的许多人一样，用非黑即白的语言讨论贸易问题。让人颇感矛盾的是，或许由于他个人对军事隐喻的强烈偏好，他经常以政治冲突的方式来讨论贸易（即便他自己还声称贸易本身不应被视为一种冲突，也不应以这种方式来讨论贸易）。

## 丘吉尔为自由贸易和大英帝国的辩护

自1846年废除《谷物法》以来，英国就确立了自己作为致力于推行自由贸易的欧洲第一大国的地位，承诺将降低食品价格作为英国政治生活的试金石。这个共识或许比看上去的更脆弱不堪。1903年5月15日，殖民地大臣约瑟夫·张伯伦在他的家乡伯明翰发表的演讲将这一共识戳破。演讲中，张伯伦宣布将采用帝国特惠制。尽管张伯伦的演讲旋即被视为对自由贸易这一昔日霸权意识形态的极大挑战，而且这种理解一点也没错，但值得注意的是，张伯伦本人声称自己支持自由贸易，尽管他拒绝接受自由贸易的"纯技术性"定义。"我完全确信我不是贸易保护主义者"，张伯伦曾声明，哪怕是理查德·科布顿和约翰·布莱特（John Bright）作为反谷物法联盟（Anti-Corn

Law League）的领导人以及 19 世纪的自由贸易旗手，在 1903 年那样的情况下，他们也会乐于与帝国内其他国家签订特惠条约和互惠条约。[14]张伯伦认为自己的计划对帝国凝聚力至关重要，他想借此回避曼彻斯特学派的抽象经济学。对他来说，贸易最好是在帝国内部进行，殖民地和自治领都被明确地描绘成英国的孩子。张伯伦对德国的敌意几乎不加掩饰，他认为帝国需要"自给自足，能够在与所有对手的竞争中保持自我"。因此，从一开始，财政争议的措辞就涉及"情绪"和"利益"的问题，而"利益"不仅体现在资产负债表的术语中，还体现在国际权力的语言中。[15]这是自由贸易者必须为之一战的领域。

张伯伦拒绝将他的论点划分为"自由贸易"和"贸易保护"的两分法，他的反对态度如果没能分化他的对手，至少也在短期内混淆了他们的视线；正如丘吉尔几个月后所点评的那样，张伯伦将自己的精准提案模糊化并从中获益。[16]英国首相 A.J. 贝尔福（A.J. Balfour）决定采取"报复"政策，即利用关税来迫使其他国家降低反英贸易壁垒，这致使事态进一步复杂化。尽管貌似对自由贸易者具有潜在吸引力，但这种利用关税强行"打开"外国市场的想法代表了重商主义和冲突性的贸易观。起初，丘吉尔支持这项计划，但后来发现"那绣花窗帘后藏着张伯伦准备的大杀器攻城槌"，他公开谴责了这项计划。[17]早在 1902 年 10 月，出于对保守党领袖的同情，他就预测关税问题可能会迫使英国重新调整政治格局。然而，他并没有预见到这将导致自己立场反转，而是希望能有一个保守党-自由党的"中央联盟"，或许可以由前自由党首相罗斯贝利勋爵（Lord Rosebery）领导。[18]直到 1903 年 9 月，他还在私下里暗示，"只要稍加小心，我们或许就可以很容易地建立一个伟大的中央政府，既不是保护主义者，也不是亲布尔派"。[19]

因此，对于发生的财政争议事件，丘吉尔早期就是想在与自由党接触的同时，不与他的工会主义自由贸易同盟产生任何龃龉。1903年5月21日，丘吉尔在霍克顿发表演讲，首先为自己曾在军队改革问题上批评政府而展开辩护。然后，他又谴责那些反对政府废除玉米税的人士（废除之举引发关税改革危机），并且显然不无讽刺地声称，"不管乍看上去多么不切实际，甚至破坏力巨大"，保守党都应尊重张伯伦的提议。丘吉尔随后对张伯伦的帝国观提出质疑，认为张伯伦的帝国观代表了一种"片面的帝国主义"。他说："虽然我们珍视我们殖民地的忠诚和友谊，但我们决不能忽视后果、不考虑我们庞大的工人阶级人口的迫切需要和我们国家财富的真正来源。"最后，丘吉尔勾起大家对本杰明·迪斯雷利（Benjamin Disraeli）的回忆，说迪斯雷利早就对此了然于心，认为大家应该以迪斯雷利为榜样。[20] 换句话说，他指责张伯伦未能恪守保守党始终对工人们给予家长式关怀的传统。[21]

5月28日，丘吉尔在下议院将贸易问题与其他政治争议一同讨论，旧事重提以证明他自己反对关税改革的决定为正确之举，并用张伯伦自己的履历来反证其谬误。他没有指名道姓地提到殖民地大臣，而是将1886年爱尔兰地方自治危机的结果归咎于格莱斯顿（Gladstone）的批评者未能在早期阶段表达他们的抗议："非但没有如此，他们居然数次错失机会。后来当无路可退之时，自由党发现二十年来的政策已成累赘，使其不堪其重。"丘吉尔的论述意在由小见大，暗示张伯伦即使想要，也不可能止步于简单粗糙的关税优惠制度。他对支持他的那些"制造商、公平贸易商和农业保护主义者"心存感激；他越来越有必要安抚不同的利益集团，最终形成一套"详尽成熟的奖惩制度"：

> 这一举动不仅意味着英国老牌政党的改变,也意味着我们公共生活情势的改变。信守宗教信仰和宪法原则的旧有的保守党将不复存在,一个或许如美国共和党般富有、重利而世俗的新政党腾空出世。这个政党的意见会随关税风向而动,会场走廊上将满是那些受保护产业的说客。[22]

在这里,我们看到了与更广泛的政治/社会价值观的联系。丘吉尔将哈耶克原型式的权力滑坡论与声称关税将导致政治体系道德腐败的主张结合起来。有趣的是,他将此与1945年臭名昭著的"盖世太保"(Gestapo)选举演说相提并论。在演说中,他暗示:如果工党政府当选,它将被迫依赖镇压性的政治警察。如果考虑到在转向自由党之后,他指责保守党政府向沙皇式的警察体系靠拢,这些相似之处就更加有趣了。[23]丘吉尔对英国政治美国化的恐惧并非他一人独有。正如埃德蒙·罗杰斯(Edmund Rogers)所言,在自由贸易与贸易保护主义的辩论中,双方都以美国为例。作为贸易保护主义的成功经济体,美国给自由贸易者带来了一个难题,不过他们通过让人们转而注意关税对政治行为的所谓破坏性后果解决了这个问题。[24]丘吉尔提及保守党的"宗教信仰"正受到世俗力量的威胁,这使上述说法更加具有新的倾向性色彩。他自己的宗教信仰远非传统,但他现在采取的路线与圣公会保守派自由贸易者的观点一致,比如他的朋友、议会议员休·塞西尔(Hugh Cecil)。[25]自由贸易主义者将保护主义视为对"自由价值观"的威胁,这种观点是自然的,而且在大多数情况下是正确的,不过这一次丘吉尔试图表明贸易保护主义如何对保守价值观构成了威胁。[26]在这里,我们看到了保守派和自由派之间界限的模糊,而这种模糊化处理会在丘吉尔整个职业生涯的不同时期反复出现。[27]

到1903年秋,丘吉尔对自由党的同情态度更趋明显。到年底时,他与选区保守党的关系已经破裂。他在处于过渡状态的数月间仍然希望统一派自由贸易者和自由党之间达成某种选举协议。[28]让他更难做出断然转变的难题之一是爱尔兰的自治问题，他仍然坚定地持有反对态度。1904年1月，他在都柏林向一群银行家发表了一场关于"爱尔兰和财政问题"的演讲。他在演讲中重点指出，如果保护主义属于原则上的正确之举（他当然认为这是错误的），那么爱尔兰应该有权设定自己的关税，而不是与英联邦其他国家实行共同的外部关税。他警告说，如果未来关税问题主导政治，将会出现要求把爱尔兰的关税事务留给爱尔兰人来处理这样极为棘手的情况。那些强烈反对议会分离的爱尔兰人应该关注贸易保护主义的争论必然会把他们引向何方。换句话说，出于个人目的，他对统一派在爱尔兰自治问题上见微知著的传统做法有所调整。他暗指张伯伦所施行的那些原本旨在提振帝国的政策，实际上可能会颠覆帝国。[29]

4月，丘吉尔正式宣布其在西北曼彻斯特自由党的候选人资格。他认为，信奉追随张伯伦所宣扬的"物质主义和权宜之策"，必然会造成"对内铺张浪费，对外侵略扩张"，这显示出丘吉尔对格莱斯顿所说的和平与紧缩的精准把握。[30]在下次选举中，选民将会面对如下问题：

> 我们是要效仿磨刀霍霍的欧洲大陆军事帝国那样依靠林林总总的关税、兵强炮利、森严等级和商业垄断，托起恢宏的帝国气度，还是沿着久经考验的英国之路，向着英国国民心中的崇高理想继续行进？我们必须在杰克工会领导下的进步人民和平联盟和贪得无厌、侵略成性的嗜血强权之间做出选择。[31]

于是，丘吉尔在自由贸易、和平、正义与基于自由的英国国家和帝国身份之间建立了一个简单的等式。他将此与张伯伦的思想观点进行了对比,把张伯伦的思想与那种必然导致冲突的"大陆"或德意志帝国主义联系在一起。特伦特曼指出反德思想是自由贸易言论中的通病。他还指出丘吉尔声称大英帝国是由道德力量而非物质力量维系的说法极不可信。正如他所言,丘吉尔刚从布尔战争中归来没几年。[32]然而,假使他们好好琢磨丘吉尔的过往,那些自由党人也就很容易明了丘吉尔是如何就战争中的沙文主义行径以及张伯伦在其中所扮演的角色展开批评的。自由党中的那些自由贸易者声称帝国建立于自由理念之上,过去如此,也理应如此。他们的这种说法,其实也就意味着:保守党所秉持的帝国主义理念与此不同。

丘吉尔在党派上的转变使他越来越关注自由主义常见主题。在1904年科布顿诞辰100周年纪念日,丘吉尔进行了第一次真正意义上的自由主义演讲,以此向布莱特先生和科布顿先生的"和平、慈善和社会化理念"致敬。他承认,科布顿的政治思想虽然并非终极智慧,但却是"一代代能人志士挥洒汗水奋力建设的人类进步阶梯中的一块磐石"。丘吉尔将"进步"描述为"在建行梯"这个典型隐喻意在表明,尽管社会还不完美,但如果在自由贸易基石之上,"社会标准和社会改革之石"与"帝国责任之石"继续叠加,我们仍可建设出完美社会。丘吉尔还指出,自由贸易在1904年还是像在1846年一样自有其科学性,并补充说,"只要人类仍然居住在地球上,彼此互相交易,这么说就不会错"[33]。"人是贸易动物"的理念在全球范围内传播,其中即蕴含存在个体之间纯粹竞争的理念。当时保守的历史经济学家极其抵制这种观点,他们也拒绝接受那种认为经济原则超越时间和地点的观点。然而,尽管丘吉尔对科布顿表达了敬意,但他从未赞同那种"世界主义者"的观点。"世界主义者"认为贸易是发展国际社会的一股力量,因此淡化了民族国家和帝国之间竞争的重要性。[34]

第六章　温斯顿·丘吉尔言辞中的贸易和冲突

"世界主义者"的观点也是保守派批评的对象。对丘吉尔和张伯伦来说，最好的交易是帝国内部成员之间的交易；但是，这种贸易的增长不应被人为强加，也不能指望它取代所有其他类型的贸易。实际上，自由交换及和平造就了真正的商业独立，而自由贸易又进一步滋养了由此产生的殖民地忠诚度。[35]

当然，各殖民地的观点并不完全相同。1905 年 12 月，新自由党政府成立，丘吉尔成为殖民地事务部次官。1906 年大选中，国内的贸易保护主义者被彻底击败（至少看上去是这样），丘吉尔面临着一个新的挑战，那就是如何应对殖民地的期望。殖民地政界人士，尤其是澳大利亚总理阿尔弗雷德·迪肯（Alfred Deakin），迫切希望他们给予英国的贸易优惠能有所回报。自由党政府不可能在这样的事情上让步。1907 年，英国财政大臣 H. H. 阿斯奎斯（H. H. Asquith）、贸易部主席戴维·劳埃德·乔治（David Lloyd George）和丘吉尔在伦敦殖民地会议上发表讲话时，都对此做出明确强调，而丘吉尔言辞尤甚。丘吉尔称，英国没有反殖民地的政党，英国同属地及自治领之间的"损益"休戚相关，这迫使下议院每年都需要考虑调节特惠关税手段，这就造成对殖民地不利的状况。此外，任何有效的特惠制度都将涉及对食品进口征税，这将引起公众的不满，因此随之而来的特惠关税"即使经济上可取，也会成为大英帝国体制中造成紧张和龃龉的因素"[36]。

值得注意的是，虽说加拿大和澳大利亚在布尔战争中曾卖力助战，不过如果不对它们的出口产品给予哪怕小小的优惠政策，那么加拿大人和澳大利亚人的忠诚将永远消失。1903 年时，丘吉尔曾对此嗤之以鼻。[37]现在，他指出对财政制度的这种微调可能会引发帝国内部的冲突；在他看来，将帝国内部成员紧密联系在一起的精神情感纽带，似乎可以很容易地因诸如实行特惠关税后的食品价格上涨等实质性问题而解体。换言之,他暗指对帝国的忠诚度不可能用几便士买到,但几个便士倒是可以将忠诚度化为虚无。当然,丘吉尔像在他之前以及同时代的绝大多数功成名就的政治家一样,一直密切关注国内舆论。会议结束后不久,他在爱丁堡做演讲时向听众保证:政府已经"砰的一声关上了帝国对食品征税的大门",而且它不会"对一粒胡椒给予哪怕一分钱的优惠"[38]。

## 实用主义与政治:丘吉尔为贸易保护主义和大英帝国贸易的辩护

直到1914年,自由贸易意识形态一直占据着主导地位。此后,由于一战和战后的经济衰退,自由贸易理念的民众支持度遭到削弱。1916年后自由党的分裂意味着自由贸易失去了安全的政治家园。然而,它并没有寿终正寝。1923年,新任保守党首相斯坦利·鲍德温决定举行大选,以确保获得权力施行贸易保护主义。这一决定导致阿斯奎斯和劳埃德·乔治自由派的重新统一。这是丘吉尔最后一次作为自由主义者参加竞选。虽然他的一些竞选纲领与爱德华七世时期很相似,但他现在的境遇不同,充满挑战。工党成为自由党的有力竞争对手,党派冲突形势发生了变化。丘吉尔选择在莱斯特西部选区参选,对手是极有竞争力的工党候选人 F.W. 佩西克-劳伦斯(F. W. Pethick-Lawrencz),他也是一个自由贸易者。该选区还有一个唯一支持贸易保护主义的候选人,他是统一派成员,注定要在投票中垫底。丘吉尔在当地最具威胁性的对手实际上在全国大选的主要问题上与他意见一致。可以说,他为此苦恼过。不过,丘吉尔既抨击鲍德温的关税政策,又批评工党对资本征税的提议,这个操作在一定程度上解决了与对手同质化的问题。他每天发表三四次演讲,每次主题都

## 第六章 温斯顿·丘吉尔言辞中的贸易和冲突

各有不同;演讲的完整版本在《莱斯特联合自由报》(Leicester United Liberal)付梓。[39]一名曾出席丘吉尔其中一次演讲的《时代》(Time)杂志记者说:"他的演讲就像他在下议院做演讲般充满力量,振奋人心。但我觉当演讲者那圆润、高亢的音调进入听众的耳朵时,他们似乎感到困惑或茫然。"[40]

如果说有什么不同,那就是,自一战前以来丘吉尔的言辞较科布顿的理念更加广为人知。他认为,自由贸易不仅是一项明智的经济政策,而且是更广泛意义上的政治态度的试金石:

> 它呼吁,每一个关心在饱受折磨的欧洲国家中恢复和平与善意、真诚希望治愈战争创伤、消弭仇恨的人,都必须立即做出反应。[41]

这或许是一个成功的信号,因为保守党失去了多数席位,而自由党尚在舔伤复苏,尽管最终的结果是少数党工党组建政府,丘吉尔本人也输给了佩西克-劳伦斯。然而,丘吉尔竞选时采用的最引人注目的隐喻表明,他意识到了自由贸易的脆弱性:

> 自由贸易将由战地军事法庭审判并在黎明时分枪毙(听众发出欢呼及笑声)。毫无疑问,在自由贸易被执行枪决之前,在偏见、利益和无知的一方将枪口对准自由贸易之前,我们有资格代表自由贸易说几句话。[42]

将自由贸易拟人化,使其成为一个面对暴力死亡却手无缚鸡之力的受害者,可能在不知不觉中暴露了其捍卫者此时的焦虑和自信心的缺失。然而在同一次演讲中,丘吉尔更旗帜鲜明地支持自由贸易。他用

151

一战驳斥张伯伦早期认为特惠制度对维护帝国统一至关重要的观点。他说:"在经过70年的自由贸易之后,大英帝国所有成员继续享有完全的财政自由。紧急时刻,大英帝国成员众志成城,远超任何帝国主义者的想象。"[43]尽管如此,与其说自由贸易对帝国力量做出了积极贡献,倒不如说自由贸易并没有阻碍帝国力量的发展。与战前时期相比,大家都没有注意到,虽说丘吉尔质疑鲍德温的诚实态度以及宪法在这个问题上的适切性,但他仍然认为贸易保护主义措施将导致美国式的政治腐败。[44]与鲍德温的演讲相比,丘吉尔的演讲少有引经据典;另外,他在演讲中时常提及英国乡村之美,让人颇感乏味。鲍德温的演讲和辩论能力倒是老练出众,这众所周知。例如,他比丘吉尔更详细地讨论了科布顿,指出科布顿派的自由放任主义总体上并不完全符合工党的立场。[45]其实,如果鲍德温别老是谈论经济,而是回到他后来为人所熟知的简单明晰风格,他可能会更成功。

在接下来的几个月里,丘吉尔逐渐向保守党靠拢。1924年工党在大选中失利后,他被任命为鲍德温的财政大臣,这标志着保守党对自由贸易现状的普遍接受。在丘吉尔5年的任期内,他确实明显摆脱了对教条主义的纯粹的坚守,这从他重新引入麦肯纳关税(McKenna Duties)这个事件可见一斑。该关税在第一次世界大战期间由自由党提出,1924年被工党废除。丘吉尔对此事件的批评做出回应,认为征收这些关税纯粹是为了税收,因此称不上什么贸易保护措施。此外,它们在最初引入时就得到了阿斯奎斯和其他自由主义者的认可。丘吉尔称,时任工党财政大臣的菲利普·斯诺登废除了这些关税,"这是一项党派举措,目的是获得自由派的支持",并由此区分自由派与保守派,"以便让这位可敬的绅士和他的政党在孤立了他们之后,能够从容地摧毁他们。莫尔克、卢登多夫——没有一个伟大的战略家计划得如此巧妙和成功"[46]。然而,尽管——或者也许是因为他成功引导走中间路线，那些支持贸易保护主义和帝国主义的保守党人仍然认为丘吉尔无法理解"帝国发展的意义"，"深陷于自由贸易偏见的泥沼中"[47]。

1931年初，保守党在野，丘吉尔与鲍德温决裂，不过二人决裂出在印度问题上，而不是自由贸易问题上。保守党的贸易保护主义倾向加重，丘吉尔选择了沉默。[48]他极力争取保守党的支持，甚至希望夺取领导权，但他不能因为过于坚持自己的旧经济理念而疏远潜在的支持者。从言辞的角度来看，有趣的是他以微妙的方式转向当红的公众意见：在严重的经济衰退形势下，自由贸易无以为继；我们的常识决定了我们需要尝试新的经济手段。早在1929年，在大崩盘前不久访问加拿大时，他就为此埋下伏笔，主张帝国内部贸易问题应从党派冲突的范畴中剔除并将其"作为商务问题处理"。来自帝国内部的巨商大贾应针对此问题进行研究，呈报帝国会议商讨。[49]丘吉尔仍然声称要"按照正统经济学家的旧思路"处理这个问题，不过"但凡有助益的经济计划，我不相信它会因为不符合教条主义式的经济原则而被拒绝"[50]。

1931年，跨党派的国家政府成立后（丘吉尔被排除在外），丘吉尔宣布支持对奢侈品征收抑制性关税，以此应对当前的经济危机。[51]关税"只是国家政策的一部分"，但却是"国家自我复兴的必要步骤，是切实的商业手段，是帝国重建的举措，它可能成为这个国家联结所有最强大力量的纽带"[52]。正如蒂姆·鲁斯在本书第五章中所述，20世纪20年代期间各自治领减少了对英国的依赖，而1932年《渥太华协定》则试图激进推行帝国特惠政策来扭转这种模式。丘吉尔仍然在口头上或多或少地支持自由贸易，正如1932年他再次访问加拿大接受多伦多《环球报》（Globe）采访时所说：

"我不会说自由贸易永远没戏了；我想说的是，贸易保护也应当公平对待。这个国家需要它，"这位曾受劳埃德·乔治先生第二喜欢的自由贸易演说家宣称，"唠唠叨叨说些20年前的政治形势有什么用呢？变革已在眼前。前人古训啊，古情旧景啊，我们所有的时尚和浮华都必须让位。"

"以绝对的国际观点来看"，关税并不是解决世界问题的理想方案。丘吉尔先生认为，一个理想的世界很可能是一个自由贸易的世界。

"但我们现在生活的世界可不是理想的世界。如果一个国家要自陷围城，"丘吉尔笑容满面地说，"那我们大英帝国就有个很好的例子。"[53]

在同一次访问中，丘吉尔在新闻发布会上发表了讲话，其重点略有不同：

多年来……我一直支持自由贸易。但事态的发展和世界的现状使我相信，我们的看法有必要发生根本转变。我将敦促下议院，既然我们已经开始实施贸易保护主义政策，我们就应该给它一个公平的机会，科学地推进，而不是在两个体系之间做出软弱的折中妥协，游移不定，停滞不前。[54]

丘吉尔现在表示可以把贸易从党派冲突中抽离出来，并将其提升至商业人士进行科学探究和技术专家讨论的层次上来。这显示出多年来他在游说方面的言辞魅力。按照他的说法，商人们支持提高关税，不是以牺牲社会利益为己谋利，而是以专家的身份向政府提供中立且明智的指导。丘吉尔援引科学理论的方式也发生了变化。在1904年向科布顿致敬发表演讲时,他将自由贸易描述为"建立在永恒不变的科学定律基础之上,绝非环境的变化所能左右"。现在,他称一切都视事件而定,把科学的角色定位为对当前事实进行务实检验、即时处理和公正调查。这使他接近于保守的历史经济学家的立场。这也使得他回到之前针对爱德华七世时期的关税争议时所持有的立场:针对贝尔福的报复性提议,他呼吁不受金钱和选票左右的人员,科学、公平、公正地去调查这一原则如何应用。[55]最重要的是丘吉尔提出,关税可以为"全国所有最强大的力量创造联合纽带"。这意味着贸易保护有助于化解社会紧张局势,而不是加剧紧张。不过,这并不意味着他已成为张伯伦思想观念的追随者,而只是说,当试图为其立场的改变寻找理论依据时,他可以轻松采用现成的关税改革词汇,因为他长期接触贸易事务,他对这种词汇的运用可谓轻车熟路。

1932年,英国政府与自治领签订了一系列双边协议,统称《渥太华协定》,这些协议极大地扩大了帝国特惠范围,英国坚定地与自由贸易背道而行。丘吉尔在私下里轻蔑地称其"恶太华",但没有公开攻击。[56]因此,我们不妨说点彼得·克拉克对丘吉尔的看法来坐实丘吉尔1931年"不再支持自由贸易"——他只是不再满口大谈特谈自由贸易。直到第二次世界大战初期,由于美国施压要求废除帝国特惠制,丘吉尔才开始重新重视贸易问题。尽管丘吉尔不喜欢《渥太华协定》,但他知道,不征求自治领的意见就废除这些协议会引起公愤,况且他现在已是保守党领袖。他对加拿大总理 W. L. 麦肯齐·金(W. L. Mackenzie King)说:"在讨论关税问题时,虽然我本人并不赞同保守党的立场,但我觉得自己有责任站出来支持它。"[57]他凭直觉借助自己自由贸易者的名声来缓和美国废除帝国特惠制的要求。作为在野党领袖,1946年他同美国一些颇具影响力的国会议员在华盛顿私下会面,以赢得他们对战后英国贷款的支持,这笔贷款当时摆在国会面前。[58]不过，他倒是要求美国应该缓步推行捆绑有贷款协议的自由贸易议程：

> 美国必须对这个问题的应对方式多多了解。他自己从来不认为帝国特惠制有什么益处；他确实是一个自由贸易者。然而，他希望明确表示，他认为贷款协议不能以任何方式迫使英国废除帝国特惠制。[59]

他用将来可能爆发贸易冲突的风险来强调他的论点：

> 丘吉尔先生重点强调，一旦美国拒绝发放这笔贷款，贸易战必将接踵而至。拥有经济实力的美国显然会赢得战斗，但实际上这会是一场得不偿失的胜利。[60]

尽管他向美国人强调了自己自由贸易方面的资历，不过他向国内保守党着重说明，在战争期间与罗斯福讨论时，他"小心谨慎地捍卫"了帝国特惠制原则。[61]作为租借援助的交换条件，美国尽力谋求英国承诺建立非歧视性的战后贸易和支付制度，尽管取得的是实质性的却并非彻底的成功。保守党的贸易保护主义势力已远不如前，但它仍能在党内会议上激起基层的热情，丘吉尔不得不给予一些支持。1951年重新上台执政后，为"促进帝国内部商业发展"，丘吉尔致力于维护（而不是扩展）帝国特惠制。[62]然而，正如本章开头所言，他在最后一个任期出现明显的自由贸易倾向。这并没有引发政治上的重大争议，主要是因为工党在1947年执政时就已签署《关贸总协定》，因此几乎没有言论空间来反对保守党的立场。[63]尽管如此，在20世纪60年代对欧贸易再次成为争论的焦点。长期以来自由贸易对阵保护主义的辩论，如今在很大程度上已成为英国国内政治冲突的根源。

## 结论

正如本章开头引语所示，丘吉尔认为贸易言辞不应包含战争用语。虽然多年来他自己的立场在许多方面都发生了变化，但有一点他却是一以贯之。概而言之，他倾向于认为人类的进步是由进化斗争推动的，但他从未将贸易视为冲突的一部分。[64]贸易也许会成为暴力的牺牲品——就像1923年他所做的行刑队的比喻一样——但正如他所明言，贸易本身并非天然地会招致冲突。尽管如此，他确实将贸易构置于充满冲突的政治环境中，倚重言辞来赢得选票或左右政策结果。就丘吉尔而言，如果贸易活动不等同于战争，那么政治活动可以等同于此——这在他的演讲中可见一斑。布莱特和科布顿曾在曼彻斯特这个"著名战场"奋力拼杀[65]；而对手工党则被比作技术娴熟（如果最终失败）的德国将军。在后来的几年里，丘吉尔声称希望看到贸易问题走出"党派政治和影响力的竞技场"，"进入更合理的更高平台"，但他的措辞变化改变不了他的贸易话语中所固有的政治化属性。[66]

所有这些都提醒我们，"自由贸易"和"保护主义"都是通过言辞建构而来的术语。这并非什么后现代主义评论：贸易壁垒的存在与否，当然会对生产者和消费者产生实际的经济影响。问题的关键在于，围绕贸易展开的争论，并不是双方人员依据政策共同划线，按照所有参与者都认可的界限彼此分开，各站一边，就两种截然相反的政策范畴优劣点展开辩论。情况绝非仅此而已。相反，这些范畴通过论证而构建，并不断重构。例如，丘吉尔本人最初似乎接受了贝尔福的观点，即报复是真正的自由贸易政策（因为它会使其他国家削减关税)。但随着后来政治形势的发展,他得出结论:报复实际上代表着贸易保护主义会带来严重问题的前兆而已。同样,在20世纪20年代,丘吉尔恢复麦肯纳关税政策,不仅引发了人们对其经济影响的辩论,还引发了人们对这些关税是否应该被视为背离自由贸易之举的讨论。因此,围绕贸易的争论既影响人们对特定政策的理解,也会由此影响政策实施和被接受的可能性。丘吉尔的贸易言辞不仅是为了捍卫自由贸易(或为其最终决定停止捍卫自由贸易),也是更广泛进程的一部分,这个进程有助于定义什么是"自由贸易",包括其政治上的消亡以及随后的战后重塑结果。

贸易言辞无疑受到经济利益、政治利益以及国内国际社会的交叉影响,尽管不是决定性的影响。言辞也影响了现实。卡斯珀·西尔维斯特(Casper Sylvest)对道德上的国际主义和体制上的国际主义的区分颇有裨益。道德国际主义乐观地认为,如果体制干涉或牵制尽可能地减少,国际主义目标达成不是问题。体制国际主义则悲观(但不是绝望)地认为,人类进步需要"诸如制裁或其他形式的超越国家的政治或法律上的权威"的协助。[67] 1940年《关贸总协定》的成立就是后一种观点的胜利,这与1914年以前那种认为实现自由贸易的最佳途径是个别国家采取单方面行动的观点形成鲜明对比。《关贸总协定》当然受到当时其最强大的缔约方或成员的经济利益的巨大影响,但它的诞生需要多方积极的政治努力。为此,各国代表不得不进行谈判和争论。因此,言辞艺术——在当前形势下展现最令人信服的论点的技能——在现代国际经济秩序的诞生中至关重要。围绕谈判的言辞经常是高度矛盾的,因此很明显:贸易和冲突往往是相伴而生的。

# 第七章 战争、革命和全球小麦贸易大萧条（1917—1939年）

格列高利·P. 马奇尔登

正如弗朗辛·麦肯齐在本书的导言中所指出的那样，贸易与冲突存在着一种相互关系：贸易可以引发冲突，冲突也可重塑贸易。20世纪两次世界大战之间的全球小麦贸易生动地说明了这种关系。第一次世界大战和俄国革命破坏了原有的由美国、加拿大、阿根廷和澳大利亚这四个非武装冲突地区的国家占主导地位的出口贸易模式。这种出口贸易模式一直持续到第二次世界大战前。与此同时，世界萧条的严峻形势，加上还需预防进一步的冲突发生，粮食安全和自给自足的经济政策受到空前重视。这加剧了四大小麦出口国之间的竞争，由此导致国际小麦供给过剩，加速了贸易保护主义的产生和贸易集团的创建。日本入侵中国东北，并使日本地主和农民移居该地区，目的就是要控制中国的粮食供应。此外，纳粹德国提出"生存空间论"（Lebensraum）\*，以奴役和杀害位于东欧和俄国的斯拉夫人，腾空土地为德国人创造农业盈余，也是谋求对国内粮食供应的掌控。[1]

小麦对人类生计的重要性怎么夸大都不为过。今天，这种基本粮

---

\* 纳粹德国为吞并别国所提出的生存空间政策。——译者注

食养活了世界上35％的人口。[2]到20世纪初,小麦已是欧洲、大洋洲和美洲各国人民最重要的主食,也是东北亚一些地区的主食。世界近代成立的国家,特别是美国、加拿大、阿根廷和澳大利亚,开始出口小麦到高度城市化和工业化的西欧国家,与东欧和俄国这样的小麦生产国展开竞争。本章主要关注战争、革命和"大萧条"带来的变化,考察四大小麦出口国之间的竞争,以及它们各自对日益严重的保护主义市场和贸易萎缩的反应。正如本书的导言所述,如果在第一次世界大战之前的几十年里就已经形成"大一统的食品市场",那么在两次世界大战之间的那些年里,它就变成了一个竞争激烈甚至有时被暴力充斥的市场。[3]

第一次世界大战使得19世纪后几十年的贸易体系原本明显的全球化发展趋势出现逆转。[4]正如蒂姆·鲁斯在第五章中所论述的那样,即使是在大英帝国和奉行自由贸易的英国,20世纪二三十年代也出现了全球化的重大倒退现象。[5]虽然对全球化的准确定义存在着相当多的争论,但人们一致认为,商品贸易密集度是衡量全球化的主要标准之一。由于商品贸易不存在于真空中,贸易密集度的任何增大都伴随着土地、劳动力和资本这些生产要素的日益专业化,并最终实现一体化。事实上,对经济学家和经济史学家来说,"全球一体化的商品和要素市场"恰恰是全球化的本质。[6]

历史学家经常提及全球化的不同浪潮,从第一次地理大发现的航海活动和欧洲帝国到工业革命[7],但是经济史学家通常认定19世纪为全球化的开始。如果将国际商品贸易一体化作为衡量标准,那么全球化的"大爆炸"可以追溯到1870年到第一次世界大战爆发。基于对商品价格趋同的研究,以及对土地、劳动力和资本的国内价格与相对价格在多大程度上越来越受国际商品价格的影响的研究,凯文·H. 奥鲁克和杰弗里·G. 威廉姆森(Jeffrey G. Williamson)认为,

## 第七章 战争、革命和全球小麦贸易大萧条（1917—1939年）

这一时期标志着前所未有的全球市场一体化进程。

在渐进的市场一体化方面，小麦的商品贸易倒是全球化研究中一个特别引人注目的主题。[8]小麦曾是18世纪上半叶自由贸易争论的中心议题。1846年废除《谷物法》[9]和取消对进口小麦征收关税标志着英国成为世界上第一个自由贸易大国。[10]19世纪下半叶，随着英国和其他西欧国家工业化程度的提高，这些国家快速增长的城市工人人口越来越依赖于将面包这种廉价食品作为他们的主食。[11]对面包不断增长的需求反过来又鼓励了世界其他地区新的小麦种植区和定居区的扩大，特别是在美国、加拿大、阿根廷和澳大利亚，这些地方的气候和土壤条件适宜种植小麦。

伴随着贸易成本的降低和更为便利的商业、货币和外交政策的实施，小麦贸易的增长得以实现。当然，在第一次世界大战之前的40年里，全球化并不局限于商品贸易的密集化，另外还有大规模的人口迁移和混合、农业专业化和商业化，以及高速度的技术创新和传播。[12]

19世纪以蒸汽为动力的火车和轮船问世，爆发了运输革命。到19世纪下半叶和20世纪初，运输诸如小麦之类的商品的成本迅速降低，其价值与体积比非常低。[13]在此之前，全球贸易货运主要是价值与体积比更高的基本商品，包括富人青睐的奢侈品。从1870年到1910这40年，运输成本下降最为显著，小麦价格的运费比率从41%下降到22.6%。[14]同时，新移民，主要是欧洲移民，开始垦殖美洲和澳大利亚的平原和草原，小麦成为重要的出口商品。[15]

新垦殖区低廉的土地成本意味着，这里的生产成本比人口密集的欧洲更低，相对开放的贸易条件可以促使制造业更加专业化——所有这些都是以牺牲旧世界的农业生产为代价的。[16]同时，制造业的专业化刺激了小麦农业机械化程度的提高，而这就需要小麦种植农与经营粮食收购、储存、运输和出口的企业的高资本投入和信贷。[17]新垦殖区的劳动力短缺，加上劳动力成本普遍较高（至少相较于土地和资本而言），迫使新垦殖区的国家较早并迅速地采用机械化的方法来犁地、播种和收割小麦。在美国，种植一英亩小麦所需的劳动力从1830年的61小时骤减到1896年的3小时19分钟。[18]随着机械化的普及，小麦农场的规模和资本密集度也随之增长。小麦生产商越来越多地融入现金经济，更多地依赖信贷和资本市场，包括大宗商品交易所。

这个全球化的黄金时代先遭遇了一战、20世纪20年代的经济动荡，接着遭受了更严重的20世纪30年代"大萧条"的蹂躏。第一次世界大战削弱了许多欧洲小麦种植者的生产能力。俄国革命严重扰乱了小麦的生产，要不是后来斯大林强行推进工业化政策，而工业化政策又依靠小麦出口来支付所需的投入，那么即使它曾经是世界上的主要小麦出口国之一，也将被逐出国际市场。这个时候，资本主义世界正处于漫长且严峻的经济萧条之中。

"大萧条"对从1870年至1914年期间形成的全球商品贸易一体化造成了严重破坏，直到20世纪末才得以恢复。[19]本章的目的是在远离全球化并趋向经济自给自足和远离二战的大背景下，研究"大萧条"对小麦贸易的影响。第一，总结了第一次世界大战和俄国革命对全球小麦贸易结构的影响。第二，考察了以下假设：小麦贸易是导致"大萧条"的主要原因之一，而"大萧条"加剧了最终导致二战的紧张局势。第三，回顾了对国内市场逐步采取保护主义政策的过程和1930年《斯姆特-霍利关税法》对小麦贸易和关税报复的影响。第四，考察了小麦在诞生于1932年渥太华会议的帝国贸易特惠政策中的作用。第五，考察了1933年小麦出口国和进口国通过管控贸易协定来解决小麦贸易危机时最初遭遇失败的问题。

第七章 战争、革命和全球小麦贸易大萧条（1917—1939 年）

## 第一次世界大战和俄国革命对小麦贸易的影响

到 19 世纪末，主要的小麦出口国都位于工业化的欧洲以外。这些国家包括美国、俄国、加拿大、阿根廷、印度和澳大利亚。到第一次世界大战结束时，印度的出口下降，俄国通过革命和内战转变为苏联。在第一次世界大战和俄国革命的余烬中，出现了四个主要的小麦出口国——美国、加拿大、阿根廷和澳大利亚。虽然第一次世界大战的赔偿导致了大多数商品与制成品贸易量和贸易发展速度的普遍下降，但经历短暂而剧烈的战后经济衰退之后，小麦贸易量从 1909—1913 农事年的年均 6.86 亿蒲式耳增加至 1922—1926 农事年的年均 7.77 亿蒲式耳。在接下来的 5 年里，年均产量略微增加到 8.08 亿蒲式耳，然后在"大萧条"中期（1932—1936 年）下降到 5.72 亿蒲式耳，几乎比前 5 年的平均产量下降了 30%。[20]

为了应对战争造成的粮食价格飞涨，1914 年至 1918 年，世界四大小麦出口国的小麦种植面积急剧扩大，特别是加拿大和澳大利亚。这两个国家可耕种的土地比阿根廷和美国多。加拿大的小麦种植面积增加了 50%，从 1 000 万英亩增加到 1 500 万英亩，而澳大利亚的小麦种植面积是原来的两倍，从 600 万英亩增加到 1 200 万英亩。[21]

如表 7-1 所示，在第一次世界大战前夕，四大小麦出口国约占世界小麦贸易的 50%。在 20 世纪 20 年代初期至中期，由于一战和俄国革命对农业生产的伤害和破坏，这一比例达到近 90% 的峰值。20 世纪 20 年代中期以后，四大小麦出口国的份额略有下降，这主要是由于贸易保护主义抬头，各国都在努力保护本国的农业市场和生产者。然而，这种下降是缓慢渐进的，主要是因为从 19 世纪 70 年代到 20 世纪 20 年代中期，大规模的国际专业化小麦生产已经开始了，而四大出口国在接下来的半个世纪里则保持世界前四的地位。

表7-1　1908—1937年四大小麦出口国在世界小麦贸易中的占比情况（每5年均值占比）

|      | 1909—1910年至<br>1913—1914年 | 1922—1923年至<br>1926—1927年 | 1927—1928年至<br>1931—1932年 | 1932—1933年至<br>1936—1937年 |
| --- | --- | --- | --- | --- |
| 美国 | 16.0% | 23.2% | 17.7% | 9.0% |
| 加拿大 | 13.9% | 36.9% | 34.6% | 37.4% |
| 阿根廷 | 12.3% | 17.5% | 20.4% | 24.1% |
| 澳大利亚 | 8.0% | 11.3% | 13.7% | 19.1% |
| 总计 | 50.2% | 88.9% | 86.4% | 89.6% |

资料来源：de Hevesy (1940), appendix 10.

四大出口国之间也存在一些重要的差异。到1914年，美国的人口至少是其他三个竞争对手中任意一个的十倍，同时也是世界上最大的小麦和面粉消费国。此外，作为制造业大国，美国的经济远比加拿大、阿根廷和澳大利亚更为多样化，后三者高度依赖主要农产品的出口。以加拿大为例，在两次世界大战之间，小麦是到那时为止该国最重要的出口产品。[22]在阿根廷，靠的是小麦与牛肉出口；而在澳大利亚，靠的则是羊毛与小麦。[23]

在两次世界大战之间，剩下的小麦出口市场由东欧出口商瓜分，包括多瑙河流域国家（保加利亚、匈牙利、罗马尼亚和南斯拉夫）以及波兰和苏联。在这些国家中，只有苏联幅员辽阔，因此有潜力与四大出口国展开同等规模的竞争。虽说斯大林强行推进工业化建设，刺激了苏联再次开始出口小麦，这在"大萧条"起初数年会进一步改变原本已在变化的市场行情[24]，但是由于多年来一战、俄国革命和内战所造成的破坏，苏联只能零星出口小麦，不过尚足以影响20世纪20年代全球小麦的市场供应和价格。

第七章　战争、革命和全球小麦贸易大萧条（1917—1939 年）

在两次世界大战之间，四大小麦出口国和其他出口国的主要市场是西欧和中欧国家。在"大萧条"最糟糕的那几年（1930－1931 年至 1934－1945 年），这些欧洲进口国消化了全球 73％的出口小麦。在此期间，这些欧洲国家同时也生产小麦，也需要保护国内市场和农民。然而，在"大萧条"最严重的时期设置了大量关税和非关税壁垒后，这些欧洲国家仍只满足了国内对小麦和面粉需求的 71％。[25]

欧洲最大的四个小麦进口国是英国、法国、德国和意大利。到 20 世纪 30 年代，这四个国家都试图保护本国的小麦种植户，使他们免受灾难性低价的影响；对于欧洲大陆国家而言，则是保护它们免受廉价进口产品的影响。大陆国家也高度关注粮食安全，因为它们在加紧为战争做准备。自给自足，即在包括食品在内的原材料资源方面不依赖其他国家，至少与想在贸易保护的博弈中获得战略优势的愿望一样，是施行保护的重要动机。然而，经过几十年的工业化和专业化，这些欧洲国家已经很难摆脱对小麦进口的依赖。对于英国这个世界上最大的小麦进口国来说，其悠久的自由贸易历史和"廉价食品"理念根深蒂固，要让政府考虑全方位施行保护主义是不可能的。在 20 世纪 30 年代末之前，这些国家重新武装备战，法国、德国、意大利、波兰和苏联的大部分小麦种植区成为欧洲的杀戮场。

## 小麦与战争："大萧条"的原因探析

尽管经济学家和经济史学家对"大萧条"的原因探析存在相当大的争议，但对导致此次全球衰退的长期因素的争论却不多。导致一战爆发的主要大国之间的潜在冲突，并没有通过 1919 年签署的《凡尔赛和约》得到解决。尽管历史学家仍继续争论德国是否真的有能力支付赔款，但由赔款争议、金融动荡、收入崩溃和重整军备引发的冲突意味着，1914年前的全球化秩序无法重新建立。第一次世界大战之后，全球经济衰退接踵而至。英国、德国等主要贸易国面临着高失业率和金融混乱，更不用说享受20世纪20年代战后的繁荣了。[26] 20世纪20年代，包括小麦在内的绝大多数农产品市场波动剧烈。直到1924农事年，小麦价格才恢复到战前水平。然而，1925年后，如表7-2所示，小麦价格开始下降，并且在1929年后，随着未售出库存的增加，价格更是直线下降。[27]

**表7-2　1922—1938年英国进口小麦的年均价格（瑞士法郎/公担）**

| 农事年 | 马尼托巴省3号 | 阿根廷 Rosafé | 澳大利亚小麦 |
|---|---|---|---|
| 1922—1923 | 25.0 | 25.7 | 27.6 |
| 1923—1924 | 22.7 | 23.0 | 24.4 |
| 1924—1925 | 34.5 | 34.3 | 34.5 |
| 1925—1926 | 32.0 | 31.6 | 33.4 |
| 1926—1927 | 31.2 | 30.4 | 31.9 |
| 1927—1928 | 29.3 | 28.7 | 30.3 |
| 1928—1929 | 26.3 | 24.5 | 26.6 |
| 1929—1930 | 26.1 | 23.3 | 25.2 |
| 1930—1931 | 14.7 | 13.6 | 15.2 |
| 1931—1932 | 11.5 | 10.7 | 11.8 |
| 1932—1933 | 10.2 | 9.5 | 10.4 |
| 1933—1934 | 9.1 | 7.2 | 8.8 |
| 1934—1935 | 9.9 | 7.8 | 9.1 |
| 1935—1936 | 10.7 | 10.0 | 10.6 |
| 1936—1937 | 15.3 | 13.6 | 15.0 |
| 1937—1938 | 15.1 | 13.4 | 13.2 |
| 1938—1939 | 8.0 | 7.6 | 8.1 |

注：1公担=100千克（约等于36.7蒲式耳）。马尼托巴省3号是指加拿大的劣质小麦。

资料来源：de Hevesy (1940)，p.829.

# 第七章 战争、革命和全球小麦贸易大萧条（1917—1939年）

寻找"大萧条"潜在原因的学者们曾详细研究过"大萧条"之前农业的疲软问题。一个假设认为，农产品价格下降是拉低许多欧洲国家、美国和加拿大的一般价格水平、消费和投资的关键因素之一，而这也造成了传导效应，引发了全球范围内的经济萧条。这一假设由农产品生产过剩和库存增加得到证实，而农产品生产过剩和库存增加"使农产品价格在需求、国际贷款和国际金融体系产生冲击时容易受到影响"[28]。从1922年到1928年，小麦库存平均仅占全球产量的14.7%，而在1890年至1913年的战前繁荣时期，这一比例为17.6%。直到1928年农作物丰收后，库存才升至全球产量的25%左右。在20世纪30年代的大部分时间里，库存所占比例一直维持在这一水平。[29]

这一假设的证据见表7-3。1927年和1928年的小麦库存超过了20世纪20年代中期（1922年至1926年）设定的5年平均水平。到1929年，小麦库存比20世纪20年代中期的平均水平高出37%。小麦供给过剩的情况在"大萧条"最糟糕的年份继续恶化。还是加拿大和美国发生干旱和农作物大歉收，才直接使这一趋势最终开始逆转。这可以从图7-1所示的小麦产量急剧下降中看出。[30]随着1939年的大丰收，粮食过剩又一次出现，这需要一场世界大战才能得以改善。

**表7-3　1922—1939年四大出口国及全世界的小麦库存（百万蒲式耳）**

| | 1922—1926 | 1927 | 1928 | 1929 | 1930 | 1931 | 1932 | 1933 | 1934 | 1935 | 1936 | 1937 | 1938 | 1939 |
|---|---|---|---|---|---|---|---|---|---|---|---|---|---|---|
| 美国 | 120 | 111 | 115 | 232 | 294 | 329 | 391 | 382 | 274 | 148 | 142 | 83 | 155 | 275 |
| 加拿大 | 37 | 56 | 91 | 127 | 127 | 139 | 136 | 218 | 203 | 214 | 127 | 37 | 24 | 105 |
| 阿根廷 | 63 | 69 | 95 | 130 | 65 | 80 | 65 | 75 | 118 | 85 | 65 | 51 | 65 | 180 |

续前表

|  | 1922—1926 | 1927 | 1928 | 1929 | 1930 | 1931 | 1932 | 1933 | 1934 | 1935 | 1936 | 1937 | 1938 | 1939 |
|---|---|---|---|---|---|---|---|---|---|---|---|---|---|---|
| 澳大利亚 | 29 | 35 | 36 | 41 | 49 | 60 | 50 | 55 | 85 | 57 | 43 | 41 | 50 | 70 |
| 四大小麦出口国 | 249 | 271 | 337 | 530 | 535 | 608 | 642 | 730 | 680 | 504 | 377 | 212 | 294 | 630 |
| 世界 | 622 | 669 | 726 | 993 | 934 | 1 023 | 1 022 | 1 125 | 1 186 | 942 | 784 | 567 | 630 | 1 194 |

注：所有数字都四舍五入到最接近的百万蒲式耳。

资料来源：de Hevesy（1940），appendix 25.

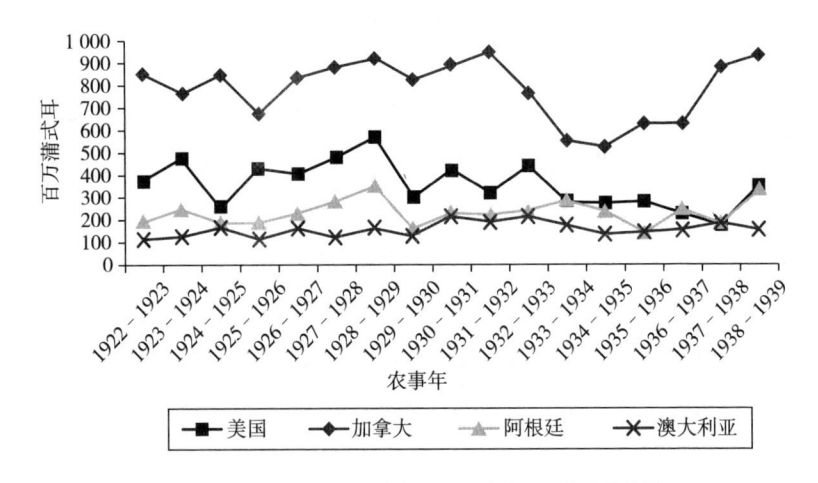

**图 7-1 1922—1938 农事年四大小麦出口国的小麦产量**

资料来源：de Hevesy（1940），appendix 7，after p. 748.

早期供过于求的状况意味着，在 1929 年 10 月美国股市崩盘之前，小麦价格就已经下跌了。此外，20 世纪 20 年代美国等发达国家农业信贷市场的崩溃最终引发了全球信贷紧缩，尤其是一战时的农业信贷市场，不论美洲还是澳大利亚，情况都是如此，在印度和印度尼西亚这种欠发达殖民地国家也是如此。迪特玛·罗瑟蒙（Dietmar

## 第七章 战争、革命和全球小麦贸易大萧条（1917—1939 年）

Rothermund）认为，全球"信贷网络"的这种"反冲"解释了为什么"大萧条"会对全球产生如此严重的影响。[31]

在 1929 年 10 月纽约股市崩盘的前几个月，小麦价格突然下跌。麻烦似乎始于 1928 年的大丰收。作为全球最大的小麦出口国，加拿大的谷物交易商试图利用市场力量暂缓将加拿大优质小麦投放到全球市场，希望以此造成小麦短缺来推高价格。[32] 在 1929 年的头几个月里，这一策略显然失败了。欧洲买家罢买那些远高于正常利润水平的加拿大优质小麦，转而从其他国家购买次等小麦。[33] 到 5 月，温尼伯谷物交易所（加拿大主要的农产品市场）的小麦价格在一天之内突然暴跌，这一天被称为"黑色星期二"。尽管价格下跌，粮食经销商仍然坚持紧缩供给的政策，导致了小麦出口损失并造成了严重的收支困难。小麦价格不断下降，直到 20 世纪 30 年代中期才开始缓慢复苏，但在 1938 农事年，价格再次暴跌（见表 7-2）。

在一个完全竞争的市场中，供给应该以一种旨在消除短期过剩和短缺的方式对价格做出反应，从而对需求做出反应。从表 7-2 中可以看出，由于"大萧条"造成的需求减少，小麦价格确实有所下降，但直到 1937 年和 1938 年，小麦库存才降至 20 世纪 20 年代中期的低水平，结果 1938—1939 年的农作物丰收令小麦价格再次暴跌。虽然小麦出口国的生产者很难依据小麦价格的年度变化迅速做出调整，不过小麦生产区的专业化程度，以及小麦的公私存储和运输基础设施，还是支持小麦生产，而不是转而生产其他替代性农作物。虽然美国和加拿大有强大的粮食储存能力，可以让它们的粮食销售者拥有大量库存，但阿根廷和澳大利亚没有。结果，如阿根廷和澳大利亚这样的国家，不管市场情况如何都不得不出口小麦，即使是涌入市场，从而造成小麦价格的螺旋式下降。此外，如果四大小麦出口国中任何一个国家的小麦生产商和谷物销售商因为小麦价格低而承受着来自债权人的压力,而且他们的政府面临严重的国际收支平衡问题,那他们就不得不承受立即以更低的价格出售小麦的压力。在最好的情况下,小麦种植面积对价格变化的反应并不是很敏感;在最坏的情况下,部分原因应归于国家农业生产政策和货币兑换政策,小麦种植面积对世界小麦价格下降的反应也不是很合理。

在澳大利亚,为了应对羊毛和小麦价格的暴跌,英联邦政府于1930年发起"广种麦运动"。除了在20世纪20年代新增的600万英亩种植面积提高了小麦产量之外,这项政策还使小麦的种植面积从1929年的1 800万英亩增加到1930年的2 100万英亩。[34]澳大利亚小麦委员会施行中央管控下的强制联营,鼓励生产者扩大业务。政府曾尝试推动立法,以为农民提供价格保障,不过最终搞砸了,不得不依靠货币贬值来让澳大利亚小麦在全球市场上获得竞争优势。尽管这种竞争性贬值确实缓解了澳大利亚政府的国际收支危机,但随着小麦价格继续下跌,这种贬值对种植小麦的农民几乎没有帮助。[35]

当苏联通过出口小麦获取资金来购买斯大林的工业化进程所必需的资本设备时,情况变得更加糟糕。尽管这一政策开始于1927年,但由于作物歉收,加上农民抵制强制推行的集体化,苏联迟至1930年大丰收才恢复对欧洲的小麦大量出口。那一年,苏联出口了近230万吨小麦。1931年,苏联的出口量增加了一倍多,达到520万吨,但价格相对较低,该年小麦出口额与前一年持平。[36]虽然四大小麦出口国指责苏联搞小麦倾销,但它们也发现,即使它们采取种种措施保护本国农民和国内市场,也很难避免向不断下滑的市场出口更多小麦。

尽管贸易保护主义在"大萧条"之前就已抬头,但20世纪30年代以邻为壑的商业政策力度才明显加大。在德国纳粹党当选之后,这些政策由于世界分裂成敌对集团而得到加强,同时一些欧洲国家紧张不安地维持着中立状态。鉴于战争的可能性日益增大，几乎所有欧洲大陆国家都对确保足够的粮食安全十分关切，而对于严重依赖进口小麦的国家来说，其关切度尤其高（见表7-4）。

表7-4 欧洲四大小麦进口国及消费情况

|  | 1922—1927 | | 1932—1937 | |
| --- | --- | --- | --- | --- |
|  | 消费（百万蒲式耳） | 进口（%） | 消费（百万蒲式耳） | 进口（%） |
| 英国 | 261 | 78.5 | 269 | 77.2 |
| 法国 | 329 | 16.9 | 324 | 3.1 |
| 德国 | 169 | 35.0 | 187 | 4.5 |
| 意大利 | 288 | 22.4 | 281 | 22.2 |

资料来源：de Hevesy (1940), appendix 18, pp. 768—769.

在三个主要的欧洲大陆进口国中，二战爆发之前的几年间，法国和德国在利用关税和非关税壁垒手段保护本国小麦生产和改善粮食安全方面最为有效。在"大萧条"时期，这两个国家的小麦几乎达到自给自足的程度。意大利继续依赖进口来满足其近四分之一的小麦和面粉需求。英国仍然是最大的例外，其小麦消费近80%依赖进口。作为小麦出口的目的地，在20世纪30年代，由于大多数欧洲大陆国家实施日益严重的保护主义措施，英国的相对重要性有所提高。

到1930年底，所有出口商都清楚地认识到，保护主义、国际收支危机和收入骤降导致的全球小麦市场萎缩，造成了全球小麦库存过剩。除非小麦主要出口国同意削减部分小麦产量并减少现有小麦库存，否则小麦价格只会继续下跌。

从1930年到1933年，国际上总共召开过20个会议试图解决这个问题。在这些会议中，11个是一般性会议，7个限于东欧小麦生产国，2个限于大英帝国和英联邦国家。[37]这些会议都没能提出一个可行计划来解决小麦生产过剩的问题，因此，小麦的价格继续由气候和作物产量来决定。如表7-3所示，全球小麦库存仍处于历史高位。到1929年，它们已攀升至近10亿蒲式耳，并徘徊在这一水平或更高水平，直到1935—1936农事年。只有四大小麦出口国才能通过国际合作和协议形成的市场力量来改变这一轨迹，但它们的所有努力最终都失败了。1930年的《斯姆特-霍利关税法》，以及1932年的帝国特惠条款（蒂姆·鲁斯在本书中有回顾讨论），造成国内贸易保护和鼓励贸易转移，这是一些以邻为壑的做法，试图牺牲一个国家的利益来解决另一个国家的问题。1933年召开的国际小麦会议，是各个小麦生产大国第一次通过设定出口配额和减少小麦的播种面积，来管理世界小麦贸易的全球性努力。

## 国内市场保护主义和《斯姆特-霍利关税法》

1930年6月通过的《斯姆特-霍利关税法》是"大萧条"时期最臭名昭著的贸易保护主义措施。《斯姆特-霍利关税法》出台后，当时的观察家、历史学家和经济学家都指责该法案引发了整个工业化世界的关税报复行动，并使形势继续向下螺旋式恶化。[38]从这个角度来看，《斯姆特-霍利关税法》将一场急剧的经济衰退转变成一场更持久、更严重的全球大萧条。近年来，一些历史学家和经济学家对这一观点进行了修正，他们提供的证据表明，《斯姆特-霍利关税法》与其说是造成"大萧条"的主要原因，不如说是造成"大萧条"的众多原因之一。[39]

在20世纪20年代的大部分时间里，许多农产品（相较于制成品而言）的关税水平与战前水平相差无几。[40]然而，就小麦而言，贸易保护主义很早就出现了。从表 7-5 中可以看出，德国、意大利、瑞典和美国已经属于贸易保护主义阵营。到 1928 年，欧洲大陆最大的三个小麦进口国——法国、德国和意大利——将小麦关税提高到超过大约两年后才出台的《斯姆特-霍利关税法》规定的税率水平。此外，早在 1929 年股市崩盘之前，随着小麦价格下跌，一些欧洲国家就在引入非关税壁垒以保护本国农民免受进口竞争的影响。强制性的碾磨要求，即国内碾磨商必须使用最低比例的国内谷物，就是一种非关税壁垒。[41]

**表 7-5　小麦进口税（每公担瑞士法郎，每年 1 月 1 日数值）**

|  | 1926 | 1928 | 1930 | 1931 | 1932 | 1933 | 1934 | 1935 | 1936 |
| --- | --- | --- | --- | --- | --- | --- | --- | --- | --- |
| 英国 | 0.0 | 0.0 | 0.0 | 0.0 | 0.0 | 0.8 | 0.7 | 0.7 | 0.7 |
| 法国 | 2.7 | 7.1 | 10.2 | 16.2 | 16.2 | 16.2 | 16.2 | 16.2 | 16.2 |
| 德国 | 4.3 | 6.2 | 8.0 | 3.9[a] | 13.8[a] | 13.9[a] | 13.9[a] | 4.3[b] | 4.3[b] |
| 意大利 | 7.5 | 7.5 | 14.0 | 16.5 | 19.6 | 19.9 | 20.5 | 19.8 | 18.4[b] |
| 奥地利 | 0.3 | 0.3 | 2.1 | 2.1 | 10.5 | 9.6 | 16.8 | 16.8 | 16.8 |
| 比利时 | 0.0 | 0.0 | 0.0 | 0.0[b] | 0.0[b] | 0.0 | 0.0[b] | 1.4[b] | 1.0[b] |
| 捷克斯洛伐克 | 1.9 | 4.6 | 4.6 | 8.4[b] | 8.4[b] | 8.4[b] | 11.5[b] | 9.6[b] | 9.6[b] |
| 丹麦 | 0.0 | 0.0 | 0.0 | 0.0 | 0.0 | 0.0 | 0.0[b] | 0.0[b] | 0.7[b] |
| 爱尔兰 | 0.0 | 0.0 | 0.0 | 0.0 | 0.0 | 0.0 | 0.0[b] | 0.0[b] | 0.7[b] |
| 荷兰 | 0.0 | 0.0 | 0.0 | 0.0 | 0.0 | 0.0 | 3.1[b] | 3.1[b] | 4.2[b] |
| 挪威 | 0.0 | 0.0 | 0.0[b] | 0.0[b] | 0.0[b] | 0.0 | 0.0[b] | 0.0[b] | 0.0[b] |
| 瑞典 | 5.1[b] | 5.1[b] | 5.1[b] | 5.1[b] | 3.6[b] | 3.5[b] | 3.1[b] | 2.9[b] | 2.9[b] |
| 瑞士 | 0.6[b] | 0.6[b] | 0.6[b] | 0.6[b] | 0.6[b] | 0.6[b] | 0.6[b] | 0.6[b] | 0.6[b] |
| 美国 | 5.7 | 5.7 | 5.7 | 8.0 | 8.0 | 8.0 | 5.0 | 4.7 | 4.7 |

注：a 表示进口货物缴付指定的进口税后，须受特别条件限制；而 b 表示所有进口都在国家管控之下，如配额、许可证制度及类似的非关税壁垒。

资料来源：de Hevesy（1940），p.762.

与《斯姆特-霍利关税法》的修正主义解释相反[42]，有一项历史证据支持这样一种说法，即关税的提高是对1930年美国提高关税的直接报复。至少在一个案例中，为了阻止美国政府通过《斯姆特-霍利关税法》，农业关税被提高了。当美国共和党总统候选人赫伯特·胡佛（Herbert Hoover）在1928年主张征收更高的农业关税时，加拿大与美国之间的农产品跨境贸易就一直受到1923年施行的《福德尼-麦坎伯关税法》的影响。胡佛当选后，加拿大就后来成为《斯姆特-霍利关税法》的内容展开了旷日持久的谈判。1930年3月，在《斯姆特-霍利关税法》最终定案之前，一些税率实际上被提高了。加拿大政府采取了报复性的食品关税措施，试图让美国立法者知道，如果《斯姆特-霍利关税法》通过，他们将会面临怎样的后果。然而，加拿大的先发制人并没有对美国立法者产生明显的影响。1930年6月17日，正当加拿大举行大选之际，胡佛总统签署了《斯姆特-霍利关税法》，使之成为法律。加拿大的保守党领袖在竞选中成功地利用了《斯姆特-霍利关税法》，承诺征收比更倾向自由贸易的自由党更高的关税，以报复美国。[43]确实，有令人信服的证据表明，如果没有《斯姆特-霍利关税法》，保守党不可能赢得加拿大大选。[44]

加拿大和澳大利亚都是《斯姆特-霍利关税法》通过之后实施报复的"急先锋"，它们通过实施高关税和引入大英帝国和英联邦国家的特惠制来达到这一目的。而这些举措加上大英帝国在1931年11月采取的帝国特惠政策强化了英国"远离自由贸易"的决心。[45]尽管人们对《斯姆特-霍利关税法》实施后其他国家提高关税的动机存在争议，但有证据表明，《斯姆特-霍利关税法》破坏了国际货币体系的稳定，间接地加剧了"大萧条"的严重程度。为了改善美国的国际收支状况并向美国输送更多的黄金，《斯姆特-霍利关税法》以牺牲外国货币的稳定为代价来巩固美元地位。[46]

如表 7-5 所示，无论《斯姆特-霍利关税法》对关税报复的影响多么直接，"大萧条"时期对农产品设置了关税壁垒和非关税壁垒都是毫无疑问的。即便是比利时、丹麦、爱尔兰、荷兰等此前承诺自由贸易的规模较小、开放的欧洲国家，最终也限制了小麦进口。作为大英帝国内部的农产品主要出口国，加拿大和澳大利亚都渴望与英国和所有其他帝国成员达成更大的协议，将贸易转至帝国成员之间进行，最重要的是，给予它们特许权进入利润丰厚的英国本土市场，即世界上最大的小麦和面粉目的地市场。

## 大英帝国、渥太华会议和贸易转移

与之前在伦敦举办的帝国会议不同，1932 年帝国会议的组织者打破传统，应加拿大的长期要求，在渥太华举行了会议。渥太华会议是在 1930 年灾难性的帝国会议之后召开的。[47] 从英国和至少一些自治领的角度来看，1930 年帝国会议的经济会谈以失败告终，部分原因是英国和加拿大两国领导人之间的个性冲突。[48] 当时，加拿大总理 R.B. 贝内特提出将英国关税提高 10%，但被英国立即驳回。[49] 然而，甚至在 1930 年帝国会议开始之前，英国政府就已排除了对食品和原材料征税的可能性，英国在整个会议期间一直保持着不征收关税的立场。[50] 作为对自治领的一种安慰，英国代表说他们将考虑对小麦实行自治领配额，只要不涉及任何有保证的价格，但这遭到了加拿大和澳大利亚总理的拒绝，至少最初是这样。1930 年的会议没有达成一致，关税和配额的问题被提交给下一次在渥太华举行的会议。

当各国政府为 1932 年会议做准备时，政局发生了很大的变化。英国的新一届政府因策略原因不情愿地接受了帝国特惠原则，这使它在说服贸易保护主义国家降低针对英国出口的关税和非关税壁垒时具有讨价还价的优势。此外，英国利用它的让步来打动自治领，让它们为英国商品提供类似的优惠和一些关税减让。[51]作为世界上主要的小麦生产国，加拿大和澳大利亚不仅希望获得进入英国本土市场的特权，还希望获得与其他小麦进口国讨价还价的新筹码。

实际上，两个自治领的政府都明白，它们和其他帝国成员生产的小麦超过了大英帝国内部的消费量，因此，任何保护措施都只会导致贸易转移，而不会使得全球生产、消费和价格格局产生任何根本性的改变。换句话说，无论加拿大和澳大利亚在英国本土小麦市场上获得了什么，它们都可能输给第三市场的其他出口商。尽管如此，如果得不到英国政府对小麦征收关税的承诺，加拿大总理贝内特在任何谈判问题上都不会动摇。贝内特正在兑现他早些时候竞选时的承诺，即利用关税强行"炸出"一条进入世界市场的途径。[52]加拿大和澳大利亚政府都不认为英国对小麦的关税会改变基本情况，但它会为两国提供政治谈判的筹码。[53]英国代表团不仅对此心知肚明，而且非常担心当自治领逐渐认识到其所获收益远非之前所想，那些通过小麦关税给予自治领的特惠政策会对世界上的其他国家不利，最终造成"弊大于利"的局面。[54]此外，英国政府得出结论：考虑到英国政府希望避免对如阿根廷等历史上重要的贸易伙伴施加惩罚这个重要因素，在渥太华会议上达成的任何协议都不会影响英国同大英帝国之外的国家缔结商业协约的能力。[55]

英国政府非常不愿对小麦强加任何关税，也不愿扭转自1846年废除《谷物法》以来一直施行的政策。英国谈判代表不情愿地得出结论：鉴于加拿大和澳大利亚的顽固立场，对小麦加征关税是英国在其他方面取得进展的关键。新关税定为每夸特2先令（约每蒲式耳6美分）\*。这项关税大大低于加拿大总理两年前提出的要求。当然，温

---

\* 夸特，计量单位，等于28磅，约为13千克。——译者注

和的关税并没有为国内市场提供任何保护。早在渥太华会议之前,英国和加拿大的农民就一直接受政府补贴,以确保国内价格高于世界市场价格。[56]

此外,这样一项温和的关税政策无益于阻止苏联在西欧市场"倾销"小麦,这对于加拿大和澳大利亚来说都是令人颇为担忧的问题。尽管这些国家做了最大努力,英国仍然拒绝接受它们将苏联的小麦排除在英国市场之外的要求。[57]为了解决全球供过于求和倾销造成的更大范围的小麦价格下跌问题,四大小麦出口国建议召开小麦会议。毫无疑问,美国和阿根廷担心自己被排除在渥太华会议建立的帝国特惠制之外,它们正在寻求把加拿大和澳大利亚捆绑在一个更大的、非排他性的协议上。

起初,阿根廷政府要求将"小麦非正常超产问题"提上世界经济与货币会议的议程,这一会议由国际联盟赞助并计划于1933年夏季在伦敦召开。[58]最终,各方同意在结束重要会议之后的另一次专门会议上讨论小麦问题。5月10日至17日,四大小麦出口国的代表在日内瓦举行了筹备会议,就本国以及东欧和苏联出口国的出口配额原则达成了协议。尽管在是否建议西欧主要生产国限制产量的问题上四大小麦出口国并没有达成一致,但它们确实一致认为,举行与小麦主要进口国的会谈对最终协议的成功至关重要。[59]

## 1933 年的国际小麦会议

为期四天的国际小麦会议于 1933 年 8 月 21 日在伦敦召开。作为世界上最大的小麦出口国的领导人,贝内特主持了这次会议。主要小麦出口国受邀参加伦敦会议,苏联也在受邀之列,只不过此前包括美国在内的多个国家都没有给予其外交承认。[60]会议的主要目标是让那些小麦主要出口国和进口国同意削减配额和减少种植面积,以减少出口和国内消费的小麦产量。[61]如果大多数的小麦主要生产国可以达成协议,与会者预计全球小麦库存将会减少,世界小麦价格将得以恢复,使其能够再一次为农民提供适当的生计,也使土地所有者、粮食经销商和运输公司能够获得适当的利润。

22个小麦出口国和小麦进口国于8月25日签署了一项协议。[62]小麦主要出口国同意了两个农事年的最高出口配额,额度是根据它们最近的出口历史确定的。1933—1934农事年的出口配额为:加拿大(2亿蒲式耳);阿根廷(1.1亿蒲式耳);澳大利亚(1.05亿蒲式耳);美国(4700万蒲式耳);四个多瑙河流域国家——匈牙利、罗马尼亚、保加利亚和南斯拉夫(5000万蒲式耳);包括苏联在内的其他国家(4800万蒲式耳)。[63]这为1933农事年全球小麦贸易总额设定了5.6亿蒲式耳的目标,大大低于之前的贸易水平。例如,在1928农事年,全球小麦贸易超过9.45亿蒲式耳,这是20世纪20年代达到的最高水平。在接下来的农事年里,全球贸易额降至6.37亿蒲式耳。而在1931年和1932年,全球贸易额分别为8.38亿蒲式耳和8.02亿蒲式耳。[64]它们为下一年制定了稍微高一点的、不那么激进的全球出口配额。尽管未能确保苏联和多瑙河流域国家加入,但四大小麦出口国同意,根据1931年至1933年小麦的平均种植面积,将它们的小麦种植面积减少15%。[65]

就小麦进口国而言,它们同意让小麦国内产量不超出现有水平。它们还同意鼓励小麦消费,进口更多优质小麦,并在世界小麦价格超过每蒲式耳63.2美分(在协议签订时,价格为每蒲式耳50美分)时开始降低小麦关税。它们还做出了一个软承诺\*:如果小麦价格在至

---

\* 即合作承诺。——译者注

少一年的时间内有所改善,它们将放宽进口限制。最后,设立了一个由出口国和进口国组成的小麦咨询委员会,其秘书处总部设在伦敦,任务是监测协议条款执行情况,并向成员国报告小麦的出口、生产、面积和价格数据。[66]

当时,《经济学人》将该协议描述为小麦贸易战的停战协议,而不是小麦过剩和低价的临时解决方案。[67]事实上,协议在两年期限结束之前就被撕毁了。阿根廷是第一个食言的国家。1933年至1934年,阿根廷粮食丰收,但由于仓储设施缺乏,在协议签订的第一年阿根廷就超过了出口配额。为对其行动进行辩护,阿根廷政府指出,美国和加拿大没有实现将小麦种植面积减少15%的承诺。尽管根本没有在1934年实现减少小麦种植面积15%的目标,但加拿大的种植面积的确减少了8.6%,澳大利亚减少了8%,美国减少了4%。在四大小麦出口国中,只有阿根廷逆向而动,反而增加了小麦种植面积。至于小麦进口国,它们没有对国内农业政策做出任何重大调整,因为小麦价格仍低于协议规定的较高目标价格。[68]因此,为缓解小麦危机所做的第一次全球努力宣告失败。

## 结论

历史上的共识是,1932年渥太华会议确立的帝国特惠制和1933年国际小麦会议所达成的出口配额对小麦贸易的供应和价格条件影响甚微。[69]欧洲国家及其殖民地依赖贸易保护主义以便在备战的同时获得更大的粮食安全,因此对小麦的需求实在是太低了。相反,正是北美旱情的持续以及其他主要小麦生产国的歉收,才最终使小麦剩余库存得以减少,并扭转了世界小麦价格的下降趋势。然而,最终在经历了第二次世界大战的混乱和破坏之后,小麦才开始出现短缺,价格反弹至"大萧条"前的水平。

随着小麦价格的回升，小麦贸易更加平稳流畅。然而，这并不意味着会恢复到一战之前的几十年里那种更为全球化的小麦贸易体系。相反，在全球小麦贸易中，贸易保护主义和贸易管控成为战后繁荣的主要特征。20世纪30年代开始的国内对农业的支持政策，成为包括"四大小麦出口国"在内的发达工业国家政策格局的永久组成部分。加拿大和澳大利亚两国的官办小麦委员会继续运行，甚至扩大了各自的职权范围。贸易管控协定，如1946年的《加拿大-英国小麦协定》和1949年的《国际小麦协定》（缔约方包括美国、加拿大、澳大利亚、法国和乌拉圭），决定了贸易的方向。[70]

农业生产成为二战后贸易自由化努力的例外。1955年美国要求免除农业关税，这样就不可能通过《关贸总协定》来实现更自由的农业贸易。[71]美国等国家实行出口补贴，使它们的粮食生产者和销售者能够在受到高度控制的市场上具有竞争优势。到20世纪60年代，欧洲的共同农业政策（CAP）不仅控制了最终成为欧盟成员国的所有国家的产量，还使欧洲实现小麦净出口，而此前几十年欧洲一直是小麦净进口。"大萧条"的经历和随之而来的冲突，至少在一定程度上导致了战后对小麦有序市场和贸易出口管控的偏好。在战后的几十年里，小麦仍然是世界上最重要的出口商品之一。主要出口国更喜欢稳定性和确定性，而不是自由市场。

与此同时，战后的农业保护主义并不像两次世界大战之间的那些年一般是出于对迫在眉睫的武装冲突的恐惧。虽然有些国家——特别是美国和欧洲共同体（后称欧盟）成员国——为其国内小麦生产者提供了相当多的国内保护，但其动机在一定程度上与自给自足的经济政策或保护外汇储备的迫切愿望不同。事实上，不同于以商品市场下滑为标志的两次世界大战之间的年份，第二次世界大战之后的20年以经济增长和繁荣为标志。虽然冷战使国家间的冲突继续存在,但战后的小麦贸易不再像两次世界大战之间的那些年那样成为这些冲突的导火索。

# 第八章 区域贸易组织和贸易熔断机制

吕西安·科帕拉罗,弗朗辛·麦肯齐

19世纪末,全球经济的相互联系和相互依存达到空前高度——这是第一次全球化浪潮的高潮。在接下来的50年里,保护主义政策、经济衰退、"大萧条"和两次世界大战扭转了这种经济形势。双边贸易和易货贸易蓬勃发展,各国普遍努力实现自给自足,对外国贷款的使用意愿降低,对国际商品的需求瓦解。20世纪40年代,许多官员和政策制定者认为,建立全球贸易体系必须恢复高度的相互依赖和交流。他们还认为,自由的全球经济是和平的必要条件。经典的自由主义定理认为,贸易与和平携手并进,战争与贸易的消失则形影不离。这些人对此深信不疑。美国国务卿科德尔·赫尔(Cordell Hull,1933—1944年任职)是战后贸易秩序设计师之一,他是孟德斯鸠(Montesquieu)、康德(Kant)、科布顿和密尔(Mill)思想的继承者,尽管他可能并不欣赏自由经济理论的精妙之处。他在回忆录中解释了这一想法,他写道:"不受阻碍的贸易与和平亲密无间;战争则与高关税、贸易壁垒和不公平竞争相伴。"[1]

自由贸易秩序是和平的国际社会的组成部分,这一理念在第二次世界大战期间得到了广泛的认同。因此,当各国的决策者跨越大联盟

(Grand Alliance)考虑建立一种新的战后秩序以防止第三次世界大战爆发时,他们吸纳了一个名为国际贸易组织(ITO)的机构来监督、管理和扩大自由贸易秩序。战后众多的组织包括了联合国、国际货币基金组织、世界银行、联合国善后救济总署、联合国粮食及农业组织、世界卫生组织,唯独国际贸易组织没有成立。但这并没有造成空白,因为《国际贸易组织宪章》中有关贸易惯例和谈判的部分已经提前生效。这一松散的临时协定后来发展成一个事实上的贸易组织,简称《关贸总协定》,并一直运作到1994年底。[2]《关贸总协定》不仅是一项国际协定,它还表达了一种广为流传的信念:没有经济上相互依存且繁荣的世界,就不会有和平。

《关贸总协定》有一项明确的经济任务,即通过减少贸易壁垒和消除那些妨碍货物流通的歧视性做法来促进更自由的贸易。它通过多轮贸易谈判来实现这些目标。它还负责监督和调解,以解决原则冲突和彼此间的利益竞争,使它们不会引起国家间关系的对立并妨碍贸易的增长。然而,《关贸总协定》对冲突并不陌生。它的历史充满了各种各样的冲突:成员相互指责对方不守信用,削减关税的谈判进程充满了尖刻的言辞,经常出现经济崩溃和贸易战的字眼,关键的谈判经常濒临崩溃。在没有外交手段、威胁、紧急会议或主宰性干预的情况下,很少能就任何实质性问题达成决议。对这个致力于和平管理国际贸易关系的机构来说,冲突长期存在且非常普遍。此外,《关贸总协定》致力于实现更广泛的贸易自由化,而这极易激发冲突,招致那些认为自由化水平已经足够高的国家的反对,引起那些认为自由化成果没有得到平等分享的国家的失望。换句话说,《关贸总协定》的运作方式、组织结构和工作目标导致了激烈的竞争和零和博弈,从而加强了各国对国家利益的追求。反复发生的冲突并没有破坏《关贸总协定》的外交使命或经济目标,这在某种程度上是违反直觉的。本章对

《关贸总协定》历史上反复发生的冲突的两个主要方面进行分离、审查和对比：美国与欧洲经济共同体（EEC）之间的冲突，以及发展中国家与发达国家之间的冲突（美国和欧洲经济共同体在其中也占有显著地位）。下文所谈是个争论不休的话题，由其可知自由化一往无前的前进势头——不过时断时续——虽说有时候是因为自由化所引起的冲突和它所采用的对抗机制，但也不仅仅是因为这样的原因。

## 战争、冲突与《关贸总协定》的制定

《关贸总协定》是在冷战背景下于1948年1月1日设立的，但它是为建立新的国际秩序而进行战时规划的产物。[3]早期的《国际贸易组织宪章（草案）》带有强烈的美国特色，强调互惠、非歧视和最惠国原则（MFN）。其他参与国对美国战后贸易愿景的某些方面感到不安。例如，英国政府反对取消大英帝国的特惠关税，这是一种适用于大英帝国和英联邦内部的关税制度——蒂姆·鲁斯对此描述得更为详细——但这是对美国官员的双重冒犯，因为这带有歧视和帝国主义色彩。欧洲国家希望能够利用定量限制（QRs）来解决国际收支问题，而美国官员则认为这是一种商业罪恶。印度官员指出，自由贸易并非对所有国家都同样有效。从自由经济的观点来看，那些被认为是经济罪恶的东西——保护新生产业或使用定量限制——对发展来说不可或缺。印度官员对此思路详加阐述，准备参加1946年的《关贸总协定》会议："如果是在国力不平等的国家之间进行竞争，那么自由竞争可不是一份纯粹无瑕的大礼；如果是用来提高贫穷国家和不发达国家的生活标准，关税也并非一种纯粹的邪恶。"[4]通过妥协和美国对硬性规定的例外接受，国际贸易组织获得了广泛的支持。1947年中，修订的《国际贸易组织宪章（草案）》已经准备就绪。

## 第八章　区域贸易组织和贸易熔断机制

　　除了有关战后贸易原则和惯例的国际谈判外，1947年在日内瓦举行了为期6个多月的旨在降低关税的一轮谈判。关税谈判是双边组织的，一方是主要供应商，另一方是潜在市场。仅仅是第一次谈判就因英美两国的分歧而陷入僵局，这反过来又使许多其他双边谈判陷入瘫痪。当时《关贸总协定》中还没有一个西欧集团，因此，在参会代表们看来，遏制过度自由化的责任落到了英国政府的肩上。尽管在崩溃的边缘摇摇欲坠，日内瓦回合还是取得了令人满意的结果。事实上，正是崩溃的威胁以及可能随之而来的灾难性经济和政治后果，对关税的大幅降低起到了至关重要的作用。美国降低了大约20%的关税。欧洲也降低了关税，但降幅要小得多。例如，瑞典和丹麦将其本已很低的关税平均降低了15%。总的来说，100多项双边谈判已完成。个别谈判成果随后被多边化处理，这意味着所有的参与国都能从所有关税减让中受益。它们总共降低了45 000多种商品的关税，其中大部分是工业产品。第一轮关税谈判也促成了《关贸总协定》的成立。由于需要一项贸易协定来指导谈判，参与国将《国际贸易组织宪章（草案）》中商业政策一章的内容作为临时协定。随后，该协定与23个参与国的双边谈判结果捆绑在一起，被称为《关贸总协定》。[5]

　　在日内瓦回合的关税谈判中，经济发展问题很少被讨论。主要工作是就降低关税进行谈判。由于若干原因，发展中国家在谈判中既没有占显著地位，也没有显著获益。首先，特定商品的谈判通常由主要供应国牵头，发展中国家很少有资格参与。其次，发展中国家存在竞争优势的一个领域是农业生产，但正如格列高利·P.马奇尔登在第七章中所解释的那样，农产品基本上被排除在谈判之外是二战后对农业的管理方式。再次，关税谈判的作用方式加剧了农产品的边缘化。各国提交了它们愿意做出的关税让步清单，然后与另一个国家交换这些清单——互惠或对等平衡的贸易让步是目标。发展中国家希望得到保护，而不是降低关税。发展中国家在关税方面几乎没有什么可以做出让步的，因此也没有得到什么好处。最后，许多发展中国家也缺乏能够充分参与到关税谈判进程中的人员、资源和信息。

为完成国际贸易组织的计划，发展中国家在哈瓦那举行了后续会议。正是在哈瓦那，发展中国家的经济情况、经济需要和优先事务赫然在目，与之相对的是带有发达国家利益强烈色彩的试图消除关税壁垒的贸易秩序。墨西哥代表谴责《国际贸易组织宪章》，认为它可能消灭发展中国家的初级工业化；相反，国际贸易组织应该关注全球经济不平等的根本问题并提出积极的措施，以实现"所有国家的经济发展和加速这一进程所需的国际合作"[6]。与会者提出了800多项修正案，《国际贸易组织宪章》的宗旨随后强调了与贸易有关的发展。关于全球贸易组织的宗旨和全球贸易体系的优先事务，发达国家和发展中国家发生了冲突，这不是最后一次，但发展中国家在很大程度上占了上风是最后一次。

尽管如此，发展中国家对最终结果还是不满意。智利和哥伦比亚的代表对这种"一刀切"的国际贸易方式表示遗憾，在这种方式下，处于不同经济发展阶段的国家必须按照同一套标准和期望行事。[7]但是也有人对新的贸易宪章表示赞赏。正如中国代表金问泗（Wunz King）在闭幕会上所说，新宪章是"一份微妙平衡的文件"[8]。发展中国家还把《国际贸易组织宪章》的实际执行作为成功与否的真正考验。[9]它们期望经济发达的国家积极主动地改善其他地方的贫困状况。正如智利官员所解释的那样，"经济实力较强的国家有必要在迅速提高弱国生活水平的工作中进行无私的合作"[10]。

美国也支持《哈瓦那宪章》。但它这样做是出于战略考虑，而不是愿意搞发展。美国官员希望国际贸易组织能够巩固西方联盟，而哈瓦那会议的失败可能会为苏联创造机会，"将其他国家置于它的经济和政治影响之下"[11]。美国最初的支持并没有随着国际贸易组织的批准而结束。1949 年，杜鲁门总统向国会提交了《哈瓦那宪章》，阐明其在全球繁荣和国际合作方面的重要性。由于国会的议事日程紧张，所以国际贸易组织提案被搁置下来。1950 年，杜鲁门打算再次提出该计划，但因为对该组织的支持已经式微就没有再上国会讨论。没有美国的支持，该宪章渐渐失去了效力。[12]以发展为中心的贸易议程也遭到否决。这使得《关贸总协定》成为奉行自由主义路线的国际贸易规则的仲裁者和领导者。这是个临时组织，监管一套"打着竞争和对抗烙印"的全球贸易体制[13]，其力量与发展中国家无力的谈判地位格格不入，甚至可能恶化它们的弱势地位。

在最初的几年里，出现了分散的支持者：美国是《关贸总协定》和自由贸易的拥护者；英国在理论上致力于自由化，但在实践中，随着本国经济从战争的破坏中复苏，英国坚持例外和变通；虽然发展中国家过去和现在都没有拧成一股绳，但它们仍然致力于经济增长和多样化，不过对它们来说，自由贸易的危险可要大于机遇。

## 贸易自由和发展：原地踏步的议程

在接下来的十年里，《关贸总协定》又进行了三轮谈判：安纳西（1949 年）、托基（1951 年）和日内瓦（1956 年）。正如表 8-1 所示，这三轮谈判的影响都不如 1947 年那轮，因为它们总共才削减了 7% 的关税。尽管如此，谈判还是很重要。它们关涉到新成员，或许更重要的是，它们通过吸纳新成员来锁定较低的关税税率，从而防止任何倒退。[14]这些成就激发了人们对《关贸总协定》的信心。

尽管取得了这些进展，但由于如下几个原因，《关贸总协定》的前进势头在 20 世纪 50 年代减缓了。第一，西欧各国政府努力在区域层面实现贸易自由化，同时也在尝试取消定量限制来达到此目的。它们是在欧洲经济合作组织（OEEC）的框架内进行运作。为了抵消取消定量限制的影响，OEEC成员国希望维持关税保护，特别是针对美国产品。欧洲各国政府还没有做好与美国出口商展开公开竞争的准备。第二，随着《关贸总协定》缔约方数目的增加，烦琐的双边-多边关税谈判法使关税削减变得复杂，有时甚至迁延甚久。此外，这种方法假定美国会首先进行大幅度的关税削减。尽管美国国务院和总统办公室通常支持更自由的贸易，但必须由国会批准所有贸易协定，而国会更容易受到国内贸易保护主义压力的影响。它倾向于阻碍和限制美国在日内瓦的谈判代表。例如，国会引入了保障条款和"危险点"条款，而这种做法让美国谈判人员束手束脚。[15]有了美国的"有力"带头，而且没有其他国家采取行动，继续通过《关贸总协定》使国际贸易自由化的动力微乎其微。

表8-1 《关贸总协定》谈判回合及主要成果

| 年份及回合名称 | 参与方数目 | 产业部门平均关税削减比例 | 互让数目 |
| --- | --- | --- | --- |
| 1947年日内瓦 | 23 | 19% | 45 000 |
| 1949年安纳西 | 29 | 2% | 5 000 |
| 1951年托基 | 32 | 3% | 8 700 |
| 1956年日内瓦 | 33 | 2% | 2 700 |
| 1960—1962年狄龙 | 29 | 8% | 4 400 |

资料来源：Asbeek Brusse (1997), p.118; and Hoekman and Kostecki (2009), p.101.

区域贸易集团的增长也削弱了人们对《关贸总协定》使命的热情。1955年，比利时、卢森堡、荷兰、法国、联邦德国和意大利（后来称为六国同盟）决定建立关税同盟。自1953年以来，各国间的外贸增长速度一直快于西欧其他国家。它们赞成建立一个关税同盟，只将优惠贸易自由化扩大到其成员，以便维持目前贸易的活力和增长。此外，关税同盟通过共同对外关税（CET）对抗来自美国的竞争，并加强它们在《关贸总协定》上的谈判立场。1957年，《罗马条约》通过，欧洲经济共同体（EEC）正式成立。

其他《关贸总协定》成员对EEC的成立感到忧虑，认为这违反了《关贸总协定》的规则和规范。《关贸总协定》秘书处也对区域贸易集团感到担忧，并试图对其行使监督权，但没有成功。甚至在《关贸总协定》内支持EEC的美国也担心它实际上可能施行贸易保护主义，并可能破坏世界贸易的扩大和自由化。尽管存在这些担忧，EEC还是成立了，这改变了《关贸总协定》的运作方式并使其复杂化。[16]

美国对EEC可能产生的有害经济结果的担忧，促使艾森豪威尔政府开始了新一轮的关税谈判。它的目的是削弱EEC中带有歧视性和保护主义的成分，同时达到减少关税壁垒的通常目标。狄龙回合始于1960年9月，以美国副国务卿C. 道格拉斯·狄龙（C. Douglas Dillon）的名字命名。尽管人们普遍担心EEC会扼杀自由化，但EEC提出，在互惠的前提下，将其CET全面削减20%。这是一个前所未有的提议。这远远超出了前几轮削减关税的幅度。但是，由于国会对美国政府谈判权力施加的限制，美国无法做出回应。相反，谈判回到了烦琐的双边逐项协商的方式。

总体结果相当平淡。EEC降低了运输设备、电气和工业机械以及化学品的关税；美国削减了在机械、电气设备、钢铁和汽车方面的关税。削减只影响到美国与EEC全部贸易的三分之一。关税削减的平均总比例为7%，与EEC最初提出的20%的降幅相差甚远。农业部门的谈判争议更大，结果更令人失望。诸如丹麦、加拿大、澳大利亚、新西兰等食品出口国决心使农业成为狄龙回合的主要议题，以期在共同农业政策（CAP）的贸易保护主义生效之前确保它们能够进入六国同盟的市场。然而，EEC 拒绝在 CAP 完全确定之前进行农业谈判。美国农业部建议暂停贸易谈判，以表达美国的不满。但是美国的立场摇摆不定，因为美国在 1955 年获得了《关贸总协定》的豁免，这样它就可以保护自己的农业。最后，美国做出让步，承认农业和碳排放上限问题不在谈判议程之列。EEC 转而保证在 CAP 实施之前不增加保护，也不建立任何限制或进口管制制度。[17]

狄龙回合凸显了促进自由贸易过程中的问题，特别是美国行政当局的谈判权限不足。只要国会限制让步的幅度，就不可能有重大成果达成。随着缔约方数目的增加，逐项谈判的方法变得烦琐、耗时且效率低下。需要大胆的新举措来鼓励贸易的进一步自由化。这一新举措就是在狄龙回合期间以 EEC 的形式提出的。尽管许多人担心 EEC 会成为保护主义的堡垒，但它给了自由化一个新的推动力。由于《关贸总协定》日益受到美国和 EEC 之间的跨大西洋力量的支配，EEC 的支持对随后几轮谈判的成功至关重要。然而，真正的进展取决于它们之间的协议。

与美国和 EEC 在《关贸总协定》中的中心地位形成对比的是，发展中国家被边缘化了。虽然发展中国家在《关贸总协定》的代表一开始就名额不足，但有理由期望它们的地位有所改善。发展中国家在《关贸总协定》中的数量稳步增长，最初主要来自拉美和南美，像劳尔·普雷维什（Raúl Prebisch）等经济学家在该地区的影响甚广，他们倡导了强有力的运动，支持通过贸易搞发展。[18] 随着 20 世纪 50 年代中期非殖民化的传播，来自亚洲和非洲的新发展中国家成员加入进来。到 1963 年，自称为发展中国家的成员在《关贸总协定》中占多数。但是到那时为止，它们在重组《关贸总协定》以更好地满足它们的需要方面几乎没有取得什么成功。例如，在 1954－1955 年对《关贸总协定》的全面审查中，发展中成员强调有必要保护它们脆弱的经济，办法是避开严酷的国际竞争，直到它们能够更好地应对竞争。它们希望保护自己的市场（通常通过高关税壁垒），但它们也希望外国市场对它们的出口商品开放。它们所呼吁的是不对称的贸易自由化。这与《关贸总协定》中那些为西方国家所理解的互惠、非歧视和开放准则背道而驰。

在关于使用定量限制的讨论中，观点的冲突具体化了。《关贸总协定》只允许在某些情况下使用定量限制，例如由国际收支问题引起的紧急情况。美国和其他发达国家坚持认为，既然二战后的恢复期已经结束，定量限制就不再合理了。但是发展中国家希望利用它来促进经济多样化和鼓励工业活动。印度颇具影响力的代表 L. K. 贾[19]（L. K. Jha）解释说，如果没有这些措施，诸多发展中经济体将容易产生波动，遭受经济压力，这将破坏国际贸易的增长。美国意识到全面禁止是不可能的，因此试图对定量限制的使用加以限制。如果需要实行定量限制，美国要求《关贸总协定》进行监督。这违背了美国的立场，因为美国对农产品进口使用定量限制——这是双重标准的明显证据。其结果是，关于定量限制（第 11 条和第 12 条）的具体条款经小幅修改后得以保留，并修订了第 18 条，以证明为经济发展而使用"任何非歧视性措施"的合理性。[20]虽然发展中国家成功地利用定量限制为自己的经济发展服务，但《关贸总协定》并没有变得更为积极或更为有效地促进经济发展。通过关税谈判开放世界贸易仍然是其核心要务。

贸易模式似乎可以证明，发展中国家的确有理由抱怨自由化对它们的经济发展不利。1958 年的哈伯勒报告显示了发展中国家在出口方面的落后程度，这部分是发达市场的壁垒所致。[21]如表 8-2 所示，1950 年至 1970 年期间，发展中国家在世界贸易总额（包括进口和出口）中的份额下降。虽然贸易量的绝对值在上升，但相对份额的下降似乎证明，对《关贸总协定》作为一个富人俱乐部的指控是合理的。这可不像《关贸总协定》秘书处所认为的那样不值一提。

表 8-2　世界贸易占比情况（％）

|  | 1950 | 1960 | 1970 |
| --- | --- | --- | --- |
| **进口情况** |  |  |  |
| 发达国家 | 66 | 66 | 72 |
| 发展中国家 | 26 | 22 | 17 |
| 中央计划经济 | 8 | 12 | 11 |
| **出口情况** |  |  |  |
| 发达国家 | 61 | 67 | 72 |
| 发展中国家 | 31 | 21 | 18 |
| 中央计划经济 | 8 | 12 | 10 |

资料来源：整理自联合国（1981）B类特表，pp.1080-1081。

1963年，21个发展中国家制定了一项八点行动计划方案来刺激出口。其中包括一项停止征收关税的规定，以防止引入新的关税或非关税壁垒；发达国家在一年内取消所有定量限制；热带产品免关税进入工业市场；取消初级产品关税；将半加工或加工产品的关税削减50％，三年内逐步实施；控制国内税收，提高出口产品的竞争力。在整个方案中，很明显，制定者期望发达国家采取行动，促进发展中国家的出口。

这些措施虽说亟须执行，但其执行完全取决于发达成员是否愿意根据这些措施采取行动。EEC尤其不愿妥协。它的代表们拒绝赞同前七个要点，理由是这些措施不够妥善——这些措施没有对发展起到足够的作用，因为它们要么没有抓住要点，要么有可能使事情变得更糟。例如，热带产品问题的关键在于价格，而不是市场准入。它们呼吁采取"更积极的措施",进行更多研究以便更好地了解发展中国家面临的特殊挑战。[22]因为无所作为,发展中国家变得愤愤不平。[23]美国负责经济事务的副助理国务卿菲利普·H. 特雷兹(Philip H. Trezise)对"发展中国家对《关贸总协定》如此不满"感到震惊。[24]

尽管发达国家对八点行动计划反应平平,但是发展中国家在其他方面的确取得了一些进展。它们于1964年设立了一个贸易和发展中心,其职责是向发展中国家提供有关贸易政策和参加贸易谈判的专门技术知识。《关贸总协定》也开始考虑把优惠从发达国家扩大到发展中国家以及在发展中国家之间扩大优惠的利弊。这是一项更有希望成功的措施,因为它体现了发展思想的一些前提:发展中国家应得到特殊和差别对待,发达国家有责任采取单边行动来鼓励发展。但美国官员反对优惠关税待遇,因为它是歧视性的,而且他们认为这不会奏效。他们认为,帮助发展中国家的最佳方式是消除歧视性壁垒,而不是引入新的歧视。[25]并不是所有发达国家都同意美国的立场。比利时官员认为,个别国家会将个人偏好扩展到特定行业。这种遴选方法将确保那些最需要优惠的国家从中受益,那些最有希望进行高效生产的产业将因优惠而受益。日本只对竞争性产业给予优惠,并且时间不长。关于实施优惠政策的最佳方式意见纷纭,加上美国的反对,这种情况意味着什么都没有敲定。[26]

预期的优惠受益者之间的分歧进一步削弱了实施优惠的理由。尼日利亚和乌干达希望将优惠施予最不发达国家,而不是那些较富裕的较不发达国家。已经享有优惠待遇的发展中国家(如前法国殖民地)不愿分享它们的优势。以色列坚持认为,优惠只应有利于最有可能在世界市场上具有竞争力的产品。而巴西主张对《关贸总协定》内外的所有发展中国家给予优惠。[27]《关贸总协定》的发展中成员也是一个无效的游说团体,因为《关贸总协定》是通过寻求一致通过来运作的。《关贸总协定》很少举行投票。发展中国家无法利用它们的多数优势。

到20世纪60年代中期,发展中国家有了其他可以求助的平台,特别是联合国贸发会议(UNCTAD),它正是为了促进发展而设立的。它在1964年举行了第一次会议,对《关贸总协定》持批评态度。从贸发会议的观点来看,《关贸总协定》强调消除贸易壁垒,这与发展毫不相干。普雷维什所称的"经济同质性的抽象概念"——认为所有缔约方都应得到平等对待——对发展中国家是有害的。《关贸总协定》也未能阻止区域贸易集团的崛起(特别是在欧洲),发展中国家声称这些集团转移了它们的贸易。《关贸总协定》未能限制发达国家对发展中国家出口采用定量限制,也不能促成大多数发展中国家所希望的商品协定。[28]简而言之,《关贸总协定》的做法已经过时,因此它在建立"必须满足发展需要的新秩序"方面靠边站了。[29]

《关贸总协定》的第一任执行秘书埃里克·温德姆·怀特(Eric Wyndham White)为该组织辩护,驳斥了许多诋毁它的人。[30]他在联合国贸发会议上舌战众人。他承认《关贸总协定》没有取得足够的成就,但是认为《关贸总协定》不能简单地放弃它的规则和义务。他承认关税优惠问题尚未解决,并指出《关贸总协定》的行动"审慎多于勇武";然而,这个问题只是没有得到解决,而非被搁置。[31]他还指出,发展中经济体占缔约方的三分之二,它们有责任在总协定框架内共同努力,使贸易为发展服务。因此,他大胆地断言《关贸总协定》"一度是富人俱乐部",并坚持包容和普世的理想。最后,他把注意力转向未来,特别是几周后即将开始的肯尼迪回合,他认为这一回合的谈判对世界贸易的未来意味着希望。

在《关贸总协定》制度性发展的那些年里——成员更多、组织更复杂——矛盾冲突不断,特别是在美国和 EEC 之间以及发展中国家和发达国家之间(这两个轴心表现得更为明显)。一些冲突的解决有利于一方或另一方——例如,坚持将农业排除在狄龙回合之外,未能采用新做法来促进贸易和经济发展。尽管自由主义认为贸易使所有人受益,但人们也普遍认为贸易有输有赢。《关贸总协定》的主要成员试图确保每个成员都能赢,至少在某些时候是这样。即便如此,好处也不是平均分配。工业品的自由化意味着工业国从《关贸总协定》得到的好处比生产农产品的国家要多。所谓的输家,即受益较少的发展中国家,开始感到不满,并要求采取有意义的行动和让步措施。但是,发达国家也没有全心全意地支持自由化。令许多人感到惊讶的是,正是 EEC 在这一时期推动了制造业贸易自由化的潜在发展,而不是美国。相反,是美国半心半意地敦促将农业纳入谈判,但遭到了 EEC 的阻挠。这种推拉力量是推动自由化的引擎,决定了《关贸总协定》能否以及如何应对发展的要求。这种推拉力量在本质上彼此对抗,能带来进展,也会导致僵局。

## 肯尼迪回合:贸易自由化的复活和保留

从美国的角度看,EEC 既是挑战又是机遇。一方面,它可能发展成为一个内向贸易集团;另一方面,自 1947 年以来美国第一次有了可靠的谈判伙伴。同样重要的是,制造业贸易在大西洋和西欧迅速增长。进一步削减关税可能会维持这种增长。情势发展促使美国需要制定新的贸易政策,使其能够通过"整体削减关税而不是传统的逐项商讨"方式在激发影响深远的自由化方面发挥自己的作用。[32] 1962 年 1 月,肯尼迪总统向国会提交了增强美国议价能力的贸易法案的文本。他指出,"欧洲经济共同体的增长"已经使美国的传统贸易政策过时。[33]《贸易扩展法》授权工业部门的关税直线削减50%，在某些情况下，甚至取消关税，从而放弃前几轮中使用的逐项谈判方式。一个能够提供互惠性让步的强大而平等的伙伴的存在，也会促使国会支持政府进行基于新的谈判原则的新一轮贸易谈判。[34]人们担心EEC可能成为农业贸易保护主义的堡垒，这也促使美国采取更大胆的贸易方式。尽管CAP的上限尚未最终确定，但人们对其贸易保护主义影响的担忧加剧了。因此，美国坚持农业应该被完全纳入谈判中来。新的贸易政策是对EEC保护主义和自由化冲动的回应。

EEC成员支持美国提出的新一轮贸易自由化的建议。它们把降低关税视为维持对美国和欧洲自由贸易联盟（EFTA）成员国工业出口增长的一个机会。EFTA是另一个欧洲贸易集团，但它的活力远不如EEC。其成员国愿意减少四项CET，以便在其他地方获得补偿性关税减让。竞争力的提高使法国和意大利等传统上保护主义色彩更浓的国家更容易接受多边自由化。此外，作为一个单一实体进行谈判赋予了它们一种新的议价能力，可以推动美国做出更大幅度的关税削减。EEC已经准备好跨过CET的防护墙，与美国展开正面竞争。[35]

在联合国贸发会议的支持下，发展中国家的商业优先事务显然在肯尼迪回合谈判预备阶段得到了认真的考虑。一系列部长级决议指出，将"尽一切努力"降低发展中国家的出口壁垒；尽管这一回合的目标是将关税降低50%，但影响发展中国家产品的项目应超过这一阈值；需要特别关注热带产品；最后，发达国家无法在与发展中国家的谈判中寻求平衡的互惠——让步是不对称的。[36]这似乎是发展中国家最有希望参与一轮关税谈判的基础。

被欧洲人称为"肯尼迪回合"的新一轮谈判于1963年至1967年在日内瓦举行。不出所料，EEC和美国占主导地位。尽管它们共同支持新一轮谈判，但双边谈判进展得并不顺利。与前几轮谈判一样，与会各方寻求达成平衡的协议。因为谈判代表需要使国内民众接受协议,这一点很重要。因此,EEC着重指出自身和美国关税之间的差异,即EEC最高关税和最低关税之间的差距比美国的要小得多,而美国的最高关税往往要高得多。这意味着,尽管关税直线削减会降低较高的关税,但美国关税仍将高于较为温和的欧洲关税。因此,EEC要求协调跨大西洋的关税水平,而这需要美国大幅削减关税。[37]

美国拒绝在协调基础上进行谈判。美国的谈判代表们试图在关税协调辩论中孤立EEC。他们发起强烈的抵制运动(法国人声称,这首先表现为抵制巴黎)。EEC被美国毫不妥协的谈判立场吓了一跳,这与它之前受到的温和待遇形成鲜明对比。一些人怀疑美国的谈判是否反映了其潜在的反EEC的态度。事实上,美国在谈判中的坚定立场反映了它的信念:EEC过于关注内部纷争和危机,需要对它施加压力以促进贸易自由化。[38]

尽管美国决定与EEC正面对抗是其谈判策略的一部分,但肯尼迪回合谈判威胁要拆散大西洋联盟,而不是像肯尼迪最初设想的那样——通过扩大贸易联系来加强联盟。美国与法国和联邦德国的双边关系因虽与此轮谈判无关但仍涉及贸易谈判的问题而闹得格外紧张。一场关于美国在德驻军经费的争吵恶化了美德关系。在美国对其国际收支平衡日益感到担忧之际,安全部门的责任分担问题成为紧迫的政治问题。由于在大西洋联盟的治理、安全和货币问题以及核武器等问题上存在分歧,美法关系一度变得紧张。1966年3月,法国总统戴高乐(Charles de Gaulle)决定退出北大西洋公约组织(NATO)的指挥机构,再加上法国对美元的政策和对约翰逊在东南亚军事行动的公开批评,使得两国关系进一步恶化。到1966年中,美国财政部得出结论说,法国正在对美国发动"经济战争"。[39]

美国的地位也受到其对EEC贸易顺差下降的强烈影响。对充满贸易保护主义色彩的共同农业政策的了解，加剧了美国对EEC狭隘经济政策的担忧。日益恶化的美国经济形势重燃国会的保护主义火苗。国会对自私的欧洲盟友和欧洲一体化的不信任感与日俱增。约翰逊无法忽视国会的情绪。到1967年，随着肯尼迪回合谈判接近尾声，美国国务院面临巨大压力，难以提出一个令人信服的理由来说明国内经济利益应服从安全考虑。美国的政策仍然表现为大力支持欧洲一体化并愿意忍受某些歧视，但由尼克松精心策划的政策变动已经在酝酿之中，托马斯·W. 泽勒将在下一章对此进行分析。就目前而言，这些紧张情绪已渗入肯尼迪回合谈判中。美国和EEC驻日内瓦代表团之间的不信任感加剧了。[40]

尽管发生了这些争执，但在工业领域的谈判进展顺利，因为美国和EEC在降低关税方面有共同的利益。如图8-1所示，降幅最大的是工业国家之间最具活力的贸易领域，特别是机械和运输设备部门，这些部门的关税降低了45%。其他部门的关税降幅较小。例如，EEC将纸制品的关税降低了15%。由于美国和EEC的共同反对，钢铁和纺织品的关税仅分别降低了10%和20%。定量限制仍然存在，抵消了减税的一些影响。[41]

减少农业保护主义的谈判取得的进展要小得多。美国和EEC并没有讨论适用于个别商品的贸易壁垒以及如何减少这些壁垒，而是就是否应该实行自由化进行了辩论。美国坚持农业部门必须自由化。然而，自由化意味着EEC必须扩大其对粮食等基本商品的进口配额，而它却拒绝放弃1955年获得的配额。对EEC来说，任何自由化都是有很大问题的。在共同农业政策制定之前，六国同盟不会就《关贸总协定》框架下的农业问题采取行动。但是，当这一机制最终于1966年7月建立时，受制于内部否决权制度，在日内瓦没有多少谈判的余地。例如，EEC可以将进口配额扩大到第三国，以维持稳定的进口水平，抵消共同农业政策带来的歧视性影响。但法国反对这样做。或者，EEC可以降低其共同价格，就某些大宗商品（如谷物）而言，就比世界价格高出60%。但德国坚决反对降低价格。[42]为了强化自己的立场，美国威胁说除非EEC同意减少对农业部门的保护，否则就不结束工业部门的谈判。[43]即使存在这种压力，随着肯尼迪回合谈判的结束，也只是象征性地降低了家禽、水果和蔬菜、动物内脏和烟草的关税。尽管多哈回合谈判开始时，与会方承诺将在农业贸易方面取得突破，但谈判再次被搁置。美国接受了《关贸总协定》在这个领域的失败，从而使这轮谈判得以结束。[44]

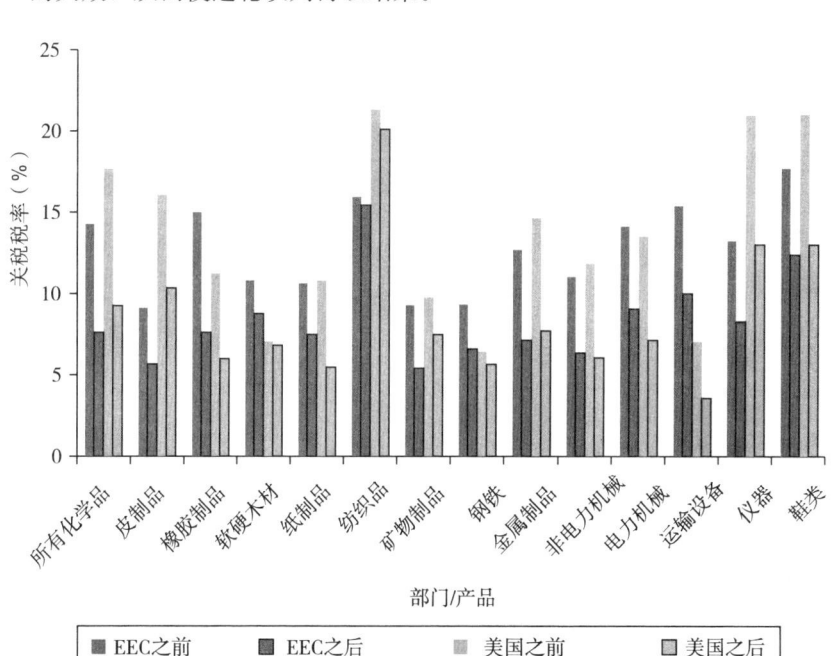

**图8-1　肯尼迪回合谈判前后EEC及美国进口商品平均关税（与CIF的比值）**

资料来源：整理自Preeg（1970），pp. 208-212。

肯尼迪回合在一片欢呼声中结束了。尽管存在长期的分歧和许多不足之处,但减少壁垒的共同目标带来了显著结果(尽管结果好坏参半)。美国与EEC之间的争端得以避免,也让人松了一口气。关税平均削减了35%,约三分之二的削减幅度达到50%。CET的平均水平为8.2%,日本平均关税水平为11.5%,英国为10.4%,美国为9.4%。[45]

但对发展中国家而言,似乎没有什么值得庆祝的理由。实现茶叶、咖啡、可可、香蕉、油籽、木材等热带产品的贸易自由化一直是它们的首要任务之一。这些商品不仅遭遇关税壁垒,还必须克服国内收费造成的价格提高问题,这往往会使这些商品失去竞争力。例如,联邦德国的一项国内收费相当于对茶叶征收71%的从价税。[46]虽然对热带产品的关税有一些重大的减让,但这对热带产品贸易额的影响不到50%,而且仍然有国内收费。[47]

发展中国家的代表们认为,EEC是热带产品贸易自由化的主要障碍。EEC的抵制与它根据《雅温得公约》同前非洲殖民地达成的优惠协议有很大关系。《雅温得公约》是EEC与18个新近获得独立的前非洲殖民地在1964年签署的联合协议。各盟约国反对减少任何优惠,甚至要求EEC提高对其他发展中国家的关税(这限制了EEC的谈判筹码)。这个问题也引发了六国同盟内部的分歧。德国和荷兰赞成大幅降低咖啡、可可、香蕉和朗姆酒的关税,认为这将表明EEC的自由化态度。法国则坚持认为,在EEC市场能够更加开放之前,必须稳定贸易流;它担心这类商品会充斥欧洲市场,并关注能否继续享有优惠进入法国前殖民地市场。比利时、卢森堡和意大利持中间立场。最终,六国同意将关税统一到《雅温得公约》规定的水平,并将某些产品(如茶叶)的关税降低50%。[48]

即使有这样的削减,EEC及其盟约国也没有真心实意地减少从雅温得谈判获得的优惠。许多发展中国家对此深恶痛绝,它们的态度得到了美国和英国的支持，不过这两个国家的支持别有用意。[49]英国的态度增加了发展中国家对 EEC 提高报价的压力，因为这样的削减将补偿那些在英国市场上竞争优势缩水的英联邦国家。[50]至于美国，根据《贸易扩展法》，它只能与 EEC 一起降低对热带产品的关税。拒绝进行重大削减，使这一领域失去了任何有意义的结果。[51]

发展中国家还打算使纺织品贸易自由化。在这一领域，它们已经取得了全球竞争地位，其增长与本国经济现代化、多样化和工业化的计划有关。[52]保护性壁垒和惯例做法长期以来抵消了它们的竞争优势。[53]尽管发达国家的纺织品和服装出口的体量远远超过发展中国家（见图 8-2），但美国、加拿大、英国、法国等国政府仍然抱怨市场混乱，对进入其市场的棉制品和羊毛纺织品的数量和类型加以限制。结果，日本、印度、巴基斯坦、埃及、韩国、哥伦比亚、西班牙、波兰、南斯拉夫等国通过配额限制进入外国市场。[54]远非软弱和贫穷，发展中国家反而被描绘成侵略者。

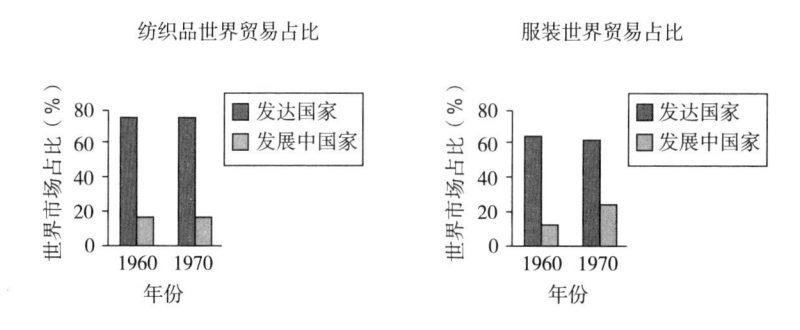

图 8-2　发达国家与发展中国家纺织品和服装世界市场占比情况

资料来源：Study on Textiles：Report of the Working Party in Textiles，GATT：L/3797，29 December 1972，GATT Digital Library，Stanford University，CA（GDL）.

在肯尼迪回合之前，《关贸总协定》一直在努力解决棉纺织品贸易中的问题。1962 年，《棉纺织品长期安排》（LTA）签订。虽然

《棉纺织品长期安排》鼓励发展中国家建立高效的纺织品生产，但它实际上给予了发达国家稳定国内市场的特权，并允许盟约国政府在此类进口"造成或可能造成进口国市场混乱"的情况下，对棉纺织品实施限制。[55] 协议生效 9 个月后，美国采取了 160 项行动来限制从 17 个国家进口棉纺织品。[56]

在肯尼迪回合中，发展中国家的谈判代表要求废除 LTA，美国则希望 LTA 再延长 5 年。发展中国家的代表改变立场，现在转而要求降低关税和扩大进口配额——这是它们接受 LTA 再延长 3 年的条件。尽管美国的约翰逊政府明白自己的双重标准——呼吁自由化，同时通过配额限制进口——并真诚地寻求纺织品贸易自由化，但它面临着国内的强烈反对。最后，它成功地在贸易保护水平上保持了稳定。尽管遭到国内反对，棉纺织品的关税还是降低了 21%（尽管这远远低于肯尼迪回合平均 35% 的降幅，以及机械行业 45% 的降幅）。剩余配额抵消了关税削减的影响。关于纺织品的谈判清楚地表明，工业化国家不愿向发展中国家做出让步，尽管它们最初曾表示肯尼迪回合将是贸易和发展方面的一个突破。[57]

在其他领域，对发展的承诺相当平淡。国际贸易与发展之间的关系可见《关贸总协定》的新章节——第四部分：贸易与发展。该部分文本于 1964 年在谈判中最后定稿。它反映了早期的提案内容：例如，要求取消发展中国家的贸易壁垒和发达国家的单边行动。《关贸总协定》的缔约方中必须有三分之二批准新的章节，方能正式修改这一协定；不能草草批准。1966 年 6 月 27 日，终于达到了必要的三分之二阈值，第四部分开始生效。对批准第四部分的冷漠和拖延证实了：通过贸易促进发展不是肯尼迪回合的优先事务。《关贸总协定》成员也一直在讨论实行优惠关税以使发展中国家的出口和工业受益的可能性。这一措施违反了《关贸总协定》不歧视的核心原则，但它符合发展中国家需要特殊待遇以实现经济增长和多样化的理念。然而,《关贸总协定》成员对这样的措施在实践中是否有效意见不一。美国是最坚决反对优惠措施的国家。优惠措施的实际实施也存在争议:应该将优惠扩大到最需要帮助的国家还是最有希望的行业?它们应该是通用的还是有选择性的?最终采取了零敲碎打的优惠措施,但《关贸总协定》对优惠没有明确的立场。这边《关贸总协定》的辩论仍在进行中,那边贸发会议于 1968 年已开始施行普遍优惠制(GSP)。1971年,《关贸总协定》终于批准了为促进发展中国家出口而实行的优惠政策。但这样的事件发生概率太小,来得也太迟。[58]

随着肯尼迪回合谈判进入最后关键阶段,解决美国与 EEC 之间挥之不去的分歧是结束这轮谈判的首要任务。为了安抚《关贸总协定》中的发展中国家,温德姆·怀特组织了两次与发展中国家代表的会议。发展中国家要求最大限度地降低它们的出口关税,取消对热带产品的关税,并立即生效。这些要求没有得到满足。秘鲁大使何塞·恩西纳斯(José Encinas)代表一个发展中国家非正式小组发言,表达了发展中国家的集体失望态度。发展中国家最感兴趣的贸易问题——热带产品、商品协定、取消非关税壁垒和立即对发展中国家做出让步——没有得到解决。他解释说,其结果是发展中国家"无法在同等程度上分享发达国家对会议结束的满意态度和肯尼迪回合的谈判成果"[59]。有 8 个发展中国家选择不削减关税,另有 8 个国家没有签署最后协定。它们的抗议部分是象征性的,部分是政治性的。美国官员公开坚称,肯尼迪回合谈判为发展中国家的出口带来了实实在在的好处和机会,仅美国的让步就价值 9 亿美元。但他们却私下承认"发展中国家从肯尼迪回合得到的比发达国家少",发展中国家"在肯尼迪回合之后在世界贸易中处于比以前更大的劣势"[60]。

《关贸总协定》的一项研究也证实,发展中国家感到失望是理所当然的,尤其是它们在回合开始时寄予了厚望。例如,降低 50% 以上关税的挑战只是影响到对发展中国家的所有关税减让的四分之一左右。[61]对发展中国家产品的关税减让的平均幅度低于在谈判中实现的总体平均降幅:29% 相对于 35%。[62]对发展中国家的产品仍有数量限制。对发展中国家的制成品出口征收的关税高于未加工的同类产品。因此,分析得出结论:"谈判所依据的原则和程序没有考虑到发展中国家的特殊发展问题,因此导致了令这些国家失望的结果。"[63]迫于压力,温德姆·怀特发表了一份声明,指出肯尼迪回合的结果没有达到发展中国家的期望。[64]

## 结论

《关贸总协定》内的贸易谈判总是涉及谈判伙伴之间的冲突。双边谈判框架使得两国代表彼此对立。当一国寻求扩大市场准入时,另一国通常不欢迎更大的市场准入。为使对方放弃不情愿的态度,一方可能做出种种让步。要想寻求获得彼此都做出让步的对等交换可不容易:这些谈判颇具对抗和好斗色彩。通过举行多轮谈判,《关贸总定》变成成员方的逐利之地,它们借此为其最具竞争力的产品追求更自由的贸易,也为其竞争力最脆弱的产品坚决抵制自由贸易。总的来说,这种对抗式的交换奏效了。在每一轮谈判结束时,世界贸易自由化的程度都被推向更深、更远。冲突并没有阻止美国和 EEC 之间的贸易自由化。双方都认为自由化将利于它们的经济增长,因此能够通过不断减少贸易壁垒的妥协来调和它们之间的冲突。从这个意义上讲,跨大西洋冲突是《关贸总协定》的一部分,但它对促进日益自由的贸易也至关重要。在发达国家和发展中国家的贸易关系中,冲突由来已久且根深蒂固,但在这种情况下,冲突既不利于自由化,也不利于提出倡议开展贸易、促进经济发展。同其他章节一样，本章揭示了：在追求交易机会的过程中，不管是否受到限制，冲突都是固有的存在。

由于贸易政治化以及国际贸易活动与国内经济活动之间的界限被打破，贸易谈判中也存在着冲突，因此，各国谈判代表在《关贸总协定》中采取了零和的观点，努力争取在尽可能少地放弃任何利益的同时获取最大利益。对经济逻辑的抵制也解释了为什么发达国家在《关贸总协定》中没有为发展中国家的经济发展和多样化做出让步。没有人会否认，随着发展中国家变得更加繁荣，它们的国民将成为更活跃的全球消费者。但如果这样做会危及本国经济，很少有人愿意采取措施促进这类自由贸易的发展。发展中国家由于在农业生产和纺织业最为活跃，因此遭到坚决的抵制。农业经常受到广泛保护，纺织业——欧洲和北美洲的纺织工人往往缺乏技能，因此长期失业——未来繁荣的承诺还不足以说服政府接受当前现实的痛苦和强烈反对。国内压力和游说团体的力量意味着必须灵活运用《关贸总协定》的规则。由于贸易保护主义和更自由的市场彼此共存，《关贸总协定》的规则中包含了体现在其商业政策内的新重商主义理念。最重要的是，这种灵活性为发达国家在《关贸总协定》框架内调解冲突提供了空间。

贸易的竞争性质和《关贸总协定》的结构特点注定了诸多回合的贸易谈判将冲突重重，其结果是在随后的每一轮谈判中，包括成立世贸组织的乌拉圭回合（1986—1994）在内，都证明了这个论点的正确性。世贸组织后来将《关贸总协定》吸纳进来。但是《关贸总协定》的谈判给贸易和冲突之间的关系带来了一些新的变化。冲突解决了彼此矛盾的主张，推动成员方对自由贸易秩序做出更大的承诺（尽管总是有例外，如农业问题，即使存在诸多冲突也没有打破僵局）。一旦贸易自由化进程开始停滞，EEC 作为《关贸总协定》内高效而强大的团体,它的出现就点燃了这一进程。它促使美国在20世纪60年代重新承诺贸易自由化。同样,美国向EEC施压,要求其抵制自身的保护主义倾向,尤其是在农业方面。它们之间的贸易谈判是商业巨头之间的斗争,由于它们势均力敌的地位,这些谈判可能而且确实会极为耗时。但当它们能够达成一致时,它们共同的影响力推动了自由化的不断前进。

《关贸总协定》成员未能以有利于农业和纺织业等关键领域贸易自由化的方式解决发达国家和发展中国家之间的冲突。发展中国家在20世纪60年代作为独立国家登上世界舞台,这在日内瓦是不可忽视的。它们提出自己的要求,这有充分的经济理由,也有植根于社会正义的令人信服的逻辑,但它们在日益扩大的全球贸易体系中的地位远远比不上西方和工业化国家。两个障碍使得它们难以推进自己的贸易利益,特别是与它们利益攸关的自由化问题。首先,它们四分五裂、一盘散沙,因此不能运用它们的集体力量与发达国家谈判。其次,它们不愿减少自身的贸易壁垒,这使它们在谈判桌上被边缘化。在市集式的彼此让步中,获得的唯一方法就是给予。为了抵消发展中国家在谈判中的劣势而实行的非互惠规则,实际上并没有帮助它们实现其目标,发达国家根本无视它们的要求。即使有让步,发展中国家仍然不满意,它们的不满在受挫的多哈回合贸易谈判中得以发泄。它们在寻求自由贸易政策的例外方面获得了更大的成功,因为这些措施几乎没有牺牲《关贸总协定》的主要发达成员。皮尔斯·勒德洛(Piers Ludlow)最近将EEC描述为商业巨头。[65]相比之下,发展中国家虽有发言权,但人微言轻、无足轻重。这些冲突更广泛地体现了全球经济中的权力分配。

《关贸总协定》成为众多分歧、紧张关系和竞争的焦点,因此它经常遭受抨击,很少得到赞扬。虽然有些国家偶尔考虑退出该组织,但没有发生严重的退出事件。事实上，总有一些国家排队等待加入《关贸总协定》——这足以证明它们相信加入《关贸总协定》将使它们受益。但是几乎没有《关贸总协定》成员愿意公开支持《关贸总协定》或为《关贸总协定》而欢呼——这是《关贸总协定》成员所要付出的国内政治和经济代价的证据。因此，《关贸总协定》仍然是一个有价值但不受欢迎的机构。为了证明其持续存在的重要性，它不得不发起更多回合的贸易谈判，鼓动并加剧那些因追求贸易而激起的紧张态势、竞争关系和刻薄言辞。《关贸总协定》身处进程的核心，这个进程凸显了国家间利益的冲突，创造了赢家和输家，并将危机和失败作为推动自由化的工具。然而，这个进程不应该与最终结果混为一谈。事实证明，尽管通往自由贸易的道路充满荆棘，但人们仍怀有令人敬佩的执着和信心，自由贸易将使各国经济相互依存，从而使世界更加繁荣、稳定与和平。

# 第九章　尼克松与国际经济的搏斗

托马斯·W. 泽勒

"总统先生说，这个国家需要一个目标。也许我们得宣传鼓动一下。我们一直以来都是以项目为导向，现在我们需要以目的为导向。"[1]这是办公厅主任 H. R. 霍尔德曼（H. R. Haldeman）在 1971 年 7 月 23 日的日记中所记录的内容，即白宫与理查德·尼克松（Richard Nixon）总统关于美国和世界在维持和平与繁荣方面所面临的挑战的谈话。由此可以看出尼克松在关键时期对国际经济的总体态度，而此时距第二次撼动了国际经济和政治结构的"尼克松冲击"（第一次是缓和中美关系）仅三周时间。因此美国政府废除了存在数十年的布雷顿森林体系，并对进口商品临时征收 10% 的附加税。总统私下决定处理危及美国海外事务、损害国内经济（并影响其 1972 年大选前的政治地位）的美国贸易和国际收支失衡问题。不过即使是出手处理，也不会走贸易保护主义道路，也不会以邻为壑，采取可能破坏盟友关系、危害美国自由贸易领导者形象的做法。这是一个棘手的平衡行为，包括对海外朋友相当坦率而无情的言辞和行动。它是受到国内政治推动的咄咄逼人的单边主义，乍一看，这无疑是对多边主义准则的打击。尼克松整体上并不乐见《关贸总协定》体系中的贸易冲突，但对抗式的交换策略可以服务于他的政治目的，将资本主义贸易体制带入新时代；美国应同其贸易伙伴更加平等地共担责任，让他国认识到美国不再像以前一样一味强调霸权。因此，1971年8月15日"尼克松冲击"背后的观念是：贸易可以用来推动有利于美国国家利益的变革。为了达到更大的目的，偏离多边合作似乎也可以接受。

曾可以让美国在国内外大手大脚花钱的以市场为导向的多边体制，到尼克松就任总统的时候，已经濒临随时爆发危机的绝境，其燃点就是美国同其他国家在贸易、投资和货币兑换中造成的净亏损或者国际收支赤字。尼克松承认，美国已经进入一个充满限制的新时代。1945年以来，美国一直是国际经济和经济体系的霸主。到20世纪50年代末，欧洲国家大力推动经济复苏，向美国的霸权地位发起了挑战。欧洲经济复苏曾是美国外交的一个努力目标。欧洲国家从第二次世界大战和纳粹统治的废墟中站了起来，重新获得了权力地位，这是美国的期望，甚至大为欢迎。因此，新总统明白，从实际意义上讲（尽管不一定发自美国人的内心），所谓的"美国世纪"只是一个简短的世纪，跨度大约有四分之一个世纪。尽管如此，尼克松不愿对美国领导地位的挑战置之不理，放弃国家利益和经济收益；他的目标是变革脆弱的政策，纠正日益恶化的国际收支逆差，这种逆差削弱了美国在世界上的实力和声望。

他的方法明显带有新重商主义的色彩。简而言之，尼克松身为国际主义者，虽说把进口、出口、美元地位、金融交易等问题直接归入国内政治范畴，不过他决心通过多边金融和商业协议与他所认为的真正的威胁——中苏共产主义——做一番斗争。也就是说，这位国内政治操盘手在看待国际经济政策时，考虑的是这些政策会为他在美国民众中赢得多少选票（即他在1972年竞选连任时），以及强硬的海外政策在国会中会起到多大作用。因此，尽管战后的前20年见证了经济屈从于政治——因为美国遥遥领先于其他竞争对手，所以它对自身的经济表现几乎不必担心——但在20世纪70年代的10年里，当其他国家开始侵犯美国的霸权地位时，美国的贸易手段与外交手段开始齐上阵。因此，尼克松启用1971年1月成立的国际经济政策委员会（Council on International Economic Policy），将贸易与国内事务和战略外交政策结合起来，也就不足为奇了。[2]新重商主义将与自由主义一道在国内赢得尼克松的认可。他向霍尔德曼指出，仅遵循开放和公平的自由经济一般原则的做法将不再主导美国与世界的交易——"以项目为导向"的政策将被"以目的为导向"的政策所取代。尼克松的第二次冲击将是总统津津乐道的那种"大举措"，这种"大举措"带有激怒盟友的风险，但也可能给所有人带来好处，而且肯定会校正世界经济中不现实的模式和有害的趋势。[3]

## 金钱驱动的贸易政策

美国在贸易领域的问题源于布雷顿森林体系下功能失调且过时的金融交易体系。实际上，第二次"尼克松冲击"最持久的影响出现在全球货币关系中。尼克松把注意力放在正在失控的通货膨胀上——它已威胁到贸易平衡和货币的可兑换性。他对沮丧的世界银行家们说："虽说美元是我们的货币，但这是你们的问题。"[4]不断攀升的失业率和债务让政府忧心忡忡，而在1970年的中期选举中，共和党在国会遭受的失利更是让白宫对尼克松1972年的连任充满警惕。当时应该采取措施重振经济，但这样的行动可能会在1971年的全球外汇市场引发针对美元的投机浪潮。

根据布雷顿森林体系中的国际货币规则，美元不能通过贬值来弥补国际收支逆差。因此，将美元兑换成美国黄金是贸易国的唯一途径。然而，这个过程显然行不通：1971年，美国的国际收支赤字预计将达到220亿美元，这意味着美国将继续出现黄金外流。约翰·康纳利（John Connally）领导下的民族主义色彩浓厚的财政部建议，通过强制调整货币来对布雷顿森林体系进行全面改革，而不是仅仅关注欧洲国家（尤其是联邦德国），让它们增加在北约防务负担中的份额。康纳利喜欢华而不实的花架子做法；正如尼克松的助理、之后的国际经济政策顾问彼得·弗兰尼根（Peter Flanigan）回忆的那样，这位得克萨斯州前州长"确实（对汇率）一无所知，但他喜欢屁股上挂着大枪跺着脚走来走去"[5]。

随着对美元和黄金的持续追逐，康纳利主张暂停美元储备可兑换黄金的制度，为建立灵活的新货币体系进行谈判。1970年春夏，他曾暗示，欧洲各国财长和银行家将采取这种更为冒进（如果不是激进）的方式。例如，法国和德国的银行家在慕尼黑的一次会议后曾说，康纳利拒绝谈论美元贬值或修改黄金价格。美国可能会做的是退回到"堡垒式美国"模式，即"严厉切断"为海外军事事务提供资金所需的信贷，以便"重新校准"美国的国际收支账户。他没有详细阐述对黄金-美元标准或整个国际货币体系改革的看法，但其立场十分明确：贸易伙伴可以进行必要的改革，帮助美国摆脱财政困境，否则它们将面临华盛顿单方面采取行动。[6]

康纳利在这一点上争取到了尼克松的首肯，不过尼克松激怒了美国的盟友，当然也考验了多边主义准则。1971年8月15日，美国官员在戴维营举行历史性会议后，政府宣布的新政策符合美国的利益，其言辞轻慢不恭。让人担忧的是，没有一个国务院成员被邀请到总统官邸，甚至连国家安全委员会（NSC）顾问亨利·基辛格（Henry Kissinger）都不知道这次会议。相反，经济民族主义者倒是济济一堂。康纳利已经告知国际银行家们，如果是不符合美国长期利益的体系，美国是不会参与的。也是由于康纳利的敦促，美国政府开始实施大胆的新经济政策：管控薪资和物价，提升关税；最重要的是，美元停止兑换成黄金。正如基辛格所指出的，康纳利早些时候曾说过：

> 即使考虑到友谊、需求或能力，美国也不能再承担如此沉重的共同负担。坦率地说，美国人民将不再允许他们的政府参与那些不能如同交往国那般明确符合自己真正长期利益的国际行动。[7]

基辛格并不是第一次与盟国进行强硬而现实的对话，他指出：自我们结成同盟以来，从未听到过这样的言辞。它动摇了我们官僚体系的根基，同样也动摇了我们盟友的乐观想法：协商原则赋予了它们否决美国单边行动的权利。[8]尼克松砰的一声关上了黄金窗口，向国内观众呼吁的同时也震惊了国内外那些珍视建立在多边协商基础上的货币和贸易自由化的人。经济战争——最起码是一场口水战——似乎迫在眉睫。

尼克松的突然改变震惊了全球金融网络。他拒绝让美元贬值，因此各国央行基本上都采取了让本币贬值的新方法。1971年11月，10个资本主义大国在华盛顿会晤，签署了《史密森协定》。作为美国使美元贬值至每盎司黄金38美元的回报，日本使其货币升值幅度高达16.9%（使其出口产品更加昂贵），联邦德国货币升值幅度超过13.5%。即使是如此这般的安排，也只是一时的应对之举，整个货币体系很快变得更不稳定。各国不断重估形势。接着，欧洲货币市场在1973年初关闭。各国选择了本国货币对美元的汇率上下自由浮动。人为干预措施被抛到一边，市场取而代之，布雷顿森林体系被彻底埋葬。国际货币基金组织（IMF）和世界银行（World Bank）的职能发生了转变，一改原来只专注于维持固定汇率、提供资金支持的传统做法，转而成为推动自由企业和市场意识的力量。美元保持了其作为全球交易媒介的特权地位，但美元与其他货币的波动为多边开放奠定了基础；全球贸易和金融扩张奠定了后来几十年的市场革命和全球化进程。

## 全球竞争

美国领导世界经济从第二次世界大战中成功复苏，但麻烦的根源也在此。因为复苏需要被高估的美元以使盟友的出口更具吸引力，当欧洲和日本正努力纠正自己，随之而来的却是美国海外贸易和收支平衡的恶化。自由世界的大国，即 EEC 的六个成员国，再算上加拿大和日本，享受着主要由美国人掏钱的相对廉价的安全保障。它们通过大力扩大出口，也通过在尼克松当政时代保护本国市场免受外来因素影响，成为美国有力的贸易竞争对手。结果，美国的经济负担加重了。20 世纪 70 年代，美国总体贸易顺差迅速减少。到 1971 年，美国出现了 20 世纪的第一次贸易逆差。然而，随着这 10 亿美元的贸易逆差在第二年变成 40 亿美元，情况变得更糟了。例如，从 1970 年到 1971 年，日本对美国的贸易顺差翻了一番，达到 80 亿美元。美国对 EEC 享有贸易顺差，但其从欧洲的进口增长非常迅速。[9]

看着这些令人沮丧的统计数字，尼克松团队把安全依靠美国、恭顺的日本作为信手拈来的替罪羊，但 EEC 代表着更大的威胁。在每一个经济领域，六国同盟都成为挑战美国领导地位和霸权的强大存在。甚至在 20 世纪 50 年代，美国和欧洲之间的生产力差距也在迅速缩小。到 1969 年尼克松上任时，这种差距缩小的趋势确然无疑。随着美国对欧洲地区的贸易顺差开始减少，欧洲也在出口领域赶了上来。当然，这在很大程度上无可避免，因为到 20 世纪 70 年代，自二战中复苏的进程已经结束；美国不可能继续保持其战后初期那般巨大的经济优势。而六国同盟和英国领导的七国欧洲自由贸易联盟（EFTA，一个比EEC更松散的组织）这两个组织有成为内向型贸易集团的发展趋势，可能会对美国关上大门。事实上，美国对这两个实体的出口都开始下降，这引起了大西洋彼岸的美国对欧洲可能产生贸易保护主义的警惕，尤其是在《关贸总协定》的肯尼迪回合谈判未能向外界开放EEC的农业市场之后（吕西安·科帕拉罗和弗朗辛·麦肯齐在上一章解释了这一结果）。从美国的角度来看，EEC妨害了美国的贸易政策，尤其是在农业领域，尽管华盛顿做出了巨大努力来维持欧洲的门户开放。

肯尼迪回合谈判值得仔细研究，因为美国的政策制定者认为，美国要想得救，部分取决于应对共同市场保护主义问题的贸易谈判，而由此遭到的抵制让尼克松认为不管采取什么令欧洲盟友震惊的做法都不为过。在1964年至1967年的会谈中，美国试图通过向欧洲和日本推进传统的贸易自由化来重新确立其对西方经济体系的领导地位；特别重要的是使EEC的共同农业政策自由化，以便美国能够利用其在农业贸易方面的比较优势，处理掉其过剩产品。美国还寻求降低外部工业关税，以便美国公司在国内生产后再出口，而不是试图跨越贸易壁垒，在欧洲投资和生产。法国人直接予以拒绝，因为他们明白共同市场取决于他们能否进入德国农业市场，作为交换则是对德国工业产品开放市场。当美国人试图让英国进入EEC以削弱法国的不妥协态度时，法国总统戴高乐否决了英国加入EEC的提议，将其解读为试图阻止共同市场的一体化。在肯尼迪回合谈判中，尽管其化工产品和钢铁贸易仍受到巧妙设计的非关税壁垒的保护，但欧洲确实降低了工业关税。此外，法德之间的交换条件以及长期的保护主义倾向仍然阻碍着跨大西洋农业贸易，到今天仍是如此。这对美国的影响是显而易见的。1969年美国对六国同盟的粮食销售总量还不及三年前的一半。[10]

事实上，西欧国家的与贸易相关的经济行为和模式更为多变，令尼克松感到不安。尽管到20世纪60年代中期，六国同盟仅占美国总产量的三分之一，但其实际购买力已达到美国的一半。该地区正处于从生产和工人阶层向消费阶层的转变过程中，工人享受着收入和购买力的增长。欧洲成为美国跨国企业的磁石，这些企业将营销技术大规模地注入工作场所，并切实地改变了欧洲人的社会阶层，使他们从工人、家庭主妇、工薪阶层和保守的高管变成富裕而时髦的消费者。广告上处处描绘着经理、工人等在快餐店就餐、驾驶时髦汽车的场景。到1965年，法国售出约420万台彩电，而1954年仅售出5 000台——消费者革命将欧洲人带进了商店。比利时人放弃了自行车，开始驾车旅行。德国的洗衣机和意大利的冰箱在荷兰商场售卖。EEC成员国之间分享销售市场，产品范围涵盖从鞋子到食品，一应俱全。这一切都得益于成员国之间边境开放而形成的低关税，消费品贸易由此繁荣。赊购变得更容易接受。正如赞成一体化的让·莫内（Jean Monnet）所指出的，欧洲人将在EEC成立后的15年内赶上美国的生活水平。他的预测相当准确，因为直到1974年，EEC的国民生产总值平均每年增长3.5%，而同期美国的增长率为2.1%。美国的消费数据也落后于欧洲。随着工薪阶层的可支配收入翻了一番，共同市场内的贸易量增至以前的三倍，这表明欧洲人的购买力（和习惯）发生了巨大变化。尽管加拿大是美国投资的首选目的地，英国位居第二，但EEC（1973年英国加入）在20世纪70年代还是超越了美国的北方邻国。欧洲民族主义者痛斥欧洲的"美国化"；甚至加拿大人也发起了一波民族主义的批评浪潮，反对美国公司的统治和持续的大陆经济一体化。但消费者却为他们的新地位欣喜不已。

欧洲的消费主义可能会使市场倡导者感到暖心，成为美国多边主义政策的胜利成果，最终使和平的经济交流（而不是政治上的相互指责和战争）成为欧洲和亚洲的主导力量。但尼克松也看到了底线。尽管全球化的美国公司表现良好，但跨国公司的投资进一步抽干了美国的国际收支，使资本从国内经济中转出。欧洲通过与美国资深资源合作，适应了来自大西洋彼岸的投资浪潮。例如，法国香水工业与新泽西的合成香料制造商合作，允许美国人在1970年之前接管11家法国领先的香水公司。固特异（Goodyear）和凡士通（Firestone）通过向法国汽车制造商提供轮胎折扣，绕开了监管规定。英国、德国、瑞士和意大利被美国盛行的连锁和自助式商店所席卷，而卡夫（Kraft）、家乐氏（Kellogg's）和其他公司在欧洲获得了市场影响力。虽然这并不意味着小供应商消失了，但随着跨国公司降价和当地企业破产，小供应商的数量开始减少。最后，人们对美国带来的挑战牢骚满腹，但就连法国人也喝可乐、买美孚汽油。总之，尼克松总统知道，他面临着一个新的经济世界以及《关贸总协定》和布雷顿森林体系的旧体制的实质性挑战。[11]

## 作为竞争表现的贸易

由于贸易政策涉及内外部因素，是国会和其他国内观察人士了解国际经济交往的最明显形式，所以在货币改革开始后，贸易政策就成了"尼克松冲击"中引起轰动的原因。在国会，两党议员（包括传统上支持较低关税的民主党议员）都对冷战时期的自由贸易共识提出了抗议。他们的选民遭受了经济衰退的影响，部分（并且错误地）归咎于那个老生常谈的替罪羊：进口。由于受到日本工业品市场的限制，EEC限制性农业税使进入欧洲粮食市场严重受限，以及面对竞争性进口的浪潮，美国商界将矛头对准被它们称为"日本公司"的企业和以法国为首的传统盟友对美国友谊的背叛。在《关贸总协定》肯尼迪回合中，日本出口到美国的商品因关税大幅削减而大量获利，但它自己尚未在相当程度上开放自身市场。更糟糕的是，贸易保护主义者抨击说，像纺织品这样带有政治色彩的商品充斥着美国市场。随着来自日本的竞争变得更加激烈，美国经济举步维艰，国际收支账户仍然处于赤字状态，他们的不满呼声更加强烈。

在某种程度上，美国低劣的工艺、高昂的成本和产业政策的缺乏解释了贸易困境，但政客们却把矛头指向了替罪羊。纺织品竞争是日本崛起的同义词。关于欧洲，可以暂且搁置；尼克松把矛头指向更脆弱但更强大的亚洲盟友——美国南方的纺织企业长期以来将自己的生产和就业困境归咎于这个盟友。

尼克松政府最初对纺织品进口发起攻势，实际上是出于平息贸易保护主义的愿望，同时也吸引南方的一些选民。由于对民权运动、共同文化价值观和普遍的保守主义感到厌恶，共和党人对这些南方选民越来越感兴趣。总统可能会采取某些附加交易手段来维护自由贸易的总体趋势，这并不是什么新鲜事，关于纺织品的争吵也不是什么新鲜事：关于出口限制的协议早在20世纪50年代中期起就一直存在。与过去不同的是，尼克松变得冷酷无情。从1969年到1971年，他为了国内观察人士的利益，强令日本达成协议。日本注意到了这一点，因为其近三分之一的出口都流向了美国。[12]然而，我们不应仅从表面上看待尼克松政府无情、轻蔑甚至咄咄逼人的行为。

可以肯定的是，像所有二战后的总统一样，尼克松领导他的政府支持自由贸易政策，这些政策有效地将西方联盟建设成一个共同繁荣且稳定的实体。即便是在他就任总统的过渡期，尼克松也批准了一份由经济顾问艾伦·格林斯潘（Alan Greenspan）担任主席的过渡工作组提交的机密报告。这份报告敦促他发布声明：无论遇到什么困难，美国的自由贸易方式都不会改变。事实上，消除贸易壁垒仍然是美国的主要目标。报告警告称，如果认为有必要对石油、钢铁或纺织品等特定产品实施贸易限制，那么这些限制也应该是临时性的，应与贸易伙伴协商解决。"贸易保护主义不利于我们在国外的形象，不利于我们的国内经济，并可能损害我们的世界领导地位，因为我们可是为此每年在军事、经济和太空项目上花费了数十亿美元啊。"1969年3月尼克松就任总统几周后，一位政府官员总结道。[13]

以国内事务为导向的财政部坚持自由贸易的立场意义重大，但是国际主义者不得不克服肯尼迪回合后贸易中出现的保护主义情绪。针对金融领域的美元问题，需要重新推动确立国际经济体系中的贸易自由化政策。国务卿威廉·罗杰斯（William Rogers）敦促尼克松记住"美国在过去几乎一直在独立倡议对外贸易自由化"，美国不能懈怠放松，等着欧洲、日本和其他国家来领导此事；美国应该抓住"机会"，认识到"我们有责任重获领导权"。美国的贸易壁垒必须全面消除，并应废除包括歧视外国人的美国售价制（American Selling Price）在内的不合适的壁垒制度和其他正在增加的非关税壁垒（这些非关税壁垒正在取代传统关税，成为保护主义的手段）。众多的配额法案给《关贸总协定》的贸易体制带来了不确定性，并使盟国"神经紧张"。盟国可能直接针对自身受到的限制进行报复，并引发"一场可能削弱我们在欧洲重大政治利益的贸易战"[14]。

就连罗杰斯的对手、对贸易自由主义漠不关心的美国商务部部长莫里斯·斯坦斯（Maurice Stans），也在寻求措施缓解保护主义的苗头。他面临的首要问题就是让人头痛的纺织品问题，它可能会阻止日本摆脱贸易孤立主义，使日本转而采取完全不同于美国的政策，甚至偏离两国均属成员的《关贸总协定》和经济合作与发展组织等国际组织的原则。[15]换句话说，自由贸易体制健康与否，在一定程度上取决于对日本这个依赖美国的盟友的特别关注。

由于美日之间的贸易平衡如此戏剧化地转变，而日本的崛起又是如此迅速，纺织品问题招来了政治干预。日本首相佐藤荣作（Eisaku Sato）未能兑现他为本国纺织业打开美国市场的承诺，但尼克松还坚持对日本出口采取强硬手段。尼克松试图对来自亚洲的人造和羊毛纺织品进口加以限制，这是他在1968年竞选时的承诺。于是官员们认识到，"我们在纺织品问题上唯一可行的立场就是：这件事就是一个政治问题。除非能找到国际解决办法，否则国会将颁布限制性的立法"[16]。

## 纺织品贸易战

这一双边分歧变得高度政治化，甚至将尼克松和佐藤荣作的注意力从国家安全问题——例如冲绳回归日本控制问题——转移到纺织品配额等争议上来。正如美国国务院官员所哀叹的那样，这个问题显然逐渐恶化成一场争论。在这场争论中，美国国内的政治考量和国内的游说压力，优先于两国之间的国际礼让与和平贸易关系。佐藤荣作底气不足，可能会被更强大的美国人欺负。尼克松不顾国家安全部门和外交官员的敦促，坚持自己的立场，认为佐藤荣作和日本必须在纺织品问题上让步，即同意限制性出口配额，否则双边关系将付出代价。这一立场被美国国务院官员批评为麻木不仁。尼克松根本无视两国贸易关系及佐藤荣作在国内令人不安的政治地位，仅仅盯着美国的政治利益，用对盟友的强硬政策安抚纺织品出产州的议员和选民。[17]

尼克松并不是在纺织品进口配额问题上虚张声势。当佐藤荣作没能成功时，尼克松指责他不守诺言、逃避责任。他显然很失望，尤其是他本来以为日本可以成为现有的四大力量——美国、西欧、苏联和中国——之外的新成员。相反，尼克松认为佐藤荣作极不尊重自己。[18]就在谈判的这个时候，美国国家安全委员会顾问亨利·基辛格发表了关于日本人的臭名昭著的声明，称日本人是"小个子的索尼推销员"，只专注于贸易优势，别无他。[19]佐藤荣作回应说，整个问题是由国内的政治压力造成的，这种压力削弱了推动自由贸易的历史动力。他这样子的回答很空洞。尼克松可能会同意，但他更关注国内纺织品保护主义者的反应，而不是他国的首相。[20]

此外，尼克松还要面对由众议院筹款委员会主席威尔伯·米尔斯（Wilbur Mills）领导的国会，后者寻求通过一项配额法案。米尔斯做出这番努力（甚至亲自与日本人讨价还价）是因为他相信纺织品出产州被进口产品所困扰，也因为他是尼克松的政治对手。事实上，米尔斯不仅左右了1971年总统签字的贸易法案通过与否的命运，他还盯上了1972年的总统大选。尼克松对此心知肚明。为了在米尔斯之前抢占先机，他支持配额法案，1971年8月带来了"尼克松冲击"，并在接下来的一个月引发了针对日本纺织业的冲击（第三次"尼克松冲击"）。在一份令人震惊的声明中，他威胁要根据1917年的《与敌国贸易法》限制纺织品进口。这一不仅是在和平时期而且是针对友好国家采取的前所未有的挑衅行动，开启了自美国占领日本以来双边关系最悲惨的时期。尼克松利用贸易制度玩弄政治。[21]

最后，日本屈服了，并迫于压力同意了一套全品种的纺织品配额。日本制造商对佐藤荣作的投降感到愤怒，不过佐藤荣作别无他选，因为尼克松发誓，如果日本不考虑他在纺织品贸易上的国内政治问题，他将阻碍在更大问题（冲绳问题）上的进展。佐藤荣作只是想结束美日关系中这一令人不愉快的插曲——谈判持续了两年多，立法机构和政府官员疲惫不堪。这场关于纺织品的争论也引起了美国盟国的注意，它们觉得尼克松是为了提升美国的经济实力。[22]

# 第九章 尼克松与国际经济的搏斗

## 戴维营会谈和进口附加税冲击

随着纺织品争端接近尾声，1971年8月15日，尼克松总统在晚间电视节目中突然宣布终结布雷顿森林体系。他阻止盟国将积累的美元兑换成黄金，并对进口征收10%的附加税。自"大萧条"以来，世界上还没有出现过这样的经济民族主义做法。自第二次世界大战以来，美国还没有像在尼克松新经济政策中那样提出过内向型政策。然而，实际上它是国际贸易体系的一剂必要的解毒剂，因为事实上国际贸易体系在进口、出口和赤字方面并没有发生任何变化。换句话说，尼克松的第二次冲击旨在通过改变货币体系来动摇贸易商（《关贸总协定》体系保持不变，却不能继续使美国在经济方面获益）。

尼克松决定把美国的经济问题归咎于国际经济社会。1971年8月15日，他在电视上宣布了他的新经济政策，其中的关键项目涉及：暂停黄金与美元之间的兑换来阻止黄金外流，对贸易伙伴征收10%的惩罚性附加税来强迫它们接受新的货币体系，即最终谈判达成的沿用至今的浮动汇率机制。在谈到美国经济时，尼克松提出了他大胆的民族主义计划中的另一个关键条款：薪资和价格管控。总而言之，这些措施有利于企业和反通胀政策，而不利于劳工和他国。不过，正如他的助手霍尔德曼和其他人给他的建议，必须采取点措施。除了康纳利，没有人对这种惩罚性的、单边主义的、以美国为中心的做法感到高兴。之前康纳利已经说服尼克松将国内外议程整合起来——康纳利拍着总统的办公桌强调对于新经济政策既不应辩护，也不需解释，只需宣布将其用于解决世界经济失衡的大问题——尼克松便酝酿出"大举措"，并相信会在意想不到的时间传遍海外，达到最大化效应。他指出，问题的关键在于，美国人不仅"需要逆潮流而动；他们更需要扭转时局"。来自得克萨斯州的康纳利同意这一观点并补充说,总统"不应该跑在牛的前面,而应该和牛一起跑,并逐渐引导它们"。这正是"新经济政策"要做的。[23]

然而,戴维营会谈结果以及第二次"尼克松冲击"并不是没有考虑对全球及盟友的潜在影响,也不是没有考虑到传统的自由贸易者以及政府中颇具国际眼光的人士(可不是康纳利那种一味钻营政治和经济的人)所达成的一些共识。人们担心会爆发贸易战,也有很多人(在戴维营会议之前、期间和之后)谈论美国的行动会让世界经济重归平衡。会议本身是在极度保密的情况下进行的,与会者被告知不要泄露他们的行踪或经济改革的主题,因为这些信息可能会引发全球金融恐慌,煽动公众情绪,并削弱尼克松的"大举措"策略。因为贸易是本章的主题,所以上面简要地讨论了黄金和美元的问题,尽管金融危机(美元的动荡和黄金的流失)和国际收支问题是导致"尼克松冲击"和总统大胆举措的催化剂,但重点还是在金融体系受到冲击后平衡美国的利益和国际利益。

在戴维营会议召开前数周的紧张气氛下,政策制定者们强调,有必要建立一种新的机制以取代现有的业已崩溃(或失灵)的贸易和支付机制。他们需要迅速加以应对。负责国际经济事务的总统助理彼得·彼得森(Peter Peterson)收到当时任职于行政管理和预算局(OMB)的詹姆斯·施莱辛格(James Schlesinger)的来信:恰如我们研究生时期所学内容一样,贸易理论的基本前提认为,"放之四海皆准"的"自我平衡机制"给国际定价和汇率带来适切的调整。这种观点只是一个"迷人的愿景",在当时不平衡的情况下没有任何基础。正如美国联邦储备委员会主席阿瑟·伯恩斯(Arthur Burns)所说,在这个曾被奉若神明的"均衡梦境"的布雷顿森林体系中,各国并没有遵循同样的规则。相反,它们低估了自己的货币价值,导致"以邻为壑"的贸易政策出台。修修补补不是解决这个问题的方法；相反，在贸易威胁的惊人力量（例如，实施临时的逆向进口税）的支持下，对汇率进行深层次、永久性的调整才是正道。他说，现在需要的是一套行为准则或一套新的规则，主要国家要么自愿遵守，要么通过武力使它们遵守。尼克松需要制定并执行这套准则，通过迫使其他国家重估本币汇率、取消对美国产品的数量限制来确保美国的竞争力。贸易自由主义游戏规则屡遭违反和破坏，导致"美国作为银行家和世界领袖的国际地位不断被利用"，违反规则的行为必须通过对特定违法者实施配额或关税的针对性反责，而不是推行针对所有国家的贸易保护主义来纠正。规则违反者中的一个就是日本，也包括欧洲和加拿大。[24]

尼克松政府对所有来自最惠国的应税进口商品征收进口附加税，或称"边境税"，这是一种策略，目的是让盟国在货币改革问题上达成一致。美国原本奉行传统的贸易自由主义政策，现在做出如此戏剧性的转变，总统肯定担忧其造成的影响。基辛格回忆说，每当尼克松宣布一项不受欢迎的政策时，他都会把那些顾问（基辛格也一样）排除在决策之外，然后将其隐匿于更大的背景下，仿佛是为了掩盖其重要性。这是尼克松最喜欢采用的手法。尼克松很清楚征收进口附加税的目的，也就是说，这么做为美元在海外重新估值提供了谈判筹码。他相信，也许看起来是非合作性交换的一个例子，不过税收却是向美国人和世界表明他在黄金-美元问题上的认真态度的极好政治战场。美国国务院警告称，假如不这样做，那么国会肯定会采取行动，在随机、歧视性的基础上实施更严厉的进口配额，这实际上可能引发一场贸易战。在行政方面采取行动，而不是立法授权征收附加税，将确保附加税可以迅速取消，而且只是暂时的，不至于刺激美国国会中已有的保护主义苗头。[25]

其他国家的领导人公开抗议戴维营会谈条款，但他们理解尼克松征收附加税的策略,尽管他们绝不喜欢这种做法。基辛格说,在国外,8月15日的声明被视为"对其他工业民主国家的经济战书",也是美国贸易自由主义的退步。[26]实际上,对他们来说,将美元与黄金脱钩并不是什么大问题,尽管重新估值的时机和其他细节会引起相当大的恐慌和争论。令人震惊的是带有侮辱性质的进口附加税,它似乎在破坏而不是促进货币改革。在这方面,一些长期对美国单边主义和捍卫美元持怀疑眼光的法国官员声称,尼克松的整个经济冲击反映出美国将自己置于"老大"的地位,要求西欧和日本这些"附庸"者向它提供"贡品"。[27]

正如意大利央行的代表所解释的那样,他可以理解关闭黄金窗口和征收附加税的做法,但他无法理解同时采用这两种做法,因为它们似乎相互矛盾,而且面对这种保护主义,各国可能不会在汇率问题上采取行动。美国最亲密的朋友和最大的贸易伙伴加拿大要求免缴附加税。德国想知道附加税存续时间的长短、与货币改革相关度如何,并警告征收附加税将造成美元重估的障碍,因为德国某些行业和地区的出口将因10%的关税上调而遭受重创。英格兰银行对美国寻求"强势地位"感到不安,这意味着,为了恢复并积累贸易顺差,美国可能会将附加税延长数月。[28]法国人认为各国可能会采取报复行动,从而抹杀掉25年来美国在贸易和货币自由主义方面的成就。美国官员当然意识到了这种危险,但他们更担心的是美国国内日益增长的贸易保护主义压力,这种压力可能比外国报复性措施对《关贸总协定》体系和自由贸易准则的破坏性要大得多。[29]

盟友们希望尼克松能尽快取消附加税,尽管它们认识到,作为关键因素的"大举措"也注定要在国内和国际消费中发挥同样重要的作用。但正如尼克松后来解释的那样,进口税将成为一个谈判筹码,阻止外国人通过压低本国货币汇率来促进出口。[30]贸易伙伴必将迎来一个意义重大的改革时代，否则将承受美国国会和总统相互指责的后果。

贸易伙伴在欧洲和亚洲采取了行动。在亚洲，惊慌失措的日本人匆忙举行会议，试图以数千万美元的支出稳固日元，但毫无效果。日元对美元大幅升值。在欧洲，大多数外汇市场关闭，甚至股票市场也暂时关闭。在所有EEC国家中，法国最反对尼克松的强硬策略，拒绝使法郎升值。德国和英国听从了美国的要求，推行浮动汇率。德国和意大利尚处经济衰退期，都在国内采取了限制贸易和货币的措施，但在其他方面它们都屈服于来自尼克松的压力。与康纳利不同，尼克松总统对其声明的影响并不感到兴奋，尽管他期待并认为有必要校正美国国际收支账户的不平衡。他听到了欧洲对"尼克松冲击"时机不当的强烈抗议，尤其是对向美国忠诚和亲密盟友征收10%的进口附加税的不公的指责。

这些声音指出，尼克松总统严厉的附加税可能不会奏效。德国央行的一位官员指出，附加税是"难以消化的谈判费用"，能否用作推动真正变革的杠杆值得怀疑。事实上，结果恰恰相反。显然，附加税实施的时间越长，其他国家采取报复性措施的可能性就越大，例如发放出口补贴、对流入的美元资本加以管控或针对美国产品设置壁垒。这将加强它们在未来贸易谈判中的谈判地位，因为美国将不得不做出让步，以说服它们放弃保护主义。同样地，美国自己也在附加税中投入巨大，因此尼克松遭遇强烈的政治反对。无论如何，在1971年10月附加税实施后的几周内就无须加以鞭策了，因为盟友们已经明显推动了货币改革。因此，尼克松总统决定在年底前取消10%的进口附加税。他承认不必用这种"快速弱化的措施"来惹恼海外合作伙伴，从而向各国发出明确信号：美国仍是奉行自由贸易的友邦。[31]

深谙外交政策制定之道的尼克松总统明白，他通过"一刀切"式的民族主义措施解决世界经济问题的做法可能会损害他在西方联盟内部的外交努力。实际上,正如他后来在回忆录中所写的那样,"我知道自己已经受到指控,说我搞薪资和价格控制、停止黄金交易和提高关税。这么做要么背叛了自己的原则,要么隐瞒了自己的真实意图"[32]。但是,正如他的政治顾问所言,进口附加税就是要向贸易同盟者施压,迫使它们修改自己的商业和金融政策。在发表有关经济冲击的演讲一个月后,尼克松在对一群国会领导人发言时说:"我们可以预料,要求我们针对共同市场和日本取消附加税的呼声会越来越高,(但)我们将对此采取坚定立场,而且暂时还不会让步。"行政管理和预算局(OMB)的第一任局长乔治·舒尔茨(George Schultz)谈到了这种讨价还价的策略,称附加税是我们的"外卡",在其他途径(例如冻结利率或调整汽车和房屋价格)要么不切实际、要么不可能的情况下,让政府能够管理经济。[33]有人反对这样做。严格的货币主义者、芝加哥大学经济学教授米尔顿·弗里德曼(Milton Friedman)也表达了他的失望[据说他听到总统的经济顾问委员会成员赫伯特·斯坦(Herbert Stein)所说的薪资和物价管制的消息时"伤心欲绝"]:他表示这是自1933年3月罗斯福关闭银行以来最具戏剧性的经济新闻,因为他憎恶国家干预经济问题的解决办法。自由民主党人认为,不仅应该减少对美国贸易同盟者的攻击,而且应该加强价格控制;对薪资的管控即使有,也应该减少。[34]但内阁以及尼克松的多数经济顾问——美国联邦储备委员会主席伯恩斯、总统的国际经济事务助理彼得森(1972年任商务部部长)、经济顾问委员会的保罗·麦克拉肯(Paul McClracken)、行政管理和预算局的舒尔茨——同意有必要以激进手段甚至以强硬立场推行相关措施。他们对新经济政策的国内部分几乎没有异议(由于薪资和价格管控,这实际上是更严厉的部分)。但彼得森写道,他们的确建议尼克松尽快拿出一个货币改革计划，否则就是冒险，因为当前的汇率危机处理不好的话将意味着"回到旧体系"，根本没有长期的解决方案。[35]

然而，尼克松还有其他动机。他要利用世界货币政策来解决美国的国内要务和安全问题。在第二次"尼克松冲击"声明发表后的一天，尼克松显然为他的"大举措"在国外引起的公众反对和在国内得到的支持而感到高兴。周一的新闻节目集中报道了他在周日宣布的消息，所以他的"大举措"得到了媒体的高度关注。纽约证券交易所的反应不错，民意调查也显示美国人支持他的经济政策。

政府把重点放在赢得国内支持上——凭借贸易政治、战争式交换的强硬形象以及抗击通货膨胀的整体努力在伊利诺伊州的皮奥里亚市表现出色。正如白宫助手、民意调查专家帕特里克·布坎南（Patrick Buchanan）后来根据对美国中部地区1972竞选年报纸和会议的调查所述，尼克松极力争取的"沉默的多数"白人、欧洲少数族裔工人和小企业主坚定地支持强有力的经济政策。听了尼克松演讲的"坚定的、明白事理的、出身纯粹的美国中产阶级"听众明白，这些经济举措夹杂着政治意图，但他们也喜欢这位直言不讳、带有民族主义色彩的总统所讲的话。来自俄亥俄州齐尼亚市的消息称，尼克松的主题是"美国霸权"。芝加哥的报纸则提到了在国内与通货膨胀做斗争、在国外与贸易伙伴为敌的"新繁荣"问题。《密尔沃基日报》在头版刊登了一张尼克松的照片，上面是一张山姆大叔的海报，题曰"公平贸易的时代"。这就像那种能赢得总统选举的"彻底支持票"[36]。注意到通货膨胀由于工资-价格冻结而下降，失业率也下降了，尼克松声称他捍卫了美国的繁荣梦。

尼克松还保护了自己的政治阵营。1971年的美国经济并不顺人意，但在1972竞选年却有改善的希望。虽然尼克松倾向于彻底改革而不是逐步改革国际汇兑制度，但他也明白这样做会使贸易和金融的多边体系受到质疑。自二战以来,美国的盛世一直是在这种体系基础上建立和维持的。因此,尽管他私下里确实承认他的经济刺激政策是政治上的权宜之计,但他对此感到抱歉,因为有必要施行这些政策。他甚至承认这些政策原则上是错误的。但是,这些政策给他带来了政治红利。和蔼可亲的电台评论员保罗·哈维(Paul Harvey)在1971年8月15日的历史性演讲结束后就指出了这一点,他把尼克松比作美式橄榄球中"勇敢的四分卫"——在通货膨胀问题上几乎肯定会失败。尼克松试过许多方法,但都失败了。随后,尼克松并没有在这个问题上向国会"撒手不管",而是"把球带到了左路,在比赛的最后一个赛段似乎出现了转机"。"国会中的民主党人原本认为他们断了经济刺激的后路,现在知道自己大错特错了。如果尼克松在缓解通胀和创造就业机会方面能提交'漂亮的作业',这个行事古怪的美国中产阶级家伙可能会再当上一届总统"[37]。这一预测得到了证实。尼克松连任成功的部分原因在于,他以大胆的、重商主义的方式捍卫美国的贸易利益,使美国的经济获利颇丰。尽管如此,他这种临时解决方案还是让全球货币体系和贸易伙伴深陷其中。"凡事必有代价,"他哀叹道,"篡改正统的经济机制无疑要付出高昂的代价。"[38]

关注第二次"尼克松冲击"的人中少有人相信这是解决美国问题的正确方案,但最终他们的抱怨淹没在历史的洪流中,尼克松倒是脱颖而出、意气风发。事实上,他利用康纳利恐吓、哄骗和威逼盟友。康纳利显然喜欢这个角色,但这却让尼克松和其他外交政策领导人感到不舒服。这种针对亲密贸易伙伴的攻击,尤其是10%进口附加税这一"残酷的单边主义做法",显得贪心十足、毫无新意而又令人难堪。然而,统计数据显示,无论这些措施乍看上去多么残酷无情,归根结底它们既没有改变多边金融体系,使之对欧洲和日本不利,也没有解决美国相较于其盟国的衰落问题。美元仍是全球的主要货币,但其他货币很快就与之匹敌，尤其是在即将到来的石油危机时代。从1971年开始，美国也出现了第一次贸易逆差并不断重复。在这种情况下，经济能维持多久取决于具体情况。1973年至1974年的石油危机立即使其面临考验。随后的事态发展很快就盖过了第二次"尼克松冲击"，最终导致油价暴涨五倍，正如亨利·基辛格等人指出的那样，这创造了数十亿的新美元，加剧了全球货币兑换的动荡。阿拉伯国家因不满西方国家支持以色列而游说石油输出国组织（OPEC）采取石油禁运和提高世界石油价格，由此招致的第三次"尼克松冲击"再次证明，美国不再对国际经济压力免疫。[39]事实上，OPEC和西方竞争导致的国际收支失衡都引起了世人对美国霸权地位的质疑。20世纪70年代是被经济负面新闻充斥、惨淡而漫长的十年。

## 负面影响？

第二次"尼克松冲击"向其他国家发出警告：它们必须帮助美国解决问题，否则整个多边贸易和金融体系将面临不断加剧的更深层次的风险。一些专家认为，像日本和加拿大这样的顺差贸易伙伴实际上应该受到尼克松的严厉对待。例如，考虑到日本在汽车、电子产品和纺织品的生产和销售方面将超过美国，从20世纪70年代起相对于美国形成不断增长的巨大贸易优势，尼克松1971年的政策似乎颇为适当，甚至有点过于温和。加拿大也将不得不服从。毕竟，到1972年，要缓解美国290亿美元的国际收支赤字，还有更多的工作要做，其中日本、加拿大和EEC占了最大的份额。本质上，尼克松改变了战后时期对贸易政策的惯常考量，将重点放在对国内的影响上，而不是在冷战的祭坛上牺牲国内的生产者和工人。也就是说，通过鼓励盟国向美国出口，并允许它们对美国贸易产品采取一定程度的保护主义措施来维护盟国的稳定、繁荣和实力，这有助于建立稳定的经济以及盟国关系——但时代已经变了。鉴于美国的经济困境，以及尼克松连任和美国在世界事务中的领导地位所面临的风险，冷战工作只得暂时搁置一边。对美国经济有利的事情也会对美国的盟友有利，而不是反其道而行。[40]

然而，现在也是盟国开始分担支持自由世界负担的时候了。日本、EEC和其他国家（包括奉行霸权主义的领导者美国）结成了公开地和隐蔽地限制进口的重商主义复杂网络，这些限制对《关贸总协定》贸易体制的合作自由主义以及美国的利益造成了威胁。尼克松政府将改变这个长期恶化的局面。当康纳利正在寻求达成"一个新协议——一个对美国公平的协议"时，行政管理和预算局局长舒尔茨在1971年11月宣布："圣诞老人已死！"尼克松对此表示同意并抨击道："25年来，美国一直没有为在世界贸易中获得更好的地位而努力讨价还价，国务院这个该死的部门没有尽到自己的职责。我们要改变游戏规则。"[41]于是，如同冷战时期打开美国市场大门一样打开日本市场的运动开始了。随着《关贸总协定》东京回合谈判的举行，始于1973年12月的檀香山双方部长级艰难磋商，尼克松与他的两位继任者杰拉尔德·福特（Gerald Ford）和吉米·卡特（Jimmy Carter）走的还是让日本门户开放的老套路。贸易谈判代表的目标是通过取消对美国计算机和农产品的限制，将日本对美国的贸易顺差至少减少10亿美元。作为回报，尼克松会取消进口附加税。[42]日本同意了，并且在1974年东京回合就在这种彼此让步、成功交易的基础上迈步前进。

美国参加东京回合谈判是有备而来的。1974年《贸易改革法》和《关贸总协定》东京回合谈判的一个目的是说服EEC向日本商品开放其市场，从而减弱欧洲的保护主义，并使日本商品自美国市场转向欧洲市场。实际上，自20世纪50年代以来，美国一直试图说服欧洲同意日本产品进入欧洲市场,但在很大程度上未能说服 EEC 伙伴。在美国国内,尼克松政府将其在贸易问题上对日本的态度描述为非常强硬,以避免国会采取报复行动。总的来说,国会似乎很满意,但参议员拉塞尔·朗(Russell Long)和他的财政委员会在《贸易改革法》中增加了一些条款,对拒绝在谈判中做出互惠让步的国家加以限制。美国财政部采取了更激进的反倾销行动,但国会通过了《贸易改革法》,从而成为外国政府更强硬的反对者。当美国国内贸易竞争更加激烈时,正是国会而不是总统,最终奋力争取更多的保护措施。[43]

1974 年的《贸易改革法》为美国提供了对抗国内外贸易保护主义的武器。为了回应国内的呼声,立法机构要求更深入、更迅速地调查行业对进口产品的抗议活动,并授权总统设法消除海外针对美国出口和投资的不公平做法。此外,国会修改或阻挠贸易协定的权力首次被剥夺;总统有权通过立法程序使《关贸总协定》进入"快车道",从而进行赞成或反对的投票,而不必担心贸易保护主义者发起的长时间辩论。就在尼克松即将卸任之际,国会却将"快车道"授权给了行政部门,这令《关贸总协定》的所有谈判代表都感到震惊,但他们仍然对美国官员获得更广泛的权力表示欢迎。尼克松、福特和卡特政府都运用《贸易改革法》条款在东京回合进行谈判。[44]

谈判结果令美国心满意足,这当然在一定程度上是由于尼克松的领导,尽管他在《关贸总协定》谈判期间或结束时并不在场。考虑到 1979 年的经济形势,从贸易让步来看,结果相当可观而且非比寻常。在长达 74 个月的谈判中,东京回合经历两次石油危机,接着是美元和布雷顿森林体系的崩溃,最后在一场严重的经济衰退中结束了谈判。尽管如此,在这个竞争与胁迫并存的时代,《关贸总协定》制度还是做出了调整,削减了 3 000 多亿美元的关税。参与东京回合谈判的 102 个成员一贯的立场,即降低关税和配额来执行和实现《关贸总协定》的规则和原则。但此后，在《关贸总协定》的谈判过程中，它们更广泛并大规模地涉足非关税壁垒这个未知领域，并首次在《关贸总协定》的进程中涉及发展中国家的利益。就福特和卡特政府而言，它们决定扩大东京回合的谈判，在谈判桌上提出更多的问题，迫使日本人——欧洲人则是被诱使参加谈判——清除有害的贸易障碍（这将促进美国的出口），否则谈判将面临失败的风险。无论美国自我利益如何（尼克松会支持），东京回合的确可以称为运用《关贸总协定》原则的一个标志。尼克松在 1971 年发起的"尼克松冲击"撼动了国际经济体系并使其落地，后来他转而回归到以往的美国战后国际主义和多边贸易政策。

## 结论

至少从长远来看，贸易冲突和利益争夺不应被视为好战。尼克松知道他那些令人不快的提议的代价，但他希望盟国能够接受他开出的药方，这样国际经济的真正病人——美国——就能从患病中恢复过来。尼克松之所以强大，是因为他也了解自己所处的国内政治舞台（在这个舞台上，选举机会取决于能否扶正国家的经济航船）。美国人饱受通货膨胀和失业之苦，他们投票以望改善。因此，在形式上和实质上——但在原则上尚未如此——尼克松对他的盟友表现出很强硬。但实际上，他并没有真正改变美国传统的对外经济政策。他转换了重点，但没有改变方向：哪怕尼克松把日本、欧洲和加拿大当成美国经济困境的替罪羊，美国仍将坚守多边主义。正如尼克松自己所写的那样，在 8 月 15 日宣布布雷顿森林体系终结前几周，康纳利就告知"如果我们不提出一个负责任的新计划，国会将在一个月内把一个不负责任的计划摆在你的桌上"[45]。顾问彼得·弗兰尼根（Peter Flanigan）后来指出，康纳利原本应该知道如何应对，不过他"根本没有一套与自由市场世界相适应的原则"[46]。相反，他玩起了政治和重商主义。尼克松理解这个立场，而且事实上，他在某种程度上选择了康纳利来代表他的政策方向。因此，当尼克松承认他已成为凯恩斯主义经济思想的追随者（1965 年，米尔顿·弗里德曼首先说出"现在我们都是凯恩斯主义者"，但这句著名的话被错误地认为是尼克松说的）时，他是在迎合国内民众，尤其是对通货膨胀不满的选民。尼克松试图控制自己的经济议程，以此来表明自己是 1972 年总统大选唯一可行的人选。他在这方面达到了目的。

在阻止贸易保护主义等不受欢迎的政治举措的同时，确实还需要国际力量来加以纠正。白宫对外经济学权威彼得森解释说，虽然贸易和金融可能是低度外交政策，但它们直接关系到美国在世界上的地位。[47]美国再也负担不起向"搭便车"的盟国提供单边支持的费用，特别是在存在贸易逆差、黄金储备触及危险低值、中东动荡危及廉价石油流动的情况下。尼克松发动"战争"，推动国际经济体系进入充满竞争的新时代。之所以如此，一方面是因为他忧心国内经济通胀可能造成的政治后果，另一方面是因为他渴望成为领导者，挥斥方遒，上演"大举措"，使其对手知难而退，并向媒体证明他是位实至名归的政治家。

然而，尼克松也认为货币和贸易体系强化了他更宏大的战略构想，即美国将与盟国共同赢得冷战，应对像苏联这样的敌对国家，使其承认世界秩序的新变化和潜在的局势转换。因此，贸易在他的"太平洋世纪"理念和美国持续的全球领导地位方面发挥了作用。为此，他在"尼克松冲击"之后做好自我调控。美国总统在二战后采取的最具民族主义和政治中心主义的措施，可能已经成为美国外交政策的永久规定。他承认这一点，后来为自己的高压手段感到后悔。归根结底，尼克松权衡利弊，阻止世界形势滑入"大萧条"时代的深渊，避免了"狗咬狗"的政策，从而避免自由世界陷入外交上的相互指责、不团结甚至崩溃的泥潭。虽说他曾使世界震惊不已，但他没有发动更大规模的战争，也没有长期伤害美国的贸易伙伴。

# 结语　否定康德贸易与和平观

小雷纳托·加尔沃·弗罗雷斯

"宁商勿战"是一句经典的格言,根据时代的不同,虽然这句话或多或少会在理论上和经验上得到支持,但仍然不免存有争议。一般来说,贸易谈判家和国际关系人士对伊曼努尔·康德(Immanuel Kant)关于永久和平主题短文(许多人将其推崇为康德的大作之一)的援引,有力地支持了这个主张,同时也使研究这位柯尼斯堡\*大师的专家们更加持怀疑态度。

《永久和平论》这本1795年的简明文本[1]只是间接地提到了贸易,侧重于阐述民法和国际公法以及被称为"共和国"的国内治理体系在维持和确保国家间和平关系方面的作用。只有在《永久和平论》的第二部分,康德在他的权威文章中概述了三个重要的和平工具,与共和国和适当的国际组织一起被提出的还有"普遍款待条件"。把这种无足轻重的、有失偏颇的提法热情地转变为将(自由)贸易作为一个关键和平因素的权威认可,多少有些令人费解。

这种夸大性的理解简直坚不可摧,米歇尔·福柯(Michel Fou-

---

\*　康德的家乡,今俄罗斯加里宁格勒。——译者注

cault）就是个极好的例子。他于1978—1979年在法兰西学院开设的讲座中提及康德的手稿，就是依照上文的理解。他最后的陈述近乎陈词滥调："因此，全球的持久和平实际上取决于贸易的全球化。"[2]令人惊讶的是，福柯直接忽略了一个相当不寻常的法国学术传统——大约半个世纪前，他的一位杰出同胞，即孟德斯鸠，也明确说过同样的话，而且用的方式远没有康德那么晦涩难懂。[3]毫无疑问，他留下来的智慧有相当大的影响力。

然而，一切都可以反过来看。这就像把一幅美丽的水彩画放在光线下，仔细反观其背面，你会看到怪异的色块和暗影若隐若现，零星点缀在原本和谐静美的风景中。贸易可以引发冲突，也可以成为消耗战或公开对抗中相当强大的武器。尽管如此，经济学家和政治学家通常还是基于（无辜的）康德的权威言论提出理论模型或用经验佐证。凯瑟琳·巴比里（Katherine Barbieri）和杰拉德·施耐德（Gerald Schneider）的观点相当客观，而菲利普·马丁（Philippe Martin）和所罗门·W. 波拉切克（Solomon W. Polachek）等学者大多是为了支持贸易与和平之间的联系而讨论贸易与冲突问题。[4]

这一章的重点并非如上面所引用的文本那样讨论方法论上的问题，这么做可不是否认它们的精彩，但它们一开始就受到模型分析和回归分析所采用的假设和变量的限制。这一章反而想以本书中的各章作为出发点，概述一下纵观历史和今天，贸易是如何站在冲突而不是和平这一边的。

从埃莉诺·弗雷尔·科斯塔所写的本书第二章的葡萄牙传奇讲起或许是最佳的方式。来自亚洲的阿拉伯人曾入侵欧洲，这令人惊讶。在此之后，至少从11世纪开始，葡萄牙打开并建立了关键的贸易通道。葡萄牙人的探索在很大程度上是缘于一个意义重大的军事事件：1453年君士坦丁堡最终落入奥斯曼人之手，这个连接西方世界与香料丰富的富庶东方的重要贸易枢纽彻底关闭。渐渐地,通过反复尝试和技术改进,再加上惊人的勇气,葡萄牙人驾驶着轻快帆船不断延长航海路线,最终征服了马六甲海峡这个海上要塞。如今,新加坡的繁荣在很大程度上缘于其重要的地理位置。整个壮举记述着葡萄牙人的无畏、暴力以及无休止的冲突。其中也有很多偏差之处,例如达·伽马这个上帝信仰的传播者,却炮轰那些实际信仰基督教的人,这实在是讽刺。另外,冲突的解决经常通过外交手段和精明的谈判达成,但冲突毕竟是实实在在地发生了。随之而来的对印度洋和太平洋上已建立的帝国和强国关系的影响以及与它们的相互作用,特别是中国,有时虽被过分强调,但仍然值得进一步分析。

荷兰的崛起,以及两国舰队和殖民军队为保护腹地惨烈战斗,如安哥拉的例子[5],或者最终像印度尼西亚一样承认战败和失败,这些直到今天仍是与贸易相关的暴力的典型象征。西班牙王室在1580年到1640年间吞并了葡萄牙,同时试图镇压低地国家的叛乱。荷兰人用在促进葡萄牙殖民地主要商品(如糖)贸易时收集的内部信息来攻击前合作伙伴,作为报复西班牙的一种方式。而且,正如弗雷尔·科斯塔所展示的那样,葡萄牙人同样利用胡椒来削弱荷兰人的军事力量。

海盗活动是英国人搞出来的一项国家政策,也是他们建立和巩固其长久帝国的一种方式,几乎可以构成研究贸易和冲突的一个独立领域。在现代世界中,海盗群体远没有消失。他们广泛分布,从中国海域和印度尼西亚群岛到索马里海域,后者无疑在一定程度上与发达国家在非洲之角的侵略性捕鱼活动有关。

奴隶贸易的各种经济和社会影响催生了大量文学作品。虽然在加勒比地区掀起了自由主义运动,但奴隶贸易依然存在。这些自由主义运动没有足够的力量去改变那种对美国和巴西这样的大国产生深远影响的不公正模式。

拿破仑认识到，如果取消补给，军队沿着渗透路线前进，依靠当地提供给养，就会大大加快入侵部队的速度。这种简单而深刻的洞察是拿破仑军队高机动性的核心，但对俄战争从最初顺遂转变为战败受辱也与它有关。拿破仑的精锐舰队在特拉法加（Trafalgar）海战中尽丧，导致了在欧洲大陆的双重贸易封锁——法国和英国双方都是如此——在海外造成了不同的影响。

从那时起，贸易就被明确视为战争的有力工具，会对敌人造成重大的附加损害。贸易与物流的结合也日益重要。这种结合对军事战略的影响仍然引起相当广泛的关注。由于没有非贸易壁垒和由单一当局管理的税收、关税和税率制度，帝国的贸易物流获得了极大的便利；但随着19世纪欧洲海上帝国的解体，帝国的贸易也遭受了巨大的损失。如果说葡萄牙人自1822年巴西独立以来就经历过这种情况，那么英国无疑是20世纪最典型的例子。但法国和荷兰也经历了类似的变化，它们对新现实的反应方式往往伴随着暴力和零容忍。

特定商品贸易的演变是具有启发性的案例研究。就谷物而言，发展通常是剧烈的，会引发重大经济危机或彼此相互作用。其他的途径，不一定与公开侵略或局部战争有关，但肯定与那些很难同纯粹的冲突区分开来的竞争行为有关，这可见于橡胶、咖啡、可可、特殊蜡和其他许多东西的案例研究。以钻石或象牙为例，每件交易品的背后都带着血汗。有时，剥削-贸易模式是造成社会严重不公和缺乏进步的原因。从西班牙人和葡萄牙人对银矿（和金矿）的贪婪开采，到玻利维亚的锡矿和哥伦比亚的铂矿开采，拉丁美洲对这种模式及其后果十分熟悉。

贸易和冲突的社会层面影响，以一种非常令人不安的方式继续存在于现代农业综合企业中。技术进步和贸易需求造就了大面积的机械化种植园，施用的化肥虽说有利但也颇受争议。在半个世纪里，渴望大量出口的需求驱动改变了世界农业，造成了环境和社会的失衡。如果说在规模/效率和非破坏性实践之间的最佳平衡难以捉摸，那么反常的例子在北方和南方都将变得惊人地频繁。

本书没有涉及化石燃料，但它与我的主要论点之间的联系不会改变。除了大量关于这一主题的文献，以及对诸如"荷兰病"等副作用的无休止的经济讨论之外，最近几十年在马格里布（Maghreb）和马什里克（Mashrek）或中亚发生的灾难性入侵，清楚地证明了贸易利益是多么致命和虚伪。

稀土在发达经济体中扮演着重要角色，这得益于它在若干零部件和现代设备中的关键用途，而且这很可能成为另一个冲突来源。在美国经济所需的63种稀土和矿物中，包括镧系元素、钪和钇，有三分之一依靠进口。其他17种，进口占国内总消费的50%至98%不等。对于其余25种金属（包括镍），美国的进口占比高达49%。对战略进口的依赖是脆弱性的一个根源，许多国家的政府将通过"一切必要手段"（联合国用来指代极有可能使用武力的委婉说法）来捍卫这种脆弱性。

即使贸易冲突最初是通过建立多边机制来解决的，如《关贸总协定》和后来的世贸组织，绥靖政策通常也比较肤浅。一方面，多边贸易谈判背后存在着激烈的权力斗争，无论是走廊上的公开游说或日内瓦声名狼藉的"绿屋会议"秘密磋商，还是在其他论坛，其中各方为各自的利益而做出贸易让步（这些利益涉及联合国安理会投票或外债减免等）。另一方面，过分求助于专门工作组之类的正式的争端解决机制，有可能使多边组织变成一个诉讼法庭（在世贸组织目前的事态中就有这样的苗头，而出现这样的情况则与该机构最初的目标相去甚远）。

坦率地说，区域一体化显然是走向世界自由贸易的中间步骤，但它也可能是隐藏的动机和利益冲突领域。将成员资格（如最惠国条款）扩大到联合国系统以外的国家，也是国际舞台上的一个强有力的政治工具。上述观点似乎与康德的观点相悖，即人类寻求普遍和平的贸易选择。

让·莫内穿过法国边境向康拉德·阿登纳（Konrad Adenauer）伸出手，提议建立煤钢共同体以加强经贸关系，巩固历史上的两个对手间的长久和平，这象征性地开启了欧盟在20世纪下半叶众多令人瞩目的成就。但这又能怎么样呢？康德到底对不对？

在我看来，这个欧洲一体化的例子需要在三个维度上拓展。第一个维度是贸易可能被用来转移人们对更激烈竞争的注意力。在某些情况下——欧盟就是个相当精彩的例子——由贸易关系形成的网络是避免残酷和直接冲突的有力工具——这是19世纪古典贸易理论家大卫·李嘉图（David Ricardo）的观点。冲突的确存在，但它被归入竞争的经济概念下——也不知这是否公平。欧盟内部贸易关系"一派祥和"的表面下却是疾风骤雨与棘手的非关税和监管壁垒，而位于布鲁塞尔的欧盟委员会的下设部门——竞争事务总司业务繁忙，这就是实实在在的证据。"德国啤酒"和"巧克力成分界定"这两个例子就是看似无辜的产品背后实则曲折复杂的又一例证。

在一个不同文化共存共生并需要维护和平的特定领域，康德的论点或其牵强的解释可以有条件地适用。尽管如此，欧洲计划扩大到伊比利亚半岛在法国造成了紧张局势，在意大利也有所呼应，这要归因于在地中海的水果和蔬菜供应方面有新的和强大的竞争者进入。如果土耳其——除了地缘政治和文化偏见之外——在审慎调整规则之后已经公然向欧盟市场出口，甚至是出口时装产品，那它成为欧盟的正式成员国又会怎样？

这一切比战争要好得多吗？它能与一场战争的灾难性后果相比吗？

进行最后点评并不简单，因为在存在奴隶劳动、破坏文化习俗的情况下以及在贫穷但稳定的小农国家中出现饥荒和暴力时，贸易也会造成重大损失，更不用提贸易和发展的花言巧语以及尚有争议的发展援助所造成的一些不幸事件。[6]

第二个维度源于贸易支配的力量。这位一生和蔼的哲学家是如何看待罗马和平与大英盛世的？高效灵活的罗马军团和女王陛下的海军——近三个世纪来世界上的至强海军——二者都是维持"和平贸易关系"的主要支柱。同样的情况也适用于美国陆军，以及尤其是美国海军，如今它们保卫着美国在地球上主要的海上贸易通道上的利益。贸易既带来和平，也需要和平，即使为此需要更强大的军事力量来确保其实现。这句话看似矛盾却深刻有理。

拜占庭皇帝曼努埃尔一世（Manuel I）曾在 1176 年没收了威尼斯商人在君士坦丁堡的资产，而威尼斯商人掌控了丝绸、油类等利润丰厚的奢侈品贸易。为对此没收行为展开报复，精明的（当时已失明）威尼斯总督恩里科·丹多洛（Enrico Dandolo）在 1204 年"说服"第四次十字军东征取道君士坦丁堡以将其彻底蹂躏和洗劫。从那时起，威尼斯控制了伯罗奔尼撒和克里特岛的贸易，而君士坦丁堡实际上从未从惨烈的破坏中恢复过来，25 年之后就落入土耳其人之手。

从加尔各答的贸易站点到孟买、马德拉斯和其他棉花出口中心，英国统治了整个南亚次大陆。尽管有几位印度大君曾进行过激烈的抵抗，英国仍能够获得长久的成功，部分原因是英国使整个次大陆以及从次大陆到世界其他地方的贸易流更加稳定并得以增长。颇具讽刺意味的是，正是那家臭名昭著的英国东印度公司——一家贸易企业——首先征服了印度。这倒是挺契合本书的写作前提。

绝对权力所带来的和平对贸易十分有利，在不断扩大的更精细的需求的刺激下，与若干商品和服务有关的技术和艺术的繁荣也会得到鼓励。波斯地毯的艺术和工艺最好的时期是在苏莱曼大帝的统治时期（1520—1566年）。他可能是奥斯曼帝国最伟大的统治者。当时来自奥斯曼帝国各个角落的人们对更加精致和珍贵的地毯的需求不断增加，这刺激了地毯制造业的空前繁荣。

当智者康德走过那数学上著名而有趣的柯尼斯堡七桥时，这些就是他脑海中浮现的静谧且完美的瞬间吗？

我觉得恐怕不是如此。虽然他也写过关于审美体验和判断的文本——《论优美感与崇高感》和"哲学三部曲"中高度创新且极富洞察力的第一部《判断力批判》——但他忽视了艺术卓越与财富积聚之间奇怪的结合。如果我们唱反调会怎样？即没有对规模、大小及多样性的追求和财富的高度集中，除了个别极小概率事件之外，我们能达到更高的技术和艺术水平吗？

想想米开朗琪罗（Michelangelo）绘制的西斯廷教堂（Cappella Sistina）壁画，教皇尤利乌斯二世（Pope Julius Ⅱ）慷慨地为之提供赞助；想想美第奇（Medici）家族统治下托斯卡纳（Tuscany）的艺术辉煌；甚至想想独裁者富尔亨西奥·巴蒂斯塔（Fulgencio Batista）统治下古巴音乐的多姿多彩。在精美艺术的背后，是混乱、血腥、财富极端不均的分配，以及关键的贸易流——无论需要什么——被强者所控制。

第三个维度是经济支配的另一个黑暗面。通过贸易扩大市场，生产者由此增强了单调乏味的统一性，并把自己的产品大量输往世界各地，破坏了当地的生产、文化和社会秩序。在扩张周期中，伴随而来的是自由贸易论调，似乎这经过所有经典定理的科学印证。这些经典定理，就像任何定理一样，在非常具体的假设条件下是有效的。但这种论调实际上根本经不起"和平与贸易"的严酷现实的考验。如果达到了令人满意的市场规模，就可以利用类似世贸组织之类的机构的贸易规则来维持自己的地位，并处理竞争力发展中通常出现的各种不可避免的变化。

新的、成本低廉的、更有能力的生产商的出现，会促使人们改变措辞。他们会针对任何需要证明的论点调整措辞——同时仍在宣扬自己对自由贸易的信念——例如，竞争对手手段不公，因此必须受到传统保护主义理念的限制。童工、环境、健康和安全措施、卫生和植物检疫规则问题都是极具独创色彩的可用来扩大贸易言论的领域。而在大多数情况下，唯一的目的是贸易保护。一场监管战随即打响。

考虑到不同时代的精神，我们可以洞察这个演变过程，从中国古代的种种做法，直到时下美国和其他许多国家对中国老调重弹的抱怨，就是对自由贸易颇为有趣的再次阐释。实际上，自由贸易似乎就像圣奥古斯丁（Saint Augustine）那句深入人心的祷告，载在他那格外真诚的忏悔录中："主啊，把它赐给我吧，但不是现在。"

消费者想要物美价廉的产品，也想要其他东西：从稳定的工作到举行年度庆典或保持家庭传统。那么，这个经济主体在这个过程中处于什么位置呢？消费者常常遭受多种方式的操纵，如价格、营销手段、广告轰炸和相关的心理诱导技术、精心设计的信息不对称以及缺少渠道（缘于专横的分销体系）来获得多样而优质的产品。这并不是说没有防御能力的消费者就是现代消费祭坛上的牺牲品，而是要再次强调冲突和紧张关系本来就存在于与贸易和市场的建立及支配相关的所有关系中。

还有另一个基本点，本书分析的许多故事或历史事件都有共同点，但我们善良的哲学家以及对《永久和平论》的许多解释和批评都忽略了这一点：所有重要概念的动态特征。[7]如何将一个静态的抽象概念（如永久和平）与一种本质上的动态活动（如贸易）联系起来？按照康德1800年的《逻辑学讲义》所言，这里存在术语上的矛盾。

正如本书各章所示，贸易模式会随着需求、技术、物流、路线和力量平衡的变化而变化。熊彼特的创造性破坏可能在短时间内横扫曾经强大的供应商；信息会不可避免地伴随贸易流动，激发以前不具威胁性的进口商开发新产品和新设备；效仿其他地方的渐进式创新、发展新品种的横向思维并且巧妙地适应，所有这些都增添了贸易关系的无穷活力。

即使某些航线或传统货物或供应品可能持续的时间更长——在一个世纪的历史框架中，更长的时间意味着什么？——贸易创造和破坏文化、艺术品和社会习俗。把它看作（永久）和平的工具至少是显得牵强附会的。如果人类没有欲望或野心，也不觊觎他们邻居的新奇事物，（永久）和平或许可能实现。

有没有可能将康德或许被误用的思想遗产与现实进行调和？如何运用这位伟大哲学家隐晦含蓄的主张？

我最终认为，如果无论对错，都将这个观点归咎于康德，那可就是搞错了对象。而这可能弊大于利，尤其是在近代。有些人会反驳说，摒弃一个如这般利害攸关的想法，也就意味着摒弃了整个国际公法精神，而在国际公法精神中，互助、和解、协商、斡旋以及对和平解决冲突的不容置疑的信念，是所有建构和条约的基础。即使可以援引几个完全藐视国际公法的现代例子来证明这种推导是正确的，我也拒绝将这一论点扩大化。和解措施必须是国际关系的核心，这与不应盲目地把贸易当作和平手段的事实毫无关系。

它可能在某些情况下具有战略效果，如上文提到的欧洲计划的建设，但作为一项指导原则，它肯定会产生误导。这种对贸易的天真想法可以解释如今我们面临的数个僵局。在多哈回合中许多人未能明了,在某些地区,成员们之所以捉襟见肘、走投无路,都是它们的选民允许它们做出的让步所致。多哈回合谈判上的僵局让我们见证了源于康德的关于贸易的理想主义假设是如何被扭曲、被错用的。[8]

如果承认贸易关系中充满冲突,那么肯定会减少贸易参与者——学者、谈判者、商人、政策制定者、社会领袖——的任务负担。世贸组织的存在正是因为贸易充满冲突;它永远不会把我们引向一个自由、永久和平贸易的玫瑰园。压根不会有这回事。它将经历重重麻烦和冲突,不断修改补充,试图在迅速变化的贸易长河中施行接近"更公平的做法",并勉强撑起一道屏障来阻止更激烈的冲突解决方式。

我们早就不该研讨康德大师的那篇文章,还是让这位杰出哲学家与他在18世纪80年代"批判性哲学"时期写下的不朽之作安息吧。[9]这样做可以节省颇多时间和无聊言辞,但更重要的是,我们将可以更好地面对贸易关系带来的无数问题,以更现实的方式专注于那些应该去改变和可能改变的事务。我希望这本书能助我逐步实现这一目标。

# 注　释

**导　言**

我要感谢吕西安·科帕拉罗、汤姆·泽勒（Tom Zeiler）、蒂姆·鲁斯、史蒂文·托皮克、格雷格·马奇尔登（Greg Marchildon）、罗布·麦肯齐（Rob McKenzie）、宋怡明和匿名评论员的宝贵意见和建议。

[1] 引自 Findlay and O'Rourke (2007)，p.178.

[2] Zeiler (1999)，McKenzie (2002)。Barbieri 和 Schneider (1999, p.389) 指出，贸易可以降低战争可能性的观点已经在主流经济学中根深蒂固，只有该学科边缘激进的异端才敢于质疑它。

[3] 引自 Findlay and O'Rourke.

[4] 关于欧洲中世纪时期，Aerts (2003) 断言贸易只有在政治安全时期才能繁荣。O'Brien (1989)，pp.335-395，就拿破仑战争提出了同样的观点，尽管他也指出冲突创造了新的商机。

[5] O'Brien (1996)，pp.449-450.

[6] Oneal and Russett (1997, 1999)。Pevehouse (2003) 简明扼要地指出："正如自由贸易主义观点所表明的，贸易应该做的不仅仅是防止暴力冲突，其也应该促成贸易国之间的合作。"

[7] Barbieri 和 Levy (1999, pp.463-464) 对政治学的相关文献进行了很好的总结。

[8] Angell (1910).

[9] Dorussen and Ward (2010)，p.41.

[10] Oneal and Russett (2001) 得出结论，民主使冲突的可能性降低了44%，而贸易使冲突的可能性降低了22%。

[11] Hegre et al. (2010), p.771.

[12] Barbieri and Levy (1999), pp.471-477.

[13] 见 Viner (1948) 中布林克曼的讨论。

[14] Gartzke (1998), p.22.

[15] Hegre 等人 (2010) 注意到了学术研究的不平衡性，尽管如此，他们仍然发现贸易具有安抚作用。

[16] Schumpeter (1943), pp.81-86.

[17] Kunz (1994), p.459.

[18] Pomeranz and Topik (1999), pp.156-158.

[19] Findlay and O'Rourke (2003), p.25.

[20] Prange (2011), p.1269.

[21] Abu-Lughod (1989), p.54.

[22] Pomeranz and Topik (1999), p.167.

[23] Prange (2011).

[24] Curtin (1984) 第139页详细讨论了葡萄牙人的案例，解释了文化和社会习俗是如何融合的，从而使贸易和掠夺自然而然地结合在一起。

[25] Gama (1898), p.37.

[26] Pomeranz and Topik (1999), p.151.

[27] Keay (2006), pp.241-242.

[28] 引自 Micklethwait and Woolridge (2003), p.20.

[29] Boxer (1969), p.106.

[30] Clarke (2006), p.804.

[31] Belich (2001).

[32] Kiple and Ornelas (2008), pp.1223-1224.

[33] Findlay and O'Rourke (2007), p.247.

[34] Maddison (2001), p.95.

[35] 1847年4月11日在韦克菲尔德的演讲，见 Cobden (1970, repr. of 1849), p.76.

[36] Findlay and O'Rourke (2003), pp.32-35.

[37] Lahaye (2008) 第568页将重商主义定义为：寻求限制国内生产商竞争的经济

民族主义……限制进口和鼓励出口是使新兴民族国家富强的重商主义政策。

[38] Findlay and O'Rourke (2007), p. 429.

[39] Ibid., pp. 377 and 471.

[40] McKenzie (2008).

[41] 正如 Dorussen 和 Ward (2010) 第 41 页所说,"二战以来的这段时期可以看作贸易国安全共同体这一古典自由主义理念的逐步实现"。这种观点带有胜利者的样子,正如 Kagan (2012) 所指出的,自 1945 年以来 40 亿人摆脱了贫困,因为"相对和平的局势"使贸易日益安全、自由,且主导力量也从他国的经济增长中获取私利。

[42] 当今的内战就是这种情况,即主要资源牵涉战争的爆发并使冲突时间延长。主要资源在引发国内冲突中的因果权重一直是学术界争论的热点。Collier 和 Hoefler (1999) 的结论是,对主要资源进行掠夺的贪婪,是相较于社会不满而言,一个更为显著的引发内战的因素。学者们进一步研究了二者的分歧,他们的发现证实了自然资源的重要性,但并不一定是内战爆发的原因。也可参见 Thies (2010)。资源在资助叛乱者方面也变得很重要,参见 Ross (2003)。

## 第一章

[1] 欧洲和中国的历史构成了交替的欧亚历史,这一观点最近由 Goody (2010) 推广开来。

[2] 关于这一时期南海世界经济的介绍,参见 Brook (2010) 中的第 9 章。

[3] So (2000), pp. 117 - 119.

[4] Chan (2009), p. 160.

[5] Zheng (2004), pp. 113 - 114.

[6] 《明武宗实录》卷四八。此处及后续有关《明实录》的翻译都是从 Geoffrey Wade 的《明实录中的东南亚》(*Southeast Asia in the Ming Shi-lu*) 转引的《明武宗实录》中摘取并直译的。在大多数情况下,中文文本可以很方便地在 Chiu 等人 (1976) 的著作中找到,pp. 475 - 494。

[7] 《明武宗实录》卷六五。这段历史的详细叙述见 Chang (1933), pp. 28 - 31。

[8] 《明武宗实录》卷一一三;Chiu (1976), p. 479。

[9] 《明武宗实录》卷一九四。明史引用了地方志的内容,保留了对吴廷举的控诉。

Zhang(1974),p.8430。吴廷举的传记没有提到这件事,pp.5309-5311。

[10]《顺德县志》(1853),21.3b-21.4b。《广东通志》,7.23b,7.25a,7.36b;吴廷举与陈伯献的斗争虽然被略去,但他的传记依然被列入明史;Zhang(1974),pp.5309-5311、8221。这两个资料来源在日期上相互矛盾,因此很难准确地重现他的传记。

[11]《明武宗实录》卷一二三。

[12]《广东通志》(1853),7.19b。

[13] Zhang(1974),p.5309。在本章叙述的事件发生后,吴廷举1622年在南京的另一个事件中站在了另一个权势太监一边。出处同前,p.5310。

[14] Kennedy(1987),pp.7-8.

[15]《明武宗实录》卷一四九。

[16] Chang(1933),pp.40-44。托梅·皮雷斯与明政府的斡旋失败,详见Cameron(1970),pp.131-148。正如文献所指出的,读者会想要过滤掉相关记载,因为会给这本内容丰富的书带来一定的限制。

[17]《明武宗实录》卷一五八。

[18]《明武宗实录》卷一九一。

[19] Chang(1933),p.47.

[20]《明武宗实录》卷一九四。

[21]《顺德县志》(1853),21.5a。

[22]《明武宗实录》卷一九四。

[23] 关于这一段皇位继承的简要叙述,见Brook(2010),pp.98-100。

[24]《明世宗实录》卷四。关于葡萄牙人在广东的间谍活动,见Chang(1933),p.44。关于阿方索的请求,出处同前,p.58.

[25] 两年后关于这次冲突的记录出现在《明实录》中:"佛郎机国人别都卢寇广东,守臣擒之,初,都卢恃其巨锐利兵劫掠满剌加诸国,横行海外,至,率其属疏世利等千余人驾舟五艘破巴西国,遂寇新会县西草湾,备倭指挥柯荣百户王应恩率师截海御之,转战至稍州,向化人潘丁苟先登,众兵齐进,生擒别都卢疏世利等四十二人,斩首三十五级,俘被掠男妇十人,获其二舟,余贼米儿丁甫思多减儿等复率三舟接战,火焚先所获舟,百户王应恩死之,余贼亦遁,巡抚都御史张岭巡按御史涂敬以闻都察院覆奏,上命就彼诛戮枭示。"《明世宗实录》卷二四。

[26] Chang (1933), p. 61.

[27]《明世宗实录》,卷一零六; Chang (1933), pp. 73 - 74。

[28] 关于葡萄牙人垄断海上贸易,见 Boxer (1969), pp. 48, 60 - 62.

[29] "魏国公徐鹏举等请广东所得佛郎机铳法及匠作,兵部议:佛郎机铳非蜈蚣船不能架,宜并行广东取匠于南京造之,诏可"。《明世宗实录》卷三八。"初,广东巡检何儒常招降佛郎机国番人,因得其蜈蚣船铳等法,以功升应天府上元县主簿,令于操江衙门监造,以备江防。至是,三年秩满,吏部并录其前功,诏升顺天府宛平县县丞,中国之有佛郎机诸火器,盖自儒始也"。《明世宗实录》卷一五四。

[30] Cameron (1970), pp. 129, 131。当他真诚地努力让读者理解中西方关系的中国方面时,这是一个不公平的例子。这种说法只不过是1970年报刊上被当作合理辞令的东西。

## 第二章

[1] O'Rourke and Williamson (2002).

[2] Lane (1979), North (1968).

[3] 关于葡萄牙人到来前后亚洲经济情况的文献现在已经大量扩充。有关书志学调查,可参见 Pearson (2007)。

[4] Steensgaard (1973).

[5] Boyajian (1993).

[6] Prakash (1998a, 1998b).

[7] O'Rourke and Williamson (2009)

[8] Blussé and Gaastra (1981).

[9] Godinho (1981 - 1983).

[10] Costa (1997).

[11] Bruijn (1990).

[12] Costa (1997), pp. 325, 335 - 338, 342, 361, 373.

[13] Instituto dos Arquivos Nacionais, Torre do Tombo, Lisbon (IANTT), *Gaveta* XV, M. 9, D. 11 em *As Gavetas da Torre do Tombo*, vol. 4, p. 213; and Sainceau (1973), p. 74.

[14] IANTT, *Corpo Cronológico*, Parte I, M. 19, D. 83.

[15] Lane (1964).

[16] Cortesão (1979), p. 303.

[17] IANTT, *Nucleo Antigo*, no. 193:"《胡椒配方和焊料费用手册》,由财务主管贡卡尔沃·伯恩斯(Goncalvo Burns)通过。"

[18] 关于葡萄牙造船厂的称重程序和五分之一货物体积的讨论,见 Costa (1997), pp. 63—82。

[19] 主要基于 Fonseca (1989) 的估计。

[20] IANTT, *Corpo Cronológico*, Parte II, M. 60, D. 69, and M. 70, D. 21, D. 88; Costa (1997), pp. 236-237.

[21] 葡萄牙语原文为:como comumente se faz conta caso mays rendam。

[22] Mathew (1998, 1999); Kellenbenz (1956); Silva (1949).

[23] Godinho, vol. 3 (1981-1983), pp. 57-62.

[24] Falcão (1859) 中这项合同的运输费用。

[25] Godinho, vol. 3 (1981-1983), pp. 69-79.

[26] Disney (1981).

[27] Casado Soto (1988), pp. 68-70.

[28] Costa (1997), p. 69.

[29] Ibid., p. 176.

[30] Ibid., pp. 441-442.

[31] Arquivo Histórico Ultramarino, Lisbon (Overseas Historical Archive; hereafter, AHU), Reino, caixa 38, pasta 10. 有关王室试图向造船厂供应木材的更多信息,见 Costa (1997), pp. 307—333。

[32] Costa (1997), pp. 178, 184.

[33] AHU, Índia, caixa 14, no. 99 and Conselho Ultramarino, cod. 31, fol. 33.

[34] AHU, Reino, caixa 38, pastas 2, 5, 10.

[35] Domingues (2004).

[36] *Leis e Provisões* (1570, repr. 1816), pp. 68-83.

[37] Silva (1959).

[38] AHU, Reino, caixa 38, pastas 2, 5.

[39] Barata (1989), p. 163.

[40] 原件见 AHU，Reino，caixa 38，pasta 19。部分由 Vasconcelos (1928) 出版。

[41] Guinote et al. (1998), pp. 116 - 120.

[42] Ibid.; Duncan (1986); Landeiro (2005); and Gomes Solis (1933).

[43] Godinho, vol. 3 (1981 - 1983), p. 49.

[44] AHU, Conselho Ultramarino, cod. 31, fol. 107.

[45] Vila Villar (1977); and Costa (2002).

[46] AHU, Índia, caixa 4, no. 146, 188.

[47] Boyajian (1993), appendix A.

[48] Ibid., p. 201 n. 75.

[49] 完整报告见 Blanco (1974).

[50] AHU, Conselho Ultramarino, cod. 31, fols 66 - 70.

[51] Steensgaard (1990), table 3. 6.

[52] Silva (1951).

## 第三章

[1] 笔者要感谢米歇尔·克雷格·麦克唐纳（Michelle Craig McDonald）在 2008 年与我们合作撰写的一篇文章中所提供的见解，因为那是本文的基础，同时也感谢亚历克斯·博鲁奇（Alex Borucki）对奴隶贸易的专业评价。

[2] 法属"圣多明各"这一名称于 1804 年被"海地"取代。

[3] Huntington (1993), p. 136; Genovese (1981), p. 83, 相反，他认为海地革命对现代社会的民主化做出了重要贡献。

[4] Knight (2000), p. 103.

[5] Buck-Morss (2009), pp. 14 - 20.

[6] Trouillot (1995), p. 73.

[7] Edwards (1801).

[8] 引自 Bender (2006), p. 109.

[9] Trouillot (1995), p. 73.

[10] Geggus (1997).

[11] Geggus (2001).

[12] Hochschild (2007), pp. 246-247.

[13] 英国人通常不认为自己是欧洲人，在19世纪也不例外。在海地革命时期，美洲被称为北美和南美，正如今天一样。

[14] Jones and Spang (1999).

[15] Williams (1944)。与其相反，见 Eltis (1987)。

[16] Braudel (1982).

[17] 例如，O'Brien (1982).

[18] Landes (1999), p. 121; Pomeranz (2000), pp. 186-193.

[19] 关于西班牙的大西洋贸易、垄断和通信，见 Quiroz (2011) 以及发表本文的 *Colonial Latin American Review* 特刊。

[20] 对不平等交换的理论性探讨，见 Amin (1974) 及 Emmanuel (1972)。这就是后来被称为依赖关系学派的核心原则，通过安德列·G·弗兰克（Andre G. Frank）和伊曼纽尔·M·沃勒斯坦（Immanuel M. Wallerstein）的研究引发了世界系统分析。

[21] 有关亚当·斯密问题及其思想中明显矛盾的讨论，见 Ratnapala (2010)。

[22] 转引自 Buck-Morss (2009), pp. 6-7.

[23] Smith (2002).

[24] Mintz (1993), p. 263.

[25] Ibid., pp. 271-272.

[26] 抛去维京人失败的葡萄园努力，伊斯帕尼奥拉岛是欧洲在美洲持续性殖民的开端。

[27] Geggus (2002), p. 26.

[28] Balfour-Paul (1997), *passim*.

[29] Geggus (2002), pp. 27-28.

[30] Deerr (1949), p. 231.

[31] Edwards (1801), p. 123.

[32] Deerr (1949), p. 239.

[33] Dupuy (1989), p. 21; 跨大西洋奴隶贸易数据; de Vries (2008), pp. 149-180, 这表明了糖的核心作用，它像茶、咖啡和巧克力一样是甜味兴奋剂，在"勤奋革命"中提高了工作效率，形成了一个消费社会。

[34] Fick (1990), p. 29.

[35] Mintz (1985), p. 73; Deerr (1950), p. 239.

[36] Sombart (1967), p. 99.

[37] Mintz (1985); Moreno Fraginals (1978).

[38] Deerr (1950), p. 529.

[39] Ibid., p. 529.

[40] Sheridan (1974), pp. 19–21.

[41] Mintz (1985) 和 Fenner (2010) 论证了咖啡和糖在德国工业化进程中的核心作用。

[42] Trouillot (1982), p. 372.

[43] Hilliard-d'Auberteuil (1776), pp. 62–63, 169; Edwards (1801), p. 133.

[44] Trouillot (1982), pp. 349–354; Fick (1990), p. 19.

[45] Trouillot (1982), p. 356

[46] Laërne (1885); and Trouillot (1982), pp. 345, 354.

[47] Hilliard-d'Auberteuil (1776), p. 62; Opatrny (1993), pp. 33–34.

[48] 虽然没有统计世界产量，在1782年至1786年，爪哇、苏里南、牙买加和巴西四大生产商总出口量在20万磅以下，可能仅达圣多明各出口量的四分之三。Posthumus (1946), p. 75; Ukers (1935), p. 509; and Trouillot (1982), p. 337。

[49] Hilliard-d'Auberteuil (1776), pp. 53, 64, 156; Posthumus (1946), p. 75.

[50] Ukers (1935).

[51] Thurber (1881), p. 212。相比之下，当时的茶叶进口量只有人均十二分之一磅。Ukers (1935), p. 400。

[52] *American State Papers of the Congress of the United States, Commerce and Navigation*, vol. 5, pp. 640–642.

[53] O'Shaughnessy (2000), p. 214. 也可参见 McDonald and Topik (2008).

[54] John Adams to R. Livingston, 23 July 1783 and 31 July 1783, *Adams-Jefferson Letters*, vol. 2, p. 623, 摘自 McDonald and Topik (2008).

[55] 参见 St. Croix between 1781 and 1783, in the Records of the Philadelphia Custom House, Records Group 36, Inward and Outward Entry Volumes; 1781–1787年摘

自McDonald and Topik (2008).

[56] Peterson (1965), p.593. 也可见Thomas Jefferson Papers, Series 1, General-Correspondence, 1651-1827,'United States Treaties, 1786, Amity and Commerce Treaty between Portugal and the United States', in the collections of Library of Congress (hereafter, TJP).

[57] Thomas Jefferson to J. Jay, 27 January 1786, in Boyd, *Papers of Thomas Jefferson*, vol.9, p.235, 摘自McDonald and Topik (2008).

[58] Thomas Jefferson to R. Izard, 18 November 1796, in Boyd, *Papers of Thomas Jefferson*, vol.10, pp.541-542, 摘自McDonald and Topik (2008).

[59] Charles Alexadre de Calonne to Thomas Jefferson, 22 October 1796, TJP, Series 1, General Correspondence, 1651-1827; Thomas Jefferson, Observations on Charles Alexadre de Calonne's Letter of October 22, 1786, on Trade between the United States and France (22 October 1796), TJP, Series 1, General Correspondence, 1651-1827. 也可参见Peterson (1965), p.599; Stover (1958); McDonald and Topik (2008)。

[60] *ASPFR*, vol.1, p.195, 摘自McDonald and Topik (2008).

[61] Mayo (1941), p.35. 也可参见McDonald and Topik (2008).

[62] Silas Deane to the Committee of Secret Correspondence, undated, *RDC*, vol.2, p.118, 摘自McDonald and Topik (2008).

[63] Deane to the Committee of Secret Correspondence, undated, *RDC*, vol.2, p.118, 摘自McDonald and Topik (2008).

[64] Clauder (1972); and Coatsworth (1967). 也可参见McDonald and Topik (2008).

[65] *Pennsylvania Gazette*, 26 June 1789, 摘自McDonald and Topik (2008).

[66] Schoen (2003), p.184, in McDonald and Topik (2008).

[67] Mayo (ed.) (1941) in McDonald and Topik (2008).

[68] 结果是1794年对法属岛屿的出口量下降了27%,尽管贸易水平在次年恢复。

[69] Dubois (2004b), p.171.

[70] Dubois (2004a, 2004b).

[71] Knight (1970), p.22.

[72] Thurber (1881), p.138; Pérez (1990), pp.7-19; Opatrny (1993), pp.39-40;

Guerra y Sánchez (1964)，pp. 47 – 53.

［73］ Reimer (1893).

［74］ Pérez (2001)，pp. 93 – 94.

［75］ Deerr (1949)，p. 129.

［76］ Pérez (1990)，p. 8.

［77］ Dye (1998)，p. 2.

［78］ Knight (1970)，p. 53.

［79］ Pérez (1990)，p. 12.

［80］ Deerr (1949)，pp. 130 – 131.

［81］ Moreno Fraginals (1978).

［82］ 关于美国与古巴"蜜月期"的研究，见 Pérez (2009)。

［83］ Pérez (1990)，p. 11.

［84］ Knight (1970)，p. 44.

［85］ US Department of Commerce (1960)，p. 551.

［86］ Wilkins (1970)，pp. 110，149 – 172.

［87］ Mitchell (2003)，p. 649.

［88］ Deerr (1949)，p. 248.

［89］ Ibid.

［90］ Ibid.，p. 250.

［91］ Russell-Wood (1992) 和 Schwartz (1985) 讨论了葡萄牙在全球范围内经营出口贸易的经验。葡萄牙人对咖啡兴趣寥寥反映在杰罗姆·洛博神父（Father Jerome Lobo）1622 年对埃塞俄比亚的访问中，Johnson (trans) (1789)。

［92］ Taunay (1939)；and Magalhães (1939).

［93］ Arruda (1980)，p. 354.

［94］ 转引自 Maxwell (2003)，p. 124.

［95］ Thurber (1881)，p. 125.

［96］ Cain and Hopkins (1993)，pp. 298 – 306；Graham (1968)；Platt (1977)；and Miller (1993).

［97］ Manchester (1933).

［98］计算自 Greenhill（1993），p. 307；Ocampo（1984），p. 303；and Instituto Brasileiro de Geografia e Estatistica，Brazil（IBGE）(1986)，p. 84.

［99］Wickizer（1951），p. 36.

［100］关于这个复杂且光辉的探索的精彩描述，见 Hochschild（2007）。

［101］Florentino（1995）；Marques（2010）.

［102］Maxwell（2003），p. 130.

［103］Miller（1993），pp. 53 - 54；Cain and Hopkins（1993），p. 298；Almeida（1998），pp. 69 - 70，368，369.

［104］Marques（2010），pp. 105 - 111；Rippy（1928）；Manchester（1933），p. 266；Bethel（1976），pp. 272 - 273.

［105］Bacha and Greenhill（1992），p. 355.

［106］关于新旧大英帝国的转变，见 Bayly（1989）。

**第四章**

致谢：我要感谢查尔斯·埃斯代尔（Charles Esdaile）——一个匿名的评论者，以及帕特里克·K. 奥布里（Patrick K. O'Brie）——本书的编辑，在早期对本章写作所给予的宝贵建议。本章内容适用于一般的免责声明。

［1］关于大陆封锁政策的一般经济解释，见 Heckscher（2006），p. 51 - 58；Crouzet（1987）；Davis and Engerman（2006b），p. 25 - 52；另见 O'Brien（1989）。关于 18 世纪英国和法国之间经济紧张局势的加速，见 Crouzet（2008）。

［2］Esdaile（2007），pp. 39 - 40.

［3］Schultz（2001）.

［4］Ellis（2003），pp. 107 - 119.

［5］Grab（2003），pp. 24 - 25.

［6］Rowe（2007）.

［7］Grab（2001）.

［8］Bergeron（1970）.

［9］Dwyer（ed.）(2001)。这种对拿破仑愿景的解释并非英国史学所独有。有关法国历史对拿破仑的形象和神话的批判性评价和调查，见 Petiteau（2004）。

[10] Ellis (2001); Esdaile (2007).

[11] Tulard (2006), pp. 302 – 309.

[12] Ellis (2001), p. 107.

[13] Esdaile (2001), p. 150.

[14] de Jouvenel (1942), pp. 347 – 371; and Aaslestad (2007).

[15] O'Rourke (2006).

[16] Crouzet (1964).

[17] 关于拿破仑封锁欧洲港口和贸易城市的制度所遇到的困难以及欧洲商人提出的其他解决办法，见 Marzagalli (1999)。

[18] Ibid., p. 580.

[19] Dwyer and Forrest (2007), p. 7.

[20] 关于这个问题详见 Heckscher (2006), pp. 129 – 135。

[21] Crouzet (1987), pp. 203 – 206.

[22] O'Rourke (2006).

[23] 一个关于拿破仑限制英国经济扩张的政策失败的共同观点见 Crouzet (2006), Davis and Engerman (2006a), O'Brien (2006)。

[24] Crouzet (1987), p. 316.

[25] O'Brien (1989), p. 372.

[26] 尽管对这一问题进行了大量的研究，但不幸的是，迄今为止的研究成果没有得到适当的传播，也没有在那些不通晓葡萄牙语的知识分子和学术界中产生相应的影响。杰出的例外是 Schultz (2001); Adelman (2006), pp. 220 – 257. 因此，这里值得一提的是葡萄牙和巴西史料中的一些重要参考文献。关于葡萄牙与巴西贸易影响的经典解释有：Novais (1979); Arruda (1980); Alexandre (1993); Pedreira (1994)。关于这些出版著作的史学争论的简要概述，见 Pedreira (2000)。关于巴西港口开放的主要宗旨的综合性、介绍性分析，见 Cardoso (2008)。

[27] Manchester (1933), pp. 69 – 108.

[28] Ibid., p. 76.

[29] Ibid., p. 75.

[30] Arruda (2008).

[31] Manchester (1933), pp. 96 – 98.

[32] Ibid., p. 338.

[33] Veiga (1808).

[34] Ibid., pp. 11 – 12.

[35] Smith (1811 – 1812)。关于亚当·斯密作品在葡萄牙和巴西的传播与影响,见 Reeder and Cardoso (2002)。

[36] Lisboa (1808 – 1809).

[37] Ibid., vol. 1, p. 200.

[38] Lisboa (1810).

[39] Ricardo (1817) 首次提出并讨论了著名的国际贸易理论,其基础是各国应专门生产和出口具有竞争优势的商品,并以各国将该商品推向市场而付出的劳动力成本来定价。席尔瓦·里斯本也在"温和的商业活动"的传统中借鉴了贸易带来经济和社会进步的概念。

[40] Lisboa (1810), p. 6.

[41] Ibid., p. 34.

[42] Ibid., p. 42.

[43] Ibid., p. 57.

[44] Ibid., pp. 78 – 79.

[45] 关于主权之争与现代化之路,见 Adelman (2006), pp. 220 – 258。


## 第五章

[1] Findlay and O'Rourke (2007), p. xxiv.

[2] League of Nations (1942b); Saul (1960).

[3] Boyce (2009), pp. 425 – 427.

[4] Maddison (2001), table F – 5.

[5] Kindleberger (1989), pp. 166 – 167。Boyce (2009) 再次对此点展开详细论述。

[6] Solomou (1996), p. 45; Solomou and Weale (1996), p. 105.

[7] 1921 年的《保护工业法》对 6 500 种被认为具有战略重要性的商品征税。

[8] 丘吉尔曾于 1931 年 1 月辞去影子内阁职务,原因是保守党领袖斯坦利·鲍德温

支持政府的印度政策,从而将党内一个潜在反对力量边缘化。Toye(2010a)及本书第六章均有述及。

[9] 澳大利亚人恼火不已。'The New Zealand Government was abominably prepared', Frank MacDougall (Economic Advisor) to Charles Hawker (Minister for Commerce), 14 September 1932, Hawker Papers, MS 4848, Series 5, National Library of Australia (hereafter, NLA).

[10] 几乎可以肯定关税帮助贝内特赢得了1930年的选举。参见 Irwin(2011)第3章的讨论。

[11] William Clark (British High Commissioner) to E. J. Harding (Dominions Office), 17 March 1932, The National Archives, Kew, London (formerly the Public Record Office; hereafter, TNA), FO371/16406. 主要问题在于能否获得部长级的决定。加拿大官员基于对会议展开研究所得的行政管理智慧认为,如果内阁委员会成员对为他们准备的数据进行详细的研究,效果会大得多。Library and Archives Canada (hereafter, LAC), RG25, vol. 159 - U.

[12] Hancock (1942), p. 215.

[13] Drummond (1974) 第6章详文记述。

[14] 张伯伦在与官员讨论后在1932年7月23日的日记中写道:"结果非常令人吃惊,因为因优惠而增加的贸易值似乎很小。" Chamberlain Papers, University of Birmingham, NC 2/17.

[15] LAC, RG20, vol. 1423, F7 - 1.

[16] 托马斯在渥太华拟议经济会议内阁委员会的讲话,1931年11月16日:TNA/CAB27/473 OC (31);麦克唐纳致朗西曼,1931年12月28日:Runciman Papers, University of Newcastle, WR 245。

[17] *Daily Express*, 11 May 1933.

[18] Rooth (1986).

[19] Rooth (1993), pp. 250 - 258 对此的讨论更为充分。

[20] Maizels (1970), p. 136.

[21] Dyster and Meredith (1990), p. 119.

[22] Kindleberger (1973)。逆周期贷款是另一种情况,但在20世纪30年代几乎没

有这种情况。

［23］斯堪的纳维亚半岛国家不太喜欢欠债，这是20世纪30年代促进英国出口的一个因素，但就阿根廷而言，《罗加－朗西曼条约》（Roca－Runciman Agreement）明确规定了为英国投资提供服务的条款。

［24］尽管加拿大和澳大利亚都降低了某些对英国供应品的关税。Rooth（1993），p.252。

［25］Clavin（1991）；and Rooth（1993），pp.159-73有简略阐述。

［26］League of Nations（1942b），pp.89-95. 资本流动的枯竭也是产生这些变化的一个重要因素。

［27］Megaw（1975）.

［28］除其他外，Eichengreen（1992）。

［29］Lewis（1949）.

［30］这并不是说英国的经济复苏令人满意；即使到1937年，那些倚重老工业的地区仍然存在严重的失业问题。

［31］Kitson and Solomou（1990），p.43.

［32］Eichengreen（1988），pp.47-50.

［33］Maizels（1970），p.136，数据显示，1929年至1937年间，进口额从37%降至25%。英国出口商是主要的受害者。

［34］Ibid.，p.254.

［35］Dyster and Meredith（1990），p.142；Eichengreen and Lindert（1989），p.5.

［36］Greasley and Oxley（2009）。到1938年时新西兰的人均收入比美国高出5.5%。

［37］Greasley and Oxley（2009）.

［38］Lee（1995）；Capling（2000）；and Rooth（2002）.

［39］与战后澳大利亚政府相比，自由主义政府的执政态度明显更倾向于支持资本主义。不过加拿大工业还是钟爱自己的贸易保护政策。

［40］Hancock（1942）.

［41］Hynes et al.(2012).

［42］这些发展也影响了殖民帝国。"大萧条"对战后事件产生深远影响的另一重大后果是经济混乱造成的对印度和殖民地政治民族主义的影响。当地居民的不满情绪加剧（Tomlinson，1999，pp.365-366；Findlay & O'Rourke，2007，p.469）。战后来自伦敦

的压力，特别是对大多数以赚取美元为要务的殖民地，进一步刺激了民族主义运动和独立诉求的发展。

［43］加拿大把目光投向了美国。必须强调的是，这是完全契合进口替代工业化的做法。更多讨论参见 Muirhead（1992），尤其是第一章，以及 Rooth（2000）中的相关论述。

［44］Rooth（2002）。

## 第六章

［1］1903 年 11 月 11 日的演讲，见 Churchill（1975），p.76。

［2］Eubanks（2000），p.164.

［3］参见 Kahneman（2011）所概括的其对行为经济学领域的杰出贡献。

［4］McCloskey（1988）。近期思想可参见 Deirdre N. McCloskey, 'Prudence, You No Longer Rule My World', *Times Higher Education*, 14 January 2010.

［5］参见 Eubanks（2000）；Conti（1995）；and Marinelli and Todd（2007）.

［6］参见 Toye（2010b）文中所论。

［7］Trentmann（2008）.

［8］然而，我们必须记住的是：至少在广播时代到来之前，丘吉尔演讲的报纸受众要比直接听众多得多。

［9］Finlayson and Martin（2008），p.448；Toye（2013）。

［10］Braddick（2009）；Johnson（2007）.

［11］Lawrence（2009）；Matthew（1988）.

［12］应该指出的是，丘吉尔本人并没有在这些后来的事态发展中发挥太大的作用，但他确实在关键时刻支持了贸易部主席彼得·索尼克罗夫特（Peter Thorneycroft）。参见 Kelly（2002）第 7 章。

［13］Clarke（1993），p.94.

［14］'Mr Chamberlain in Birmingham', *The Times*, 16 May 1903.

［15］同上。鉴于革新者们往往冒用他们正试图颠覆的词汇体系的情况，张伯伦本应称他自己是一个自由贸易者，这并不奇怪。参见 Skinner（2002），p.157。19 世纪 90 年代的公平贸易运动也提出了类似的主张。参见 Rogers（2007），p.601.

［16］Churchill to Hubert Carr-Gomm, 5 December 1903（copy），British Library of

Political and Economic Science, Archives Division, Coll. Misc. 0472.

[17] Churchill to Alfred Harmsworth, 1 and 18 September 1903, Northcliffe Papers, British Library, Add. 62156.

[18] Churchill to Rosebery, 10 October 1902, in Churchill (ed.) (1969), p. 168.

[19] Churchill to Alfred Harmsworth, 1 September 1903, Northcliffe Papers, British Library, Add. 62156. The 'Pro-Boers' were those Liberals who had opposed British involvement in the Boer War.

[20] 'Mr. Winston Churchill at Hoxton', *The Times*, 22 May 1903.

[21] 自由统一主义者（张伯伦是其中的佼佼者）于1886年在爱尔兰自治问题上与格莱斯顿决裂，随后与保守党结盟。因此，奥斯卡·王尔德（Oscar Wilde）的《认真的重要性》(*The Importance of Being Earnest*) 中有这样一段话：

布拉克内尔夫人：你的政治主张是什么？

杰克：恐怕我真的没有。我是自由统一主义者。

布拉克内尔夫人：哦，他们算保守党。他们和我们一起共进午餐。要么是晚上来，反正是会来。

[22] Parliamentary Debates, House of Commons, 4th Series, vol. 123, 28 May 1903, cols 193-4.

[23] 'Mr. Churchill at Salisbury', *The Times*, 15 April 1905. 关于盖世太保的演讲，参见 Toye (2010b)。

[24] Rogers (2007).

[25] Addison (1993).

[26] Rogers (2007), p. 596.

[27] Toye (2007a).

[28] Churchill (1967), pp. 74-75.

[29] *The Times*, 26 January 1904.

[30] 1904年4月29日的演讲。除非另有说明，所有丘吉尔的演讲都可以在 Rhodes James (1974) 中找到。

[31] 1904年4月29日的演讲。

[32] Trentmann (2008), pp. 95-100, 166.

[33] 1904年6月4日的演讲。

[34] 欲了解历史经济学家，参见 Green (2002), pp. 56 - 64.

[35] 1905年12月14日的演讲。

[36] 1907年5月7日的演讲，见 Churchill, vol. 7 (1973 - 76), pp. 168, 171 and 173. Emphasis. 重点后加。

[37] 1903年11月11日的演讲。

[38] 'Mr. Churchill in Edinburgh', *The Times*, 20 May 1907.

[39] 印制免费报纸确有必要，因为莱斯特已经没有自由派报纸了。然而，这可能已经出现反噬，因为《莱斯特联合自由报》实际上是在诺丁汉印刷，并且"莱斯特人民可不想接受来自'对手'城市的政治理念"。Pethick-Lawrence (1943), p. 127.

[40] 'Mr. Churchill and the Socialists', *The Times*, 29 November 1923.

[41] 'Mr. Churchill and Glasgow', *The Times*, 12 November 1923.

[42] 1923年11月16日的演讲。

[43] 同上。

[44] 1923年12月5日的演讲。

[45] 'Prime Minister at Bradford', *The Times*, 30 November 1923.

[46] 赫尔茅斯·约翰·路德维希·冯·莫尔特克（Helmuth Johann Ludwig von Moltke），德国总参谋长，1906－1914年；埃里希·弗里德里希·威廉·路德多夫（Erioh Friedrich Wilhelm Ludendorff），主要负责指挥第一次世界大战第二阶段德国战争的将军。Parliamentary Debates, House of Commons, 5th Series, vol. 183, 7 May 1925, col. 1230.

[47] Leo Amery to Baldwin, 10 April 1927, Leo Amery Papers, Churchill College, Cambridge, 2/1/13.

[48] 更多讨论参见 Toye (2007b), pp. 255 - 256, 279 - 281; and ibid. (2010a), pp. 175 - 176.

[49] *Ottawa Morning Journal*, 16 August 1929, 引自 Dilks (2005), p. 65。

[50] 同上。

[51] Parliamentary Debates, House of Commons, 5th Series, vol. 256, 15 September 1931, col. 705.

[52] 1931年9月29日的演讲。

[53] 'Snakeskin Slippers Remind Churchill Reds are Reptiles', *Globe*, 3 March 1932, 引自 Dilks (2005), p. 120.

[54] 丘吉尔在多伦多演讲的新闻稿草稿, 1932 年 3 月 3 日, 引自 Dilks (2005), pp. 120。

[55] Churchill to Alfred Harmsworth, 1 September 1903, Northcliffe Papers, British Library, Add. 62156.

[56] Barnes and Nicolson (eds) (1988), p. 384.

[57] W. L. 麦肯齐·金的日记, 1941 年 8 月 24 日, 网址: http://www.collections.canada.gc.ca/databases/king/001059 - 100. 01 - e. php.

[58] 参见 Toye (2004) 对此的全面探讨。

[59] J. A. Hudson, 'Mr. Churchill and the Loan', 14 March 1946: The National Archives, Kew, London, PREM 8/197.

[60] 同上。

[61] 'Mr. Churchill's Warning to Western World', *The Times*, 11 October 1948.

[62] 保守党宣言, 1951 年。

[63] 参见 Toye (2003b)。

[64] Toye (2010a), pp. 27 - 30.

[65] 1904 年 4 月 29 日的演讲。

[66] *Ottawa Morning Journal*, 16 August 1929, in Dilks (2005), p. 65.

[67] Sylvest (2009), p. 10.


## 第七章

[1] Young (1998); Snyder (2010).

[2] Kiple and Ornelas (2008), p. 158.

[3] 导言提及弗朗辛·麦肯齐, 参见 Kiple and Ornelas (2008), pp. 1223 - 1224。

[4] Findlay and O'Rourke (2007), p. xxiv.

[5] 参见第五章。

[6] O'Rourke and Williamson (1999).

[7] 有关这些观点的摘要, 参见 Northrup (2005)。Hopkins (2002) 和其他著者描述

了全球化的三个阶段：古代的全球化（17世纪前），原全球化（17世纪和18世纪）以及现代全球化（工业革命至今）。对于 Eltis（2002）来说，全球化始于公元1000年，在此之前全球人口主要呈分散和隔离的模式，之后人口间的接触和混合不断增加。

[8] Federico and Persson (2007).

[9] 在这里所说的"谷物"被定义为一个地区的主要粮食作物。因此英格兰的小麦和苏格兰的燕麦都被称为"谷物"。

[10] Schonhardt‑Bailey (2006); and Semmel (2004).

[11] Turner (2004), p. 136.

[12] Jacks (2006).

[13] Harley (1988); Mohammed and Williamson (2004); and Jacks et al. (2010).

[14] O'Rourke and Williamson (2000), table 1.

[15] Solberg (1987). 1870—1913年，美国净移民人数为1 580万人；在澳大利亚，这个数字是88.5万；在加拿大，这个数字是86.1万。在大致相似的时期（1871—1910年），阿根廷净移民人数为250万。参见 Maddison (2001) 关于美国、澳大利亚和加拿大的数据；Solberg (1987) 关于阿根廷的数据。

[16] 直到19世纪80年代出现贸易保护主义反弹，小麦关税一直都很低。到19世纪90年代中期，法国、德国和意大利的小麦进口关税超过了芝加哥小麦价格的60%。参见 Federico and Persson (2007)。

[17] Adelman (1992).

[18] Ibid., p. 282.

[19] O'Rourke and Williamson (2000).

[20] de Hevesy (1940), appendix 9.

[21] Hammond (1946).

[22] Fowke (1957).

[23] Schedvin (1990).

[24] Kuromiya (1988).

[25] Manenbaum (1953), p. 63.

[26] Feinstein et al. (2008), pp. 60 - 63.

[27] Kindleberger (1973), p. 90.

[28] Madsen (2001), p. 356.

[29] 参见 Federico (2005b) 的反例。

[30] 美国的情况参见 Cunfer (2005) 和 Worster (1979)。加拿大的情况参见 Marchildon (2009); Marchildon et al. (2008); Jones (1987)。

[31] Rothermund (1996), pp. 12–18。美国的情况参见 Alston (1983)。

[32] 一般来说,小麦中蛋白质含量越高,小麦越硬,品质越好。由于其北部大平原的气候条件,加拿大倾向于生产大量高质量的硬小麦。加拿大的硬小麦在世界市场上获得了溢价,因为它可以与较软小麦混合以提高用于制作面包的面粉的质量。MacGibbon (1952), p. 22.

[33] Kindleberger (1973), p. 92.

[34] Ibid., 92; and Schedvin (1970), p. 146.

[35] Schedvin (1970), pp. 146–153; and Rothermund (1996), pp. 82–86.

[36] Kindleberger (1973), pp. 92–93; and Gregory and Sailors (2003)。苏联严重依赖石油产品、木材和粮食收入来支付其战略工业化所需的机械和金属的进口。

[37] Kindleberger (1973), pp. 92–93.

[38] Jones (1934) 为此主题的经典论述。

[39] James (2001), pp. 112–118; Zeiler (1999), p. 7; and Eichengreen (1989). Irwin (2011); and Eckes (1995b).

[40] Federico (2005a), p. 192。James (2001) 认为虽然制成品的关税在 20 世纪 20 年代确实大幅上升,但"大萧条"来临之前农业关税一直相对较低。

[41] 从 1929 年到 1932 年,比利时、法国、德国、意大利和瑞典引进了强制性的碾磨要求 (James, 2001, p. 113)。

[42] Irwin (2011).

[43] Kottman (1975); and Marchildon (1998).

[44] McDonald et al. (1997).

[45] Pomfret (2000), p. 118。关于英国的转变,参见本书第五章和第六章。

[46] Eichengreen (1989); 关于两次世界大战之间经济的金融弱点,参见 Eichengreen (1990)。

[47] Drummond (1972), pp. 69, 89–90.

［48］Malenbaum（1953），p.199.

［49］Proposed Imperial Economic Conference at Ottawa, Report by Cabinet Committee, 23 November 1931, Memorandum by the Secretary of State for Dominion Affairs: The National Archives, Kew, London (hereafter, TNA), CAB24/224, Cabinet Memorandum, available at: http://www.nationalarchives.gov.uk/cabinetpapers/themes/economic-policy-1930s.htm (accessed 26 May 2010).

［50］Cabinet Conclusion 7, Imperial Conference 1930, 9 October 1930: TNA/CAB23/65, available at: http://www.nationalarchives.gov.uk/cabinetpapers/themes/economicpolicy-1930s.htm (accessed 26 May 2010).

［51］Cabinet Memorandum, Proposed Imperial Economic Conference at Ottawa, Report by Cabinet Committee, 23 November 1931: TNA/CAB24/224, available at: http://www.nationalarchives.gov.uk/cabinetpapers/themes/economic-policy-1930s.htm (accessed 26 May 2010).

［52］Glassford（1992），p.116.

［53］Rooth（1992,1993），pp.84,89.

［54］Cabinet Memorandum, Proposed Imperial Economic Conference at Ottawa, Second Report by Cabinet Committee, 2 May 1931, p.2: TNA/CAB24/221, available at: http://www.nationalarchives.gov.uk/cabinetpapers/themes/economic-policy-1930s.htm (accessed 26 May 2010).

［55］出于贸易目的，阿根廷经常被英国视为其名誉上的领土，两国之间的《罗加—朗西曼条约》（1933年）在很大程度上是为了消除渥太华会议造成的任何损害；参见 Knight（1999）。

［56］Rooth（1992），p.230.

［57］同上，第90页。这些协议意味着，对英联邦国家来说，如果苏联的小麦供应会摧毁其在英国本土市场的价值，英国就会采取行动，那么即使是将一般性条款纳入这样的协议，英国首相和内阁也决不允许对英国与苏联之间的关系造成进一步的恶化。Conference (Agreements) Bill, Note by the Cabinet Secretary, 9 September 1932: TNA/CAB24/232, available at: http://www.nationalarchives.gov.uk/cabinetpapers/themes/economic-policy-1930s.htm (accessed 26 May 2010).

［58］Malenbaum（1953），p. 205；and Carr（1966，repr. of 1937），pp. 149-152.

［59］Malenbaum（1953），pp. 205-206.

［60］Bowers（1966）.

［61］MacGibbon（1952），p. 26.

［62］除爱尔兰外的所有国家都在8月30日之前签署了该协议。瑞典和捷克斯洛伐克签署了协议但附有条件（Malenbaum，1953，pp. 206-207）。

［63］Ibid.，p. 207.

［64］de Hevesy（1940），appendix 9，p. 750.

［65］Malenbaum（1953），p. 207；and MacGibbon（1952），p. 27.

［66］MacGibbon（1952），pp. 27-28；and Malenbaum（1953），p. 208.

［67］*The Economist*，2 September 1933，概括于 MacGibbon（1952），p. 29.

［68］Malenbaum（1953），pp. 194，208-209；and Hammond（1946），p. 6.

［69］Malenbaum（1953），p. 199.

［70］Marchildon（1998），pp. 245-247.

［71］Warley（1990），p. 306；Evans（1971）.

**第八章**

本章作者感谢蒂姆·鲁斯、费尔南多·吉罗（Fernando Guirao）、理查德·托耶和匿名评论员的有益评论。

［1］Hull，vol. 1（1948），p. 81.

［2］政治学家把《关贸总协定》描述为一种国际体制。Krasner（1983）给出了体制的常见定义："在既定的议题领域中，行动者的诸多期望所共同涉及的原则、规范、规则和决策程序。"但我们用"组织"一词来描述《关贸总协定》，因为它也有制度框架和规定。它本身就是行动者，尽管是在其存在的过程中发展起来的，它促成自由规范并维护一套贸易规则。这一章主要将《关贸总协定》视为成员的平台机构和世界贸易自由化的角色来展开研究。

［3］对冷战之于《关贸总协定》的影响研究为数不多，参见 McKenzie（2008）；Zeiler（1999）；and Kostecki（1979）。

［4］Brief for the Delegates to the First Meeting of the Preparatory Committee on International Trade and Employment to Commence in London on 15 October 1946, Commerce and Industries: National Archives of India, 53 (4) – TB/52; Brief to Government's Representatives to Sixth GATT Session.

［5］关于《关贸总协定》的渊源，参见 Irwin et al. (2008)。

［6］Address by L. J. C. Ramón Betata, President, the Mexican delegation, UN Conference on Trade and Employment, Havana, 26 November 1947: GATT Digital Library, Stanford University, CA (hereafter, GDL), ITO/32.

［7］Statement to be delivered by Mr Walter Muller, President of the delegation of Chile to the Conference on Trade and Employment in Havana, Cuba, 21 March 1948: GDL/ITO/188; Speech Delivered at the 17th Plenary Meeting on behalf of the delegation of Colombia by H. E. Dr. Fulgencio Lequerica Veles, Minister of Colombia in Cuba, Delegate to the Conference and Minister Plenipotentiary, 20 March 1948: GDL/ITO/187.

［8］Speech to be delivered by the chief delegate of China to the Closing Session of the Havana Conference, 19 March 1948: GDL/ITO/179.

［9］Address by Licenciado Ramón Betata, President, the Mexican delegation, in the closing session of the UN Conference on Trade and Employment, 21 March 1948: GDL/ITO/192.

［10］Statement to be delivered by Mr Walter Muller, President of the delegation of Chile to the Conference on Trade and Employment in Havana, Cuba, 21 March 1948: GDL/ITO/188.

［11］'Considerations in Deciding Course for Havana', 30 December 1947, Truman Library: Clayton-Thorp Papers/RG59/Box 4/Memoranda-copies of, July-31 December 1947. 关于美国立场的另一种观点，参见 Toye (2003a)。

［12］关于世贸组织的失败之处，参见 Diebold (1981), Toye (2012) 及 Zeiler (1999)。

［13］Operation of the General Agreement: Note by the Secretariat, 18 June 1953, from a memo from Government of Haiti: GDL/L/96.

［14］Irwin (1995); and Asbeek Brusse (1997), p. 119.

［15］论欧美政策对《关贸总协定》贸易自由化的影响，参见 Asbeek Brusse (1997), pp. 84–86, 131–139。

[16] McKenzie (2010); and Coppolaro (2013), pp. 18 - 20.

[17] 欲了解狄龙回合及其结果，参见 Dryden (1995); Preeg (1970), pp. 40 - 41; Zeiler (1992), pp. 64 - 65。

[18] 欲了解普雷维什这方面的活动，参见 Dosman (2008)。

[19] 温·布朗（Win Brown）在评论中特别指出 L. K. 贾是两位"杰出人物"之一，他"判断明智，雄辩过人，处事合理，消息灵通"。当他说贾"像西方人一样思考"时，的确是盛赞于他。Brown, memo, *Foreign Relations of the United States*, [hereafter, *FRUS*] 1955 - 1957, vol. 9, p. 101.

[20] 'Review of the General Agreement on Tariffs and Trade', held at Geneva, 8 November 1954 - 55, March 1955, Commonwealth of Australia: National Archives and Records Administration, College Park, MD (hereafter, NARA), RG43: General Records of the Department of State-International Trade Files, Box 278, File Australia.

[21] *Trends in International Trade* (1958). 联合国贸发会议的数字也显示了同样的模式。参见 Schenk (2011), table 1. 5, p. 15。

[22] Measures for the Expansion of Trade of Developing Countries as a Means of Furthering their Economic Development, Meeting of Ministers, 17 May 1963, Min (63) 2 and 21 May 1963, Min (63) 3: Library and Archives of Canada (hereafter, LAC), MG32 - B41: vol. 12/12 - 9/G. A. T. T. 1963.

[23] Measures for the Expansion of Trade of Developing Countries as a Means of Furthering their Economic Development, Meeting of Ministers, 21 May 1963, Min (63) 3: LAC/MG32 - B41: vol. 12/12 - 9/G. A. T. T. 1963.

[24] Interdepartmental Committee of Under Secretaries on Foreign Economic Policy, Summary of Meeting on 23 May 1963: NARA/RG59: Records of Component Offices of the Bureau of Economic Affairs, 1941 - 63, Box 2, File: Economic Affairs (Gen), E3 Organizations and Conferences, Interdepartmental Committee of Under Secretaries on Foreign Economic Policy 1963. 埃德加·科恩爵士（Sir Edgar Cohen）也认为，发展中国家有理由对结果感到失望："这可能会让一些欠发达国家觉得自己错过了机会；尽管有许多人发言表示强烈支持，但它们却失去了它们本应获得的对行动纲领的明确决定。" Cohen to Earl of Home, 29 May 1963: The National Archives, Kew, London (hereafter, TNA),

CAB134/1959.

[25] Memorandum from the Under Secretary of State (Ball) to President Kennedy, United Nations Conference on Trade and Development, 12 November 1963, *FRUS, 1961 - 1963*, vol. 9: Foreign Economic Policy, pp. 624 - 5.

[26] Report on the First Meeting of the G. A. T. T. Working Group on Preferences in Geneva on 7 - 11 October 1963, Note by the Board of Trade, 22 October 1963: TNA/CAB134/1961.

[27] 同上.

[28] 'The Developing Countries in GATT', *Proceedings of the United Nations Conference on Trade and Development* (1st Session), 23 March - 16 June 1964 (hereafter, *Proceedings of UNCTAD I*), vol. 5, pp. 430 - 469.

[29] Report by the Secretary-General of the Conference, 'Towards a New Trade Policy for Development', *Proceedings of UNCTAD I*, vol. 2, pp. 5 - 23.

[30] 欲了解这位少为人知的国际知名公务员的简短传记，参见 McKenzie (2012).

[31] Statement by Mr Eric Wyndham White, Executive Secretary, General Agreement on Tariffs and Trade at the Twenty—Fourth Plenary Meeting, held on 8 April 1964, *Proceedings of UNCTAD I*, vol. 2, pp. 432 - 439.

[32] Report to the Honourable John F. Kennedy, dated 31 December 1960, Pre-Presidential Papers-Transition Files, Task Force Reports, Box 1073, John Fitzgerald Kennedy Library; Ball (1984), pp. 159 - 165.

[33] President's Message to the Congress, H. R. Doc. No. 314, 87th Congress, 2nd Session; reprinted in *Hearings Before the Committee on Ways and Means of the House of Representatives on H. R. 9900*.

[34] 此点亦可参见 Eichengreen (2007), pp. 180 - 181。

[35] Note S/628/62 and Annex 2 'Eléments qui pourraient faire l'objet d'études ultérieures au sein de la Communauté', 30 November 1962: Historical Archives European Union, Brussels (hereafter, HAEU), CM2/1963/946. 关于欧洲经济共同体在肯尼迪回合中的立场，参见 Coppolaro (2013)。

[36] Meeting of the Committee at Ministerial Level: Resolution Adopted on 6 May

1964；GDL/TN64/27.

[37] Rapport du Comité 111 sur l'attitude de la CEE 30.04.1963；HAEU/BAC506/026/1969；Telegram 40 from Cohen to Foreign Office, 27 April 1963；TNA/FO371/172308.

[38] 关于美国战略，参见 see CEE Conseil, Troisième Réunion de Coordination, 18 May 1963；HAEU/CM2/1963/947；and Telegram 3299 from Roth to Bator, 20 April 1967, Roth Papers, Box 3, Lyndon Bains Johnson Library, Austin, TX (hereafter, LBJL). 关于美国对欧洲经济共同体的立场，参见 Coppolaro (2011)。

[39] Memorandum from Winthrop Knowlton to Fowler, 'France', 11 July 1966, Fowler Papers, Box 68, LBJL. 关于跨大西洋关系的紧张事态，参见 Schwartz (2003), pp. 92–140。

[40] 关于美国与欧洲经济共同体代表团在日内瓦的紧张关系，参见 Telegram 3299 from Roth to Bator, 20 April 1967, Roth Papers, Box 3, LBJL. Telegram 384 from UK delegation in Geneva to Foreign Office, 21 April 1967；TNA/PREM13/1869.

[41] 关于肯尼迪回合中各个产业部门的谈判成果，参见 Curtice 和 Vastine, Jr. (1971)。

[42] 欲了解欧洲经济共同体内部关于农业待遇问题的讨论，参见 PV de la 177ème Réunion du Conseil de la CEE, 28 February – 1 March 1966；HAEU/CM2/1966/4；PV de la 179ème Réunion du Conseil de la CEE, 21 March 1966；HAEU/CM2/1966/8. 关于欧洲经济共同体在农业谈判中的作用的更多描述，参见 Coppolaro (2013), pp. 149–176。

[43] 关于美国的立场，参见 Memorandum to Mr Bundy, 26 October 1964, Bator Papers, Box 1, LBJL; and Note of McGeorge Bundy, 'Kennedy Round Strategy', 27 October 1964；NSF Subject Files：Trade-Kennedy Round, Box 48, LBJL.

[44] 关于美国如何决定结束此轮谈判，参见 Zeiler (1992), pp. 217–240。

[45] 欲了解对结果如何评价，参见 Preeg (1970), pp. 204–255。

[46] Implementation of the 1963 Ministerial Conclusions on Trade in Tropical Products：Note by the Secretariat, 17 March 1966；GDL/CDM.TD/18.

[47] Report of the Ad Hoc Group on Assessment of the Kennedy Round Results, 2 November 1967；GDL/COM.TD/49.

[48] Note d'information, 'Consultation des EAMA sur les négociations en cours dans le cadre du Kennedy Round', 2 June 1966：HAEU/BAC62/1980-59; and PV de la 3ème session du Conseil d'Association CEE-EAMA, 18 May 1966：HAEU/BAC62/1980-59; PV de la 188ème Réunion du Conseil de la CEE, 13-14 June 1966：HAEU/CM2/1966/34; Note 'Tropical Products' by the Tariffs Division, October 1966：TNA/FO371/189599.

[49] Rapport 79 de la délégation de Commission pour le négociations du GATT, 22 August 1966：HAEU/BAC122/1991-5; and Note 'Tropical Products' by the Tariffs Division, October 1966：TNA/FO371/189599.

[50] Note of Roy Denman (UK delegation in Geneva) to Carter (Board of Trade), 7 October 1966：TNA/FO371/189599.

[51] US Delegation to the Sixth Round of GATT Trade Negotiations, 'Part 1：Delegation Evaluation of Offers', 1 November 1966：NARA/RG364：Records of the US Trade Representative on the Kennedy Round, Box 1; Administrative History of the Department of State, vol. 1, pt 8, 'International Economic Relations', undated, Box 2, LBJL.

[52] 罗斯托（Rostow）称其为冉冉腾飞的产业，Perlow (1981), p. 94。

[53] Ibid., p. 100.

[54] 关于纺织品的研究：Report of the Working Party on Trade in Textiles, GATT, 29 December 1972：GDL/L/3797.

[55] *The Activities of GATT 1961-1962*, pp. 29-30.

[56] Memorandum from the Under Secretary of State (Ball) to President Kennedy, 17 April 1963, FRUS, 1961-1963, vol. 9, no. 274, p. 590.

[57] Administrative History of the Department of State, vol. 1, pt 8, LBJL, and Administrative History of the Department of Commerce, vol. 1, pt 3, 'Report of Trade Policy Activities', undated, Box 2, LBJL.

[58] 关于欧洲经济共同体与普遍优惠制，参见 Bartels (2007); 发展中国家在东京回合中的不满，参见 Winham (1986), pp. 273-280。

[59] UK Mission Geneva to FO [Foreign Office], tel 613, 4 July 1967：TNA/BT241/1171.

［60］ Contingency Paper, Kennedy Round Results, 16 January 1968, Records re Kennedy Round, Box 10, File FT3 (UNCTAD II 1968), Bureau of European Affairs, Office of the OECD [Organisation for Economic Co-operation and Development], European Community, and Atlantic Political-Economic Affairs: Records Relating to the Kennedy Round Trade Negotiations, 1963–1970: NARA/RG59.

［61］ Report of the Ad Hoc Group on Assessment of Kennedy Round Results, 2 November 1967: GDL/COM. TD/49.

［62］ Zeiler (1992), pp. 212–213.

［63］ Report of the Ad Hoc Group on Assessment of Kennedy Round Results, 2 November 1967: GDL/COM. TD/49.

［64］ Note, 'Négociations commerciales multilatérales de Genève, Bilan succinct des travaux du 8 au 15 mai 1967', 18 May 1967: Archives Nationales Français, *Fontainebleau*, 724.713, Box 7, Ministère de l'Economie et des Finances—DREE; Telegram from State Department to various posts, 22 May 1967, Bator Papers, Box 13, LBJL; PV de la 224ème session du Conseil de la CEE, 26–7 June 1967: HAEU/CM2/1967/48.

［65］ Ludlow (2007).

## 第九章

［1］ Haldeman (1994), p. 328.

［2］ Memorandum by President Nixon, 18 January 1971, *Foreign Relations of the United States, 1969–1976* [hereafter, *FRUS*], vol. 3, pp. 811–812.

［3］ Barnhart (2001), p. 217.

［4］ Gavin (2004), pp. 187、166–185; Eckes, Jr. and Zeiler (2003), p. 178; and Calleo (1984).

［5］ Peter Flanigan Oral History, 23 April 2007, Disc No. 2, Richard M. Nixon Library, Yorba Linda, CA (hereafter, Nixon Library).

［6］ Minutes, International Bankers Conference, Munich, West Germany, end of May 1971, Dossier: Congrès et Conférences Monétaires, Réunions Privées, Cote, Ministère des Affaires étrangères, La Courneuve, France (hereafter, MAE France); and P. M. 2. 2,

Série: Monétaires, Fonds CE: Direction des Affaires économiques et Financières, MAE France.

[7] Kissinger (1979), p. 952.

[8] Ibid. , p. 953.

[9] Calleo (1984), pp. 416 – 419; Matusow (1998), pp. 4 – 5; and Carter et al. (2006), tables Ee533 – 660, Exports by country of destination: 1790 – 2001, and Ee551 – 568, Imports by country of origin: 1790 – 2001.

[10] Zeiler (1992), pp. 25 – 29, 225 – 238; and Calleo (1984), pp. 400 – 405, 408 – 409, 447.

[11] Pollard and Wells, Jr.(1984), p. 367; Winand (1993), pp. 109 – 137, 310 – 315; Zeiler (1992), pp. 25 – 29, 225 – 238; Calleo (1984), pp. 400 – 405, 408 – 409, 447; De Grazia (2005), pp. 364 – 370, 376 – 388, 404; Eckes, Jr. and Zeiler (2003), pp. 161, 171 – 172; Spero and Hart (2003), p. 136; and Wilkins (1974), pp. 341 – 348, 395.

[12] Schaller (1997), pp. 215, 231.

[13] Victor A. Mack, 'US Trade Problems and Policies', 11 March 1969, Declassification Record No. 28668, National Security Archives, George Washington University, Washington, DC (hereafter, NSA with filing information); also Report of the Task Force on Foreign Trade Policy, *FRUS*, 1969 – 1976, vol. 4, pp. 463, 467 and 469 – 470.

[14] Rogers to President Nixon, 24 March 1969, *FRUS*, *1969 – 1976*, vol. 4, pp. 481, 482, 488.

[15] US Embassy, Japan, 'US and Japanese Trade Politics and the Role of Japanese Non-Tariff Barriers' and attached airgram, 18 April 1969, No. 74833, NSA. See also, Stans to Nixon, 20 March 1969, *FRUS*, 1969 – 1976, vol. 4, p. 480.

[16] John Petty, staff assistant, Briefing Memorandum, 5 May 1969, *FRUS*, 1969 – 1976, vol. 4, p. 525. On the textile negotiations, see Destler et al. (1979).

[17] Cooper (1972 – 1973), pp. 9, 31.

[18] Summary of conversation, 20 November 1969, *FRUS*, 1969 – 1976, vol. 3, p. 79.

[19] 引自 Kalb and Kalb (1974), pp. 255 – 256.

[20] Notes of conversation at luncheon, River Club, 19 October 1970, Box 11, White House Special Files: Peter Flanigan Files, Nixon Library.

[21] William Timmons, assistant for legislative affairs, and Harry Dent, political advisor to Nixon, 4 June 1970, *FRUS*, 1969 – 1976, vol. 4, p. 602; Robert Solomon to Chairman Burns, 16 June 1970, Box C15, Arthur F. Burns Papers, Gerald R. Ford Library, Ann Arbor, Michigan; Meeting with the President regarding Mills, 9 March 1971, No. 71711, NSA; LaFeber (1997), pp. 351 – 352; and Schaller (1997), pp. 224 – 225.

[22] Destler et al. (1979), pp. 310 – 313, 320.

[23] Editorial Notes, *FRUS*, 1969 – 1976, vol. 3, p. 455. 亦参见 Haldeman (1994), p. 340.

[24] Schlesinger to Peterson, 20 July 1971, *FRUS*, 1969 – 1976, vol. 3, pp. 446, 447, 449.

[25] Editorial Note, Katz to Rogers, 13 August 1971, *FRUS*, 1969 – 1976, vol. 3, pp. 459, 463; Kissinger (1979), p. 954.

[26] Kissinger (1979), p. 955.

[27] Director J. P. Brunet conversation with M. Lemerle, some pellmell reflections on the international monetary crisis, 24 August 1971, Folder: Notes de M. J. P. Brunet, mai-décembre 1971, Directeurs: Brunet, Box 66, MAE France.

[28] Memorandum of Conversation between Bank and Treasury officials from the US, France, UK, Germany, Italy and Japan, 16 August 1971, *FRUS*, 1969 – 1976, vol. 3, p. 476, also pp. 471 and 475.

[29] Memorandum of Conversation, US and French Minister of Economics and Finance Valery Giscard d'Estaing, 17 August 1971, *FRUS*, 1969 – 1976, vol. 3, p. 481.

[30] Nixon (1990), p. 519.

[31] Robert Hormats, economic advisor on the National Security Council, to Kissinger, 1 November 1971, *FRUS*, 1969 – 1976, vol. 3, p. 526. See also, Editorial Note, ibid., pp. 484 – 485; and Hormats to Kissinger, 6 September 1971, ibid., pp. 488 – 490.

[32] Nixon (1990), p. 520.

[33] Memorandum to the President from Patrick Buchanan, Notes on 14 September

1971, Congressional Leadership Meeting, 25 September 1971, Box 1, Folder: July 1971/September 1971, White House Special Files: Staff Members and Office Files (hereafter, WHSF: SMOF): Patrick J. Buchanan (hereafter, Buchanan Files), Nixon Library.

[34] George Schultz's Report from Home, undated, Box 150, Folder: August 15, Speech 1971, WHSF: SMOF, H. R. Haldeman (hereafter, Haldeman Files), Nixon Library.

[35] Memorandum, Peter G. Peterson to the President, 18 August 1971, Box 84, Folder: Peter Peterson August 1971, Haldeman Files, Nixon Library. See also, Memorandum, Dr Burns to the President, 20 August 1971, Box 150, Folder: August 15, Speech 1971, Haldeman Files, Nixon Library.

[36] Buchanan to Gordon Strahan, aide to Chief of Staff H. R. Haldeman, [1972], Box 1, Folder: July 1971 – September 1971, Buchanan Files, Nixon Library.

[37] Paul Harvey News, 'President Nixon: A Gutsy Quarterback', August 1971, Box 3, Folder: Erlichman–1971, Buchanan Files, Nixon Library.

[38] Nixon (1990), p. 521. 评论可参见 Block (1977); Bergsten (1972); and Kunz (1997), pp. 219–222.

[39] Kissinger (1979), pp. 951 and 962. See also Ambrose (1989), pp. 456–8; and Wells (1994), pp. 85–89.

[40] Eckes, Jr. (1995a). 亦可参见 Prestowitz, Jr. (1988).

[41] P. Buchanan, Memorandum for the President's File, Leadership Meeting, 16 November 1971, No. 71698, NSA.

[42] Eberle to Volcker, and memorandum, Japanese Trade Measures, 7 December 1971, No. 74120, NSA.

[43] Eckes, Jr. (1995a), 244–245、269–270.

[44] Eckes, Jr. (2000), p. 119; Ibid. (2009), pp. 18–19.

[45] Nixon (1990), p. 518.

[46] Flanigan Oral History, 23 April 2007, Disc No. 2, Nixon Library.

[47] Matusow (1998), pp. 133, 136.

## 结　语

［1］所有对康德著作的引用，都是基于柏林学院于1902年开始的权威汇编 *Gesammelte Schriften*。

［2］确切是指第三次演讲（1979年1月24日），参见Foucault（2004）。

［3］Montesquieu（1748）.

［4］Barbieri and Schneider（1999）对学术领域的框架梳理颇有助益；Martin et al.（2008）；Polachek（1980）。关于Barbieri and Schneider所做贡献参见该书引言。

［5］Boxer（1952）。这本篇幅不长却引人入胜的代表作讲述了葡萄牙如何从荷兰人手中重新完全夺回安哥拉。

［6］Easterly（2006）；Moyo（2009）.

［7］康德的职业生涯始于担任数学和物理教师。他对当时牛顿和莱布尼茨的近作感触颇深。他的第一篇论文是关于动力学理论：《论对活力的正确评价》（1746年）。尽管至少从赫拉克利特（Heraclitus，约公元前535－前475年）开始，西方哲学就知道了动力学的概念，它作为牛顿物理学的一个主要概念被引入之后，就正式全面地应用于经济和社会进程。然而，自10世纪以来，中国历史学家就利用循环反复和动力学的概念来阐释他们的历史。

［8］作者为这并非刻意为之的（哲学上的）双关语道歉。

［9］康德对哲学构成主要贡献的三部杰作是一系列"批判"，大约在十年内完成：《纯粹理性批判》（1781年）、《实践理性批判》（1788年）和已经提到的《判断力批判》（1790年）。

# 参考文献

## 档　案

[1] Archives du Ministère des Affaires Etrangères de la Courneuve, La Courneuve Arquivo Histórico Ultramarino, Lisbon.

[2] GATT [General Agreement on Tariffs and Trade] Digital Library, Stanford University, CA, available at: http://gatt.stanford.edu/page/home (accessed 1 December 2012 and other dates).

[3] Harry S. Truman Presidential Library, Independence, MO.

[4] Historical Archives of the European Union, Brussels.

[5] Instituto dos Arquivos Nacionais, Torre do Tombo, Lisbon.

[6] John Fitzgerald Kennedy Library, Boston, MA.

[7] Library and Archives Canada, Ottawa.

[8] Library of Congress, Washington, DC.

[9] Lyndon Bains Johnson Library, Austin, TX.

[10] National Archives and Records Administration, College Park, MD.

[11] National Archives of India, New Delhi.

[12] Richard M. Nixon Library, Yorba Linda, CA.

[13] The National Archives, Kew, London.

## 出版物

[1] *American State Papers: Documents, Legislative and Executive, of the Congress of the United States* (1832 - 1861) 38 vols, Washington, DC: Gales and Seaton.

[2] *American State Papers: Documents, Legislative and Executive, of the Congress of the United States, Commerce and Navigation* (1832) vol. 4, Washington, DC: Gales and Seaton.

[3] Barnes, John and Nicholson, David (eds) (1988) *The Empire at Bay: The Leo Amery Diaries, 1929–1945*, London: Hutchinson.

[4] Boyd, Julian p. (1955) *The Papers of Thomas Jefferson*, Princeton, NJ: Princeton University Press.

[5] Churchill, Winston S. (1973–1976) *Collected Works of Sir Winston Churchill*, 38 vols, London: Library of Imperial History and Hamlyn.

[6] Churchill, Winston S. (1975) *The Collected Works of Sir Winston Churchill, Vol. 7: Mr. Brodrick's Army and Other Early Speeches*, London: Library of Imperial History.

[7] Cobden, Richard (1970, repr. of 1849) *Speeches of Richard Cobden, Esq. M. p. on Peace, Financial Reform, Colonial Reform, and Other Subjects Delivered During 1849*, New York: Kraus Reprint Co.

[8] *Foreign Relations of the United States, 1955–1957* (1987) vol. 9, Washington, DC: United States Government Printing Office.

[9] *Foreign Relations of the United States, 1961–1963* (1995) vol. 9, Washington, DC: United States Government Printing Office.

[10] *Foreign Relations of the United States, 1969–1976* (2001) vol. 3, Washington, DC: United States Government Printing Office.

[11] *Foreign Relations of the United States, 1969–1976* (2002) vol. 4, Washington, DC: United States Government Printing Office.

[12] Gama, Vasco da (1898) *A Journal of the First Voyage of Vasco da Gama*, Ernest G. Ravenstein (trans. and ed., with introduction, notes and appendices), New York: Burt Franklin.

[13] Haldeman, Harry R. (1994) *The Haldeman Diaries: Inside the Nixon White House*, New York: G. p. Putnam's.

[14] Hilliard-d'Auberteuil, Michel-René (1776) *Considérations sur l'état présent de*

*la colonie française de Saint-Domingue*, Paris: Grangé.

[15] Hull, Cordell (1948) *The Memoirs of Cordell Hull*, 2 vols, New York: Macmillan.

[16] Johnson, Samuler (trans.) (1789) *A Voyage to Abyssinia*, London: Elliot and Kay.

[17] *Leis e Provisões que el rei Dom Sebastião nosso senhor fez depois que começou a governor* (printed in Lisbon, 1570; repr., Coimbra, 1816).

[18] Lisboa, José da Silva (1808–1809) *Observações sobre o comércio franco do Brasil*, 2 vols, Rio de Janeiro: Impressão Regia.

[19] Lisboa, José da Silva (1810) *Refutação das declamações contra o comércio inglês, extraída de escritores eminentes*, pt 2, Rio de Janeiro: Impressão Regia.

[20] Nixon, Richard M. (1990) *RN: The Memoirs of Richard Nixon*, New York: Simon and Schuster.

[21] Parliamentary Debates, House of Commons, 4th and 5th Series, Publications and Records, available at: http://hansard.millbanksystem.com (accessed 28 February 2010).

[22] *Proceedings of the United Nations Conference on Trade and Development (1st Session), 23 March-16 June 1964*, vol. 2 and vol. 5, Geneva: United Nations, 1964.

[23] Rhodes James, Robert (ed.) (1974) *Winston S. Churchill: His Complete Speeches, 1897–1963*, 8 vols, New York: Chelsea House.

[24] *The Activities of GATT 1961–1962* (1961) Geneva: General Agreement on Tariffs and Trade.

[25] *Trends in International Trade: Report by a Panel of Experts: Contracting Parties to the General Agreement of Tariffs and Trade* (1958) Geneva: no publisher stated.

[26] *Veritable Record of the Zhengde Emperor*, from Geoff Wade (trans.), *Southeast Asia in the Ming Shi-lu: An Open Access Resource*, Singapore: Singapore E-Press, National University of Singapore, available at: http://epress.nus.edu.sg/msl/466 (accessed 4–15 June 2010).

# 统计资料

[1] *Annual Statement of the Trade of the United Kingdom, 1930, 1935, 1939,*

London: His Majesty's Stationery Office (HMSO).

[2] Carter, Susan B., et al. (2006) *Historical Statistics of the United States: Earliest Times to the Present*, Millennial Edition Online, New York: Cambridge University Press, available at: http://hsus.cambridge.org/HSUSWeb/HSUSEntryServlet (accessed 10 April 2013).

[3] Instituto Brasileiro de Geografia e Estatística, Brazil (IBGE) (1986) *Séries Estatísticas Retrospectivas*, vol. 1, Rio de Janeiro: IBGE.

[4] League of Nations (1942a) *International Trade Statistics*, Geneva: League of Nations.

[5] League of Nations (1942b) *The Network of World Trade*, Geneva: League of Nations.

[6] Maddison, Angus (1995) *Monitoring the World Economy 1820 – 1992*, Paris: Development Centre Studies, Organisation for Economic Co-operation and Development.

[7] Maddison, Angus (2001) *The World Economy: A Millennial Perspective*, Paris: Development Centre Studies, Organisation for Economic Co-operation and Development.

[8] Maddison, Angus (2003) *The World Economy: Historical Statistics*, Paris: Organisation for Economic Co-operation and Development.

[9] Mitchell, Brian R. (2003) *International Historical Statistics: Europe 1750 – 2000*, 5th edn, Basingstoke: Palgrave Macmillan.

[10] United Nations (1981) *UN Yearbook of International Trade Statistics*, New York: United Nations.

[11] US Department of Commerce (1960) *Historical Statistics of the United States: Colonial Times to 1957*, Washington, DC: Government Printing Office.

## 二手资料

[1] Aaslestad, Katherine B. (2007) 'Revisiting the Continental System: Exploitation to Self-Destruction in the Napoleonic Empire', in Philip G. Dwyer and Alan Forrest (eds), *Napoleon and His Empire*, London: Palgrave Macmillan, pp. 114 – 132.

[2] Abu-Lughod, Janet L. (1989) *Before European Hegemony: The World System*, *AD 1250 – 1350*, Oxford: Oxford University Press.

[3] Addison, Paul (1993) 'Destiny, History and Providence: The Religion of Winston Churchill', in Michael Bentley (ed.), *Private and Public Doctrine: Essays in British History Presented to Maurice Cowling*, Cambridge: Cambridge University Press, pp. 236 – 250.

[4] Adelman, Jeremy (1992) 'The Social Bases of Technical Change: Mechanization of the Wheatlands of Argentina and Canada, 1890 to 1914', *Comparative Studies in Society and History*, 34 (2): 271 – 300.

[5] Adelman, Jeremy (2006) *Sovereignty and Revolution in the Iberian Atlantic*, Princeton, NJ, and Oxford: Princeton University Press.

[6] Aerts, Erik (2003) 'Long-Distance TradeBefore 1500', in Joel Mokyr (ed.), *The Oxford Encyclopedia of Economic History*, vol. 3, Oxford and Toronto: Oxford University Press, pp. 358 – 361.

[7] Alexandre, Valemtim (1993) *Os sentidos do império. Questão nacional e questão colonialna crise do antigo regime português*, Porto: Editora Afrontamento.

[8] Almeida, Paulo Roberto de (1998) *Formação da diplomacia econômica no Brasil as relações econômicas internacionais no Império*, Brasilia: Edição do Autor.

[9] Alston, Lee J. (1983) 'Farm Foreclosures in the United States during the Interwar Period', *Journal of Economic History*, 43 (4): 885 – 903.

[10] Ambrose, Stephen E. (1989) *Nixon: The Triumph of a Politician, 1962 – 1972*, New York: Simon and Schuster.

[11] Amin, Samir (1974) *Accumulation on a World Scale: A Critique of the Theory of Underdevelopment*, Brian Pearce (trans.), New York: Monthly Review Press.

[12] Angell, Norman (1910) *The Great Illusion: A Study of the Relation of Military Power to National Advantage*, New York and London: G. p. Putnam's Sons.

[13] Arruda, José Jobson de Andrade (1980) *O Brasil no comércio colonial*, São Paulo: Editora Atica.

[14] Arruda, José Jobson de Andrade (2008) *Uma colónia entre dois impérios. A abertura dos portos brasileiros, 1800 – 1808*, São Paulo: Centrado Jaime Cortesão.

[15] Asbeek Brusse, Wendy (1997) *Tariffs, Trade, and European Integration, 1947-1957: From Study Group to Common Market*, New York: St. Martin's Press.

[16] Bacha, Edmar L. and Greenhill, Robert (1992) *150 Anos de Café*, Rio de Janeiro: Marcellino Martins and E. Johnston Exportadores.

[17] Balfour-Paul, Jenny (1997) *Indigo in the Arab World*, London: Curzon Press.

[18] Ball, George W. (1984) *The Past Has Another Pattern*, New York: Norton.

[19] Barata, João da Gama Pimentel (1989) 'O Traçado das Naus e Galeões Portugueses de 1550-1580 a 1640', in *Estudos de Arqueologia Naval*, vol. 1, Lisbon: Imprensa Nacional, pp. 153-202.

[20] Barbieri, Katherine and Levy, Jack (1999) 'Sleeping with the Enemy: The Impact of War on Trade', *Journal of Peace Research*, 36 (4): 463-479.

[21] Barbieri, Katherine and Schneider, Gerald (1999) 'Globalization and Peace: Assessing New Directions in the Study of Trade and Conflict', *Journal of Peace Research*, Special Issue on Trade and Conflict, 36 (4): 387-404.

[22] Barnhart, Michael A. (2001) 'From Hershey Bars to Motor Cars: America's Economic Policy toward Japan, 1945-1976', in Akira Iriye and Robert A. Wampler (eds), *Partnership: The United States and Japan, 1951-2001*, Tokyo: Kodansha International, pp. 201-222.

[23] Bartels, Lorand (2007) 'The Trade and Development Policy of the European Union', *European Journal of International Law*, 18 (4): 715-756.

[24] Bayly, Christopher (1989) *Imperial Meridian: The British Empire and the World 1780-1830*, London: Longman.

[25] Belich, James (2001) *Paradise Reforged: A History of the New Zealanders from the 1880s to the Year 2000*, Honolulu, HI: University of Hawai'i Press.

[26] Bender, Thomas (2006) *A Nation among Nations: America's Place in World History*, New York: Hill and Wang.

[27] Bergeron, Louis (1970) 'Problèmes économiques de la France napoléonienne', *Revue d'Histoire moderne et contemporaine*, 17 (3): 467-505.

[28] Bergsten, C. Fred (1972) 'The New Economics and US Foreign Policy', *For-

eign Affairs, 50: 199 - 222.

[29] Bethel, Leslie (1976) *A Abolição do trafico de escravos no Brasil*, Rio de Janeiro: Expressão Blanco, Manuela M. Sorbal (1974) 'Contribuição para o estudo do comércio português no Índico, 1611 a 1626', *Portugaliae Histórica*, vol. 2, Lisbon: Faculdade de Letras, Instituto Histórico Infante D. Henrique, pp. 122 - 165.

[30] Block, Fred L. (1977) *The Origins of International Economic Disorder*, Berkeley, CA: University of California Press.

[31] Blussé, Leonard and Gaastra, Femme S. (eds) (1981) *Companies and Trade: Essays on Overseas Trading Companies during the Ancien Régime*, Leiden: Leiden University Press.

[32] Bowers, Robert E. (1966) 'American Diplomacy, the 1933 Wheat Conference, and the Recognition of the Soviet Union', *Agricultural History*, 40 (1): 39 - 52.

[33] Boxer, Charles R. (1952) *Salvador de Sá and the Struggle for Brazil and Angola, 1602 - 1686*, London: University of London.

[34] Boxer, CharlesR. (1969) *The Portuguese Seaborne Empire, 1415 - 1825*, London: Hutchinson Boyajian, James (1993) *Portuguese Trade in Asia under the Habsburgs, 1580 - 1640*, Baltimore, MD, and London: Johns Hopkins University Press.

[35] Boyce, Robert (2009) *The Great Interwar Crisis and the Collapse of Globalisation*, Basingstoke: Palgrave Macmillan.

[36] Braddick, Michael M. (2009) 'Introduction: The Politics of Gesture', *Past & Present*, Supplement, 4: 9 - 35.

[37] Braudel, Fernand (1982) *The Wheels of Commerce*, Sian Reynolds (trans.), New York: Harper and Row.

[38] Brook, Timothy (2005) 'The Early Jesuits and the Late Ming Border: The ChineseSearch for Accommodation', in Xiaoxin Wu (ed.), *Encounters and Dialogues: Changing Perspectives on Chinese-Western Exchanges from the Sixteenth to Eighteenth Centuries*, Sankt Augustin: Monumenta Serica, pp. 19 - 38.

[39] Brook, Timothy (2010) *The Troubled Empire: China in the Yuan and Ming Dynasties*, Cambridge, MA: Harvard University Press.

［40］Bruijn, Jaap R. (1990) 'Productivity, Profitability and Costs of Private and Corporate Dutch Ship-Owning in the Seventeenth and Eighteenth Centuries', in James Tracy (ed.), *The Rise of Merchant Empires: Long-Distance Trade in the Early Modern World, 1350 – 1750*, New York and Cambridge: Cambridge University Press, pp. 174 –194.

［41］Buck-Morss, Susan (2009) *Hegel, Haiti, and Universal History*, Pittsburgh, PA: University of Pittsburgh Press.

［42］Cain, Peter J. and Hopkins, Anthony G. (1993) *British Imperialism: Innovation and Expansion 1688 – 1914*, London: Longman.

［43］Calleo, David P. (1984) 'Since 1961: American Power in a New World Economy', in William H. Becker and Samuel F. Wells, Jr. (eds), *Economics and World Power: An Assessment of American Diplomacy Since* 1789, New York: Columbia University Press, pp. 409 – 417.

［44］Cameron, Nigel (1970) *Barbarians and Mandarins: Thirteen Centuries of Western Travelersin China*, Tokyo: Weatherhill.

［45］Capling, Ann (2000) 'The "Enfant Terrible": Australia and the Reconstruction of the Multilateral Trade System, 1946 – 8', *Australian Economic History Review*, 40 (1): 1 – 21 Cardoso, José Luís (2008) 'A abertura dos portos do Brasil em 1808: dos factos à dout-rina', *Ler História*, 54: 9 – 31.

［46］Carr, Edward H. (1966, repr. of 1937) *International Relations between the Two World Wars, 1919 – 1939*, New York: Harper and Row.

［47］Casado Soto, José Luis (1988) *Los Barcos Españoles del siglo XVI y la Gran Armada de* 1588, Madrid: Editorial San Martin.

［48］Chan, Hok-lam (2009, repr. of 1968) 'The "Chinese Barbarian Officials" in the Foreign Tributary Missions to China during the Ming Dynasty', repr. in Geoff Wade (ed.), *China and Southeast Asia*, vol. 2, Abingdon: Routledge, variorum edn, no through pagination.

［49］Chang, T'ien-tsê (1933) *Sino-Portuguese Trade from* 1514 *to* 1644, Leiden: Brill.

［50］Chiu, Ling-yeong (Zhao Lingyang), et al. (eds) (1976) *Ming shilu zhong zhi dongnanya shiliao*, Hong Kong: Xuejin Chubanshe.

[51] Churchill, Randolph S. (1967) *Winston S. Churchill, Vol. 2: Young Statesman, 1901 - 1914*, London: Heinemann.

[52] Churchill, Randolph S. (ed.) (1969) *Winston S. Churchill, Vol. 2, Companion Part 1: 1901 - 1907*, London: Heinemann.

[53] Clarke, David J. (2006) 'Wars', in John J. McCusker (ed.-inchief), *History of World Trade Since* 1450, vol. 2, Farmington Hills, MI: Macmillan Reference, pp. 803 - 807.

[54] Clarke, Peter (1993) 'Churchill's Economic Ideas, 1900 - 1930', in Robert Blake and William R. Louis (eds), *Churchill*, Oxford: Oxford University Press, pp. 79 -95.

[55] Clauder, Anna C. (1972, repr. of 1932) *American Commerce as Affected by the Wars of the French Revolution and Napoleon, 1793 - 1812*, Clifton, NJ: A. M. Kelley.

[56] Clavin, Patricia (1991) 'The World Economic Conference 1933: The Failure of British Internationalism', *Journal of European Economic History*, 20 (3): 490 - 497.

[57] Coatsworth, John H. (1967) 'American Trade with European Colonies in the Caribbean and South America, 1790 - 1815', *Williamand Mary Quarterly*, Third Series, 24 (2): 243 - 266.

[58] Collier, Paul and Hoeffler, Anke (1999) *Greed and Grievance in Civil War*, Washington, DC: World Bank.

[59] Conti, DeliaB. (1995) 'President Reagan's Trade Rhetoric: Lessons for the 1990s', *Presidential Studies Quarterly*, 25 (1): 91 - 108.

[60] Cooper, Richard N. (1972 - 1973) 'Trade Policy is Foreign Policy', *Foreign Policy*, 9 (Winter): 18 - 36.

[61] Coppolaro, Lucia (2011) 'US Policy on European Integration during the GATT Kennedy Round Negotiations (*1963 - 1967*): The Last Hurrah of America's Europeanists', *International History Review*, 33 (3): 409 - 429.

[62] Coppolaro, Lucia (2013) *The Making of a World Trading Power: The European Economic Community (EEC) in the GATT Kennedy Round Negotiations (1963 - 67)*, Farnham and Burlington, VT: Ashgate.

[63] Cortesão, Jaime (1979) *Os Descobrimentos Portugueses*, vol. 1, Lisbon: Círculo de Leitores Costa, Leonor Freire (1997) *Naus e Galeões na Ribeira de Lisboa. A Construção Naval para a Rota do Cabo no Século XVI*, Cascais: Património Histórica.

[64] Costa, Leonor Freire (2002) *Império e Grupos Mercantis. Entre o oriente e o Atlântico (século XVII)*, Lisbon: Livros Horizonte.

[65] Crouzet, François (1964) 'Wars, Blockade and Economic Change in Europe, 1792–1815', *Journal of Economic History*, 24 (4): 567–588.

[66] Crouzet, François (1987) *L'Économie britannique et le blocus continental*, 1806–1813, Paris: Presses universitaires de France; 1st edn, 1958.

[67] Crouzet, François (2006) 'The Continental System after Eighty Years', in Ronald Findlay et al. (eds), *Eli Heckscher*, *International Trade and Economic History*, Cambridge, MA, and London: MIT Press, pp. 323–346.

[68] Crouzet, François (2008) *La Guerre Économique Franco-Anglaise au XVIIIe siècle*, Paris: Fayard.

[69] Cunfer, Geoff (2005) *On the Great Plains: Agriculture and Environment*, College Station, TX: Texas A&M Press.

[70] Curtice, Thomas B. and Vastine, Jr., John R. (1971) *The Kennedy Round and the Future of American Trade*, New York: Praeger.

[71] Curtin, Philip D. (1984) *Cross-Cultural Trade in World History*, Cambridge: Cambridge University Press.

[72] Davis, Lance E. and Engerman, Stanley L. (2006a) 'Eli Heckscher, Economic Warfare, Naval Blockades and the Continental System', in Ronald Findlay et al. (eds), *Eli Heckscher*, *International Trade and Economic History*, Cambridge, MA, and London: MIT Press, pp. 347–372.

[73] Davis, Lance E. and Engerman, Stanley L. (2006b) *Naval Blockades in Peace and War: An Economic History Since 1750*, Cambridge and New York: Cambridge University Press.

[74] De Grazia, Victoria (2005) *Irresistible Empire: America's Advance through 20th-Century Europe*, Cambridge, MA: Belknap Press of Harvard University Press de Heve-

sy, Paul (1940) *World Wheat Planning and Economic Planning in General*, London: Oxford University Press.

[75] de Jouvenel, Bertrant (1942) *Napoléon et l' économie dirigée. Le Blocus Continental*, Bruxelles and Paris: Éditions de la Toison d' Or.

[76] de Vries, Jan (2008) *The Industrious Revolution: Consumer Behavior and the Household Economy*, 1650 to the Present, Cambridge: Cambridge University Press.

[77] Deerr, Noel (1949) *The History of Sugar*, vol. 1, London: Chapman and Hall Deerr, Noel (1950) *The History of Sugar*, vol. 2, London: Chapman and Hall.

[78] Destler, I. M., Fukui, Haruhiro and Sato, Hideo (1979) *The Textile Wrangle: Conflict in Japanese-American Relations, 1969 – 1971*, Ithaca, NY: Cornell University Press.

[79] Diebold, William (1981) *The End of ITO*, Ann Arbor, MI: University of Michigan Press Dilks, David (ed.) (2005) *The Great Dominion: Winston Churchill in Canada 1900 – 1954*, Toronto: Thomas Allen.

[80] Disney, AnthonyR. (1981) *A Decadência do Império da Pimenta. Comércio Português naÍndia no início do século XVII*, Lisbon: Edições 70.

[81] Domingues, Francisco Contente (2004) *Os Navios do Mar Oceano. Teoria e empiria na arqui-tectura naval portuguesa dos século XVI e XVII*, Lisbon: Centro de História Universidade Dorussen, Han and Ward, Hugh (2010) 'Trade Networks and the Kantian Peace', *Journal of Peace Research*, 47 (1): 29 – 42.

[82] Dosman, Edgard J. (2008) *The Life and Times of Raúl Prebisch, 1901 – 1986*, Montreal: McGill-Queen' s University Press.

[83] Drummond, Ian M. (1972) *British Economic Policy and the Empire, 1919 – 1939*, London: George Allen and Unwin.

[84] Drummond, Ian M. (1974) *Imperial Economic Policy 1917 – 1939*, London: Allen and Unwin Dryden, Steven (1995) *Trade Warriors: USTR and the American Crusade for Free Trade*, New York: Oxford University Press.

[85] Dubois, Laurent (2004a) *A Colony of Citizens*, Chapel Hill, NC: Omohundro Institute of Early American History and Culture; Williamsburg, VA: University of North

Carolina Press.

[86] Dubois, Laurent (2004b) *Avengers of the New World: The Story of the Haitian Revolution*, Cambridge, MA: Harvard University Press.

[87] Duncan, T. Bentley (1986) 'Navigation between Portugal and Asia in the Sixteenth and Seventeenth Centuries', in Cyriac Pullapilly and Edwin J. van Kley (eds), *Asia and the West: Encounters and Exchanges from the Age of Explorations: Essays in Honor of Donald F. Lach*, Baltimore, MD: Cross Cultural Publications, pp. 3 – 25.

[88] Dupuy, Alex (1989) *Haiti in the World Economy: Class, Race, and Underdevelopment Since 1700*, Boulder, CO: Westview Press.

[89] Dwyer, Philip G. (ed.) (2001) *Napoleon and Europe*, Harlow and London: Longman Dwyer, Philip G. and Forrest, Alan (eds) (2007) *Napoleon and His Empire: Europe, 1804 – 1814*, Basingstoke and NewYork: Palgrave Macmillan.

[90] Dye, Alan (1998) *Cuban Sugar in the Age of Mass Production: Technology and the Economics of the Sugar Central, 1899 – 1929*, Stanford, CA: Stanford University Press.

[91] Dyster, Barrie and Meredith, David (1990) *Australia in the International Economy in the Twentieth Century*, Cambridge: Cambridge University Press.

[92] Easterly, William (2006) *The White Man's Burden*, New York: Penguin Press.

[93] Eckes, Jr., Alfred E. (1995a) *Opening America's Market: US Foreign Trade Policy Since 1776*, Chapel Hill, NC: University of North Carolina Press.

[94] Eckes, Jr., Alfred E. (1995b) 'Revisiting Smoot-Hawley', *Journal of Policy History*, 7 (3): 295 – 310.

[95] Eckes, Jr., Alfred E. (2000) *Revisiting US Trade Policy: Decisions in Perspective*, Athens, OH: Ohio University Press.

[96] Eckes, Jr., Alfred E. (2009) *US Trade Issues: A Reference Handbook*, Santa Barbara, CA: ABC-Clio.

[97] Eckes, Jr., Alfred E. and Zeiler, Thomas W. (2003) *Globalization and the American Century*, Cambridge and New York: Cambridge University Press.

[98] Edwards, Bryan (1801) *An Historical Survey of the French Colony in the Is-

*land of St. Domingo*, London: John Stockdale.

[99] Eichengreen, Barry (1988) 'The Australian Recovery of the 1930s in Comparative Perspective', in Robert G. Gregory and Noel G. Butlin (eds), *Recovery from the Depression*, Melbourne: Cambridge University Press, pp. 33 – 60.

[100] Eichengreen, Barry (1989) 'The Political Economy of the Smoot-Hawley Tariff', *Research in Economic History*, 11 (1): 1 – 35.

[101] Eichengreen, Barry (1990) *Elusive Stability: Essays in the History of International Finance*, 1919 – 1939, Cambridge: Cambridge University Press.

[102] Eichengreen, Barry (1992) *Golden Fetters: The Gold Standard and the Great Depression*, 1919 – 1939, New York: Oxford University Press.

[103] Eichengreen, Barry J. (2007) *The European Economy Since* 1945: *Coordinated Capitalism and Beyond*, Princeton, NJ: Princeton University Press.

[104] Eichengreen, Barry and Lindert, Peter (1989) 'Overview', in Barry Eichengreen and Peter Lindert (eds), *The International Debt Crisis in Historical Perspective*, Cambridge, MA: MIT Press, pp. 1 – 11.

[105] Ellis, Geoffrey (2001) 'The Nature of Napoleonic Imperialism', in Philip G. Dwyer (ed.), *Napoleon and Europe*, Harlow and London: Longman, pp. 97 – 117.

[106] Ellis, Geoffrey (2003) *The Napoleonic Empire*, 2nd edn, Basingstoke and New York: Palgrave Macmillan.

[107] Eltis, David (1987) *Economic Growth and the Ending of the Transatlantic Slave Trade*, Oxford: Oxford University Press.

[108] Eltis, David (2002) 'Introduction: Migration and Agency in Global History', in David Eltis (ed.), *Coerced and Free Migration: Global Perspectives*, Stanford, CA: Stanford University Press, pp. 1 – 33.

[109] Emmanuel, Arghiri (1972) *Unequal Exchange: A Study of the Imperialism of Trade*, Brian Pearce (trans.), New York: Monthly Review Press.

[110] Esdaile, Charles (2001) 'Popular Resistance to the Napoleonic Empire', in Philip G. Dwyer (ed.), *Napoleon and Europe*, Harlow and London: Longman, pp. 136 – 152.

[111] Esdaile, Charles (2007) *Napoleon's Wars: An International History*, 1803 –

*1815*, London: Allen Lane.

[112] Eubanks, Philip (2000) *A War of Words in the Discourse of Trade: The Rhetorical Constitution of Metaphor*, Carbondale, IL: Southern Illinois University Press.

[113] Evans, John W. (1971) *The Kennedy Round in American Trade Policy: The Twilight of the GATT?* Cambridge, MA: Harvard University Press.

[114] Falcão, Figueiredo (1859) *Livro em que se Contem toda a Fazenda e Real Património dos Reinos e Portugal, Índias, Ilhas Adjacentes de sua Coroa e outra muitas particularidades* (1607), Lisbon: Imprensa Nacional.

[115] Federico, Giovanni (2005a) *Feeding the World: An Economic History of Agriculture*, 1800–2000, Princeton, NJ: Princeton University Press.

[116] Federico, Giovanni (2005b) 'Not Guilty? Agriculture in the 1920s and the Great Depression', *Journal of Economic History*, 65 (4): 949–976.

[117] Federico, Giovanni and Persson, Gunnar K. (2007) 'Market Integration and Convergence in the World Wheat Market, 1800–2000', in Timothy J. Hatton, Kevin H. O'Rourke and Alan M. Taylor (eds), *The New Comparative Economic History: Essays in Honor of Jeffrey G. Williamson*, Cambridge, MA: MIT Press, pp. 87–114.

[118] Feinstein, Charles H., Temin, Peter and Toniolo, Gianni (2008) *The World Economy between the World Wars*, Oxford: Oxford University Press.

[119] Fenner, Justus (2010) 'German Interests in Central American Coffee Production, 1889–1929', Presentation, Department of History Seminar, University of California in Irvine, CA, 26 February 2010.

[120] Fick, Carolyn E. (1990) *The Making of Haiti*, Knoxville, TN: University of Tennessee Press.

[121] Findlay, Ronald and O'Rourke, Kevin H. (2003) 'Commodity Market Integration 1500–2000', in Michael D. Bordo, Alan M. Taylor and Jeffrey G. Williamson (eds), *Globalization in Historical Perspective*, Chicago, IL, and London: University of Chicago Press, pp. 13–64.

[122] Findlay, Ronald and O'Rourke, Kevin H. (2007) *Power and Plenty: Trade, War and the World Economy in the Second Millenium*, Princeton, NJ, and Oxford: Prin-

ceton University Press.

[123] Finlayson, Alan and Martin, James (2008) ' "It Ain't What You Say …": British Political Studies and the Analysis of Speech and Rhetoric', *British Politics*, 3 (4): 445 – 464.

[124] Florentino, Manolo (1995) *Em Costas Negras: Uma História do Tráfico Atlântico de Escravos entre Africa e o Rio de Janeiro, Séculos XVIII e XIX*, Rio de Janeiro: Arquivo Nacional.

[125] Fonseca, Quirino H. (1989) *Os Portugueses no Mar. Memórias Históricas e Arqueológicas das Naus de Portugal*, 2nd edn, Lisbon: Instituto Hidrográfico.

[126] Foucault, Michel (2004) *Naissance de la Biopolitique. Cours au Collège de France, 1978 – 1979*, Collection Hautes Études, Paris: Gallimard-Le Seuil.

[127] Fowke, Vernon C. (1957) *The National Policy and the Wheat Economy*, Toronto: University of Toronto Press.

[128] Gartzke, Erik (1998) 'Kant We All Just Get Along? Opportunity, Willingness and the Origins of the Democratic Peace', *American Journal of Political Science*, 42 (1): 1 – 27.

[129] Gavin, Francis J. (2004) *Gold, Dollars, and Power: The Politics of International Monetary Relations, 1958 – 1971*, Chapel Hill, NC: University of North Carolina Press.

[130] Geggus, David Patrick (1997) 'Slavery, War and Revolution in the Greater Caribbean, 1789 – 1815', in David Barry Gaspar and David Patrick Geggus (eds), *A Turbulent Time: The French Revolution and the Greater Caribbean*, Bloomington, IN: Indiana University Press, pp. 1 – 50.

[131] Geggus, David Patrick (2001) 'Preface', in David Patrick Geggus (ed.), *The Impact of the Haitian Revolution in the Atlantic World*, Columbia, SC: University of South Carolina Press, xiii-xiv.

[132] Geggus, David Patrick (2002) 'Indigo and Slavery in Saint Domingue', in Verena A. Shepherd (ed.), *Slavery without Sugar: Diversity in Caribbean Economy and Society since the 17 th Century*, Gainesville, FL: University Presses of Florida, pp. 19 – 35.

[133] Genovese, Eugene D. (1981) *From Rebellion to Revolution: Afro-American*

*Slave Revolts in the Making of the New World*, New York: Vintage Books.

[134] Glassford, Larry A. (1992) *Reaction and Reform: The Politics of the Conservative Party under R. B. Bennett, 1927–1938*, Toronto: University of Toronto Press.

[135] Godinho, Rui Landeiro (2005) *A Carreira da Índia. Aspectos e problemas da torna-viagem (1550–1649)*, Lisbon: Fundação Oriente.

[136] Godinho, Vitorino Magalhães (1981–1983) *Os Descobrimentos e Economia Mundial*, 4 vols, Lisbon: Editorial Presença.

[137] Gomes Solis, Duarte (1933) 'Ementa das Armadas da Índia de 1560 a 1590', in José Frazão de Vasconcelos and Raul César Ferreira (eds), *Discursos sobre lo Comercio da las Índias Orientales, Arquivo Histórico da Marinha*, vol. 1, Lisbon: Ministério da Defesa, pp. 56–85.

[138] Goody, Jack (2010) *The Eurasian Miracle*, Cambridge: Polity.

[139] Grab, Alexander (2001) 'State, Society and Tax Policy in Napoleonic Europe', in Philip G. Dwyer (ed.), *Napoleon and Europe*, Harlow and London: Longman, pp. 169–186.

[140] Grab, Alexander (2003) *Napoleon and the Transformation of Europe*, Basingstoke and New York: Palgrave Macmillan.

[141] Graham, Richard (1968) *Britain and the Onset of Modernization in Brazil*, Cambridge: Cambridge University Press.

[142] Greasley, David and Oxley, Les (2009) 'The Pastoral Boom, the Rural Land Market, and Long Swings in New Zealand Economic Growth, 1873–1939', *Economic History Review*, 62 (2): 324–349.

[143] Green, Ewen H. H. (2002) *Ideologies of Conservatism: Conservative Political Ideas in the Twentieth Century*, Oxford: Oxford University Press.

[144] Greenhill, Robert (1993) 'E. Johnston: 150 Anos em Café', in Marcellino Martins and Edward Johnston (eds), *150 Anos de Café*, Rio de Janeiro: Marcellino Martins, pp. 137–258.

[145] Gregory, Paul R. and Sailors, Joel (2003) 'The Soviet Union during the Great Depression: The Autarky Model', in Theo Balderston (ed.), *The World Economy and National Economies in the Interwar Slump*, London: Palgrave Macmillan, pp. 191–210.

[146] Guerra y Sánchez, Ramino (1964) *Sugar and Society in the Caribbean: An Economic History of Cuban Agriculture*, Marina M. Urquidi (trans.), New Haven, CT: Yale University Press.

[147] Guinote, Paulo, Frutuoso, Eduardo and Lopes, António (1998) *Naufrágios e outras perdas da Carreira da Índia. Séculos XVI e XVII*, Lisbon: Comissão Nacional para as Comemorações dos Descobrimentos Portugueses (CNCDP).

[148] Hammond, R. J. (1946) 'British Food Supplies, 1914 – 1939', *Economic History Review*, 16 (1): 1 – 14.

[149] Hancock, William Keith (1942) *Survey of British Commonwealth Affairs, Vol. 2: Problems of Economic Policy 1918 – 1939*, London: Oxford University Press.

[150] Harley, Knick C. (1988) 'Ocean Freight Rates and Productivity, 1740 – 1913', *Journal of Economic History*, 48 (4): 851 – 876.

[151] Heckscher, Eli F. (2006) *The Continental System: An Economic Interpretation*, New York: H. Milford; 1st edn, 1922.

[152] Hegre, Håvard, Oneal, John R. and Russett, Bruce (2010) 'Trade Does Promote Peace: New Simultaneous Estimates of the Reciprocal Effects of Trade and Conflict', *Journal of Peace Research*, 47 (6): 763 – 774.

[153] Hochschild, Adam (2007) *Bury the Chains: Prophets and Rebels in the Fight to Free an Empire's Slaves*, Boston, MA: Houghton Mifflin.

[154] Hoekman, Bernard M. and Kostecki, Michel M. (2009) *The Political Economy of the World Trading System: The WTO and Beyond*, 3rd edn, Oxford: Oxford University Press.

[155] Hopkins, Anthony G. (ed.) (2002) *Globalization in World History*, New York: W. W. Norton Huntington, Samuel (1993) *The Clash of Civilizations?*, Cambridge, MA: Harvard University Press.

[156] Hynes, William, Jacks, David S. and O'Rourke, Kevin H. (2012) 'Commodity Market Disintegration in the Interwar Period', *European Review of Economic History*, 16 (2): 119 – 143.

[157] Irwin, Douglas A. (1995) 'The GATT in Historical Perspective', *American Economic Review*, 85 (2): 323 – 328.

[158] Irwin, Douglas A. (1996) *Against the Tide: An Intellectual History of Free Trade*, Princeton, NJ: Princeton University Press.

[159] Irwin, Douglas A. (2011) *Peddling Protectionism: Smoot-Hawley and the Great Depression*, Princeton, NJ, and Oxford: Princeton University Press.

[160] Irwin, Douglas A., Mavroidis, Petros C. and Sykes, Alan O. (2008) *The Genesis of the GATT*, Cambridge: Cambridge University Press.

[161] Jacks, David S. (2006) 'What Drove 19th-Century Commodity Market Integration?', *Explorations in Economic History*, 43 (3): 383–412.

[162] Jacks, David S., Meissner, Christopher M. and Novy, Dennis (2010) 'Trade Costs in the First Wave of Globalizations', *Explorations in Economic History*, 47 (2): 127–141.

[163] James, Harold (2001) *The End of Globalization: Lessons from the Great Depression*, Cambridge, MA: Harvard University Press.

[164] Johnson, Davi (2007) 'Martin Luther King, Jr.'s 1963 Birmingham Campaign as Image Event', *Rhetoric & Public Affairs*, 10 (1): 1–25.

[165] Jones, Colin and Spang, Rebecca (1999) '*Sans-culottes, sans café, sans tabac*: Shifting Realms of Necessity and Luxury in Eighteenth-Century France', in Maxine Berg and Helen Clifford (eds), *Consumers and Luxury: Consumer Culture in Europe 1650–1850*, Manchester: Manchester University Press, pp. 38–56.

[166] Jones, David C. (1987) *Empire of Dust: Settling and Abandoning the Prairie Dry Belt*, Edmonton: University of Alberta Press.

[167] Jones, Joseph M. (1934) *Tariff Retaliation: Repercussions of the Smoot-Hawley Bill*, Philadelphia, PA: University of Pennsylvania Press.

[168] Kagan, Robert (2012) *The World America Made*, New York: Alfred A. Knopf.

[169] Kahneman, Daniel (2011) *Thinking, Fast and Slow*, London: Allen Lane.

[170] Kalb, Marvil L. and Kalb, Bernard (1974) *Kissinger*, Boston, MA: Little Brown.

[171] Keay, John (2006) *The Spice Route: A History*, Berkeley, CA: University of California Press.

[172] Kellenbenz, Hermann (1956) 'Autour de 1600: Le Commerce de poivre de fuggeret le marché international du poivre', *Annales, Économies, Sociétés, Civilisations*, 1: 1 – 28.

[173] Kelly, Scott (2002) *The Myth of Mr Butskell: The Politics of British Economic Policy, 1950 – 1955*, Aldershot: Ashgate.

[174] Kennedy, Paul (1987) *The Rise and Fall of the Great Powers: Economic Change and Military Conflict from 1500 to 2000*, New York: Random House.

[175] Kindleberger, Charles P. (1973) *The World in Depression, 1929 – 1939*, London: Allen Lane.

[176] Kindleberger, Charles P. (1989) 'Commercial Policy between the Wars', in Peter Mathias and Sidney Pollard (eds), *Cambridge Economic History of Europe*, vol. 8, Cambridge: Cambridge University Press, pp. 161 – 196.

[177] Kiple, Kenneth F. and Ornelas, Kriemhild Coneè (eds) (2008) *The Cambridge World History of Food*, vol. 1, Cambridge: Cambridge University Press.

[178] Kissinger, Henry (1979) *White House Years*, London: Weidenfeld and Nicolson.

[179] Kitson, Michael and Solomou, Solomos (1990) *Protectionism and Economic Revival: The British Inter-War Economy*, Cambridge: Cambridge University.

[180] Knight, Alan (1999) 'Latin America', in Judith M. Brown and William R. Louis (eds), *The Oxford History of the British Empire*, *Vol. 4: The Twentieth Century*, Oxford: Oxford University Press, pp. 633 – 635.

[181] Knight, Franklin (1970) *Slave Society in Cuba during the Nineteenth Century*, Madison, WI: University of Wisconsin Press.

[182] Knight, Franklin W. (2000) 'The Haitian Revolution', *American Historical Review*, 105 (1): 103 – 115.

[183] Kostecki, Michel M. (1979) *East-West Trade and the GATT System*, London: Macmillan.

[184] Kottman, Richard N. (1975) 'Herbert Hoover and the Smoot-Hawley Tariff: Canada, A Case Study', *Journal of American History*, 62 (3): 609 – 635.

[185] Krasner, Stephen D. (1983) 'Structural Causes and Regime Consequences:

Regimes as Intervening Variables', in Stephen D. Krasner (ed.), *International Regimes*, Ithaca, NY, and London: Cornell University Press, 1 – 21.

[186] Kunz, Diane B. (1994) 'When Money Counts and Doesn't: Economic Power and Diplomatic Objectives', *Diplomatic History*, 18 (4): 451 – 462.

[187] Kunz, Diane B. (1997) *Butter and Guns: America's Cold War Economic Diplomacy*, New York: Free Press.

[188] Kuromiya, Hiroaki (1988) *Stalin's Industrial Revolution: Politics and Workers*, 1928 – 1932, Cambridge: Cambridge University Press.

[189] Laërne, C. F. van Delden (1885) *Brazil and Java: Report on Coffee-Culture in America, Asia and Africa*, London: W. H. Allen and Co.

[190] LaFeber, Walter (1997) *The Clash: US-Japanese Relations throughout History*, New York: W. W. Norton.

[191] Lahaye, Laura (2008) 'Mercantilism', in Steven Durlauf and Lawrence Blume (eds), *The New Palgrave Dictionary of Economics*, vol. 5, 2nd edn, London: Palgrave Macmillan, pp. 568 – 569.

[192] Landes, David S. (1999) *The Wealth and Poverty of Nations: Why Some are So Rich and Some So Poor*, New York: W. W. Norton.

[193] Lane, Frederic C. (1964) *Navires et Constructeurs à Venise pendant la Renaissance*, Paris: Sevpen.

[194] Lane, Frederic C. (1979) *Profits from Power: Readings in Protection Rent and Violence-Controlling Enterprise*, Albany, NY: State University of New York Press.

[195] Lawrence, Jon (2009) *Electing our Masters: The Hustings in British Politics from Hogarth to Blair*, Oxford: Oxford University Press.

[196] Lee, David (1995) *Search for Security: The Political Economy of Australian Foreign and Defence Policy*, Sydney: Allen and Unwin.

[197] Lewis, W. Arthur (1949) *Economic Survey 1919 – 1939*, London: Allen and Unwin.

[198] Ludlow, N. Piers (2007) 'The Emergence of a Commercial Heavy-Weight: The Kennedy Round and the European Community of the 1960s', *Diplomacy and State-*

craft, 18 (2): 351 – 368.

[199] MacGibbon, Duncan A. (1952) *The Canadian Grain Trade, 1931 – 1951*, Toronto: University of Toronto Press.

[200] Madsen, Jakob B. (2001) 'Agricultural Crises and the International Transmission of the Great Depression', *Journal of Economic History*, 61 (2): 327 – 365.

[201] Magalhães, Basílio de (1939) *O Café na História, no Folclore, e nas Belas-Artes*, São Paulo: Cia Editora Nacional.

[202] Maizels, Alfred (1970) *Growth and Trade*, Cambridge: Cambridge University Press.

[203] Malenbaum, Wilfred (1953) *World Wheat Economy 1885 – 1939*, Cambridge, MA: Harvard University.

[204] Manchester, Alan K. (1933) *British Preëminence in Brazil, Its Rise and Decline: A Study in European Expansion*, Chapel Hill, NC: University of North Carolina Press.

[205] Manenbaum, Wilfred (1953) *The World Wheat Economy, 1885 – 1939*, Cambridge, MA: Harvard University Press.

[206] Marchildon, Gregory P. (1998) 'Canadian-American Agricultural Trade Relations: A Brief History', *American Review of Canadian Studies*, 28 (3): 233 – 352.

[207] Marchildon, Gregory P. (2009) 'The Prairie Farm Rehabilitation Administration: Climate Crisis and Federal-Provincial Relations during the Great Depression', *Canadian Historical Review*, 90 (2): 275 – 301.

[208] Marchildon, Gregory P., et al. (2008) 'Drought and Institutional Adaptation in the Great Plains of Alberta and Saskatchewan, 1914 – 1939', *Natural Hazards*, 45 (3): 391 – 411.

[209] Marinelli, Kevin and Todd, Anne Marie (2007) 'The Free Trade Rhetoric of the Cato Institute', Paper presented at the conference on 'Communicating Worldviews: Faith-Intellect-Ethics', National Communication Association, 93rd Annual Convention, Chicago, IL, 15 November, available at: http://www.allacademic.com/meta/p190590_index.html (accessed 23 March 2010).

[210] Marques, Leonardo (2010) 'A Participação Norte-Americano no Tráfico Transatlânticode Escravos para os Estados Unidos, Cuba, e Brasil', *História Questões & Debates*, 52 (January-June): 91 – 117.

[211] Martin, Philippe, Mayer, Thierry and Thoenig, Mathias (2008) 'Make Trade Not War?', *Revue of Economic Studies*, 75 (3): 865 – 900.

[212] Marzagalli, Silvia (1999) *Les Boulevards de la Fraude. Le Négoce Maritime et le Blocus Continental*, 1806 – 1813. Bordeaux, Hambourg, Livourne, Paris: Presses universitaires du Septentrion.

[213] Mathew, K. S. (1998) 'Indo-Portuguese Trade under Dom Philip I of Portugal andthe Fuggers of Germany', in Arturo Teodoro de Matos and Luís Filipe F. Reis Thomaz (eds), *A Carreira da Índia e as Rotas dos Estreitos, Actas do VIII Seminário Internacional de História Indo-Portuguesa*, Angra do Heroísmo: Comissão Nacional para as Comemorações dos Descobrimentos Portugueses-Governo Regional dos Açores & Fundação Oriente, pp. 563 – 580.

[214] Mathew, K. S. (1999) *Indo-Portuguese Trade and the Fuggers of Germany*, New Delhi: Manohar.

[215] Matthew, Henry C. G. (1988) 'Gladstone, Rhetoric, and Politics', in Peter J. Jagger (ed.), *Gladstone*, London: Hambledon, pp. 213 – 234.

[216] Matusow, Allen J. (1998) *Nixon's Economy: Booms, Busts, Dollars, and Votes*, Lawrence, KS: University Press of Kansas.

[217] Maxwell, Kenneth (2003) *Naked Tropics: Essays on Empire and Other Rogues*, New York and London: Routledge.

[218] Mayo, Bernard (ed.) (1941) 'Instructions to the British Ministers to the United States, 1791 – 1812', *Vol. 3: The Annual Report of the American Historical Association for the Year* 1936, Washington, DC: Government Printing Office, p. 35, taken from McDonald and Topik (2008), p. 114.

[219] McCloskey, Donald N. (1988) *The Rhetoric of Economics*, Brighton: Wheatsheaf.

[220] McDonald, Judith A., O'Brien, Anthony Patrick and Callahan, Colleen M. (1997) 'Trade Wars: Canada's Reaction to the Smoot-Hawley Tariff', *Journal of Eco-*

nomic History, 57 (4): 802-826.

[221] McDonald, Michelle Craig (2003) 'The Drink of Diplomats: U. S. Coffee Re-Exports in Transatlantic Trade', Society for Historians of the Early American Republic (SHEAR), Montreal, July.

[222] McDonald, Michelle C. and Topik, Steven (2008) 'Americanizing Coffee: The Refashioning of a Consumer Culture', in Alexander Nützenadel and Frank Trentmann (eds), Food and Globalization: Consumption Markets and Politics in the Modern World, Oxford: Berg, 109-127.

[223] McKenzie, Francine (2002) Redefining the Bonds of Commonwealth 1939-1948: The Politics of Preference, Basingstoke: Palgrave Macmillan.

[224] McKenzie, Francine (2008) 'GATT in the Cold War: Accession Debates, Institutional Development, and the Western Alliance', Journal of Cold War Studies, 10 (3): 78-109.

[225] McKenzie, Francine (2010) 'The GATT-EEC Collision: The Challenge of Regional Trade Blocs to the General Agreement on Tariffs and Trade, 1950-1967', International History Review, 32 (2): 229-252.

[226] McKenzie, Francine (2012) 'Eric Wyndham White', in Bob Reinalda and Kent Kille (eds), The Biographical Dictionary of Secretaries-General of International Organizations, available at: http://www.ru.nl/politicologie/koppeling/reinalda/io-bio-biographical/ (accessed 10 September 2012).

[227] Megaw, M. Ruth (1975) 'Australia and the Anglo-American Trade Agreement of 1938', Journal of Imperial and Commonwealth History, 3: 191-211.

[228] Micklethwait, John and Woolridge, Adrian (2003) The Company: A Short History of a Revolutionary Idea, New York: Modern Library.

[229] Miller, Rory (1993) Britain and Latin America in the Nineteenth and Twentieth Centuries, London: Longman.

[230] Mintz, Sidney (1985) Sweetness and Power: The Place of Sugar in Modern History, New York: Viking.

[231] Mintz, Sidney (1993) 'The Changing Role of Food in the Study of Consump-

tion', in John Brewer and Roy Porter (eds), *Consumption and the World of Goods*, London: Routledge, pp. 261 – 273.

[232] Mohammed, Shah S. I. and Williamson, Jeffrey G. (2004) 'Freight Rates and Productivity Gains in British Tramp Shipping, 1869 – 1950', *Explorations in Economic History*, 41 (3): 172 – 203.

[233] Montesquieu, Charles-Louis de Secondat baron de (1748) *L' Esprit des Lois*, Geneva: Barrillot et Fils.

[234] Moreno Fraginals, Manuel (1978) *El ingenio: complejo económico social cubano del azúcar*, Havana: Editorial de Ciencias Sociales.

[235] Moyo, Dambisa (2009) *Dead Aid: Why Aid is Not Working and How there is a Better Way for Africa*, London: Allen Lane.

[236] Muirhead, Bruce (1992) *The Development of Postwar Canadian Trade Policy: The Failure of the Anglo-European Option*, Toronto: University of Toronto Press.

[237] North, Douglass C. (1968) 'Sources of Productivity Change in Ocean Shipping, 1600 – 1850', *Journal of Political Economy*, 76 (5): 953 – 967.

[238] Northrup, David (2005) 'Globalization and the Great Convergence: Rethinking World History in the Long Term', *Journal of World History*, 16 (3): 249 – 267.

[239] Novais, Fernando A. (1979) *Portugal e Brasil na crise do antigo sistema colonial, 1777 – 1808*, São Paulo: Editoria Humanismo, Ciência e Tecnologia (HUCITEC).

[240] O'Brien, Patrick K. (1982) 'European Economic Development: The Contribution of the Periphery', *Economic History Review*, 35 (1): 1 – 18.

[241] O'Brien, Patrick K. (1989) 'The Impact of the Revolutionary and Napoleonic Wars, 1793 – 1815, on the Long-Run Growth of the British Economy', *Review Fernand Braudel Centre*, 12 (3): 335 – 395.

[242] O'Brien, Patrick K. (1996) 'Global Warfare and Long-Term Economic Development, 1789 – 1939', *War in History*, 3 (4): 437 – 450.

[243] O'Brien, Patrick K. (2006) 'The Hanoverian State and the Defeat of the Continental System: A Conversation with Eli Heckscher', in Ronald Findlay et al. (eds), *Eli Heckscher, International Trade and Economic History*, Cambridge, MA, and London:

MIT Press, pp. 376 – 406.

[244] O'Rourke, Kevin H. (2006) 'The Worldwide Economic Impact of the French Revolutionary and Napoleonic Wars, 1793 – 1815', *Journal of Global History*, 1 (1): 123 –149.

[245] O'Rourke, Kevin H. and Williamson, Jeffrey G. (1999) *Globalization and History: The Evolution of a Nineteenth-Century Atlantic Economy*, Cambridge, MA: MIT Press.

[246] O'Rourke, KevinH. and Williamson, Jeffrey G. (2000) *When Did Globalization Begin?*, National Bureau of Economic Research (NBER) Working Paper 7632, Cambridge, MA: National Bureau of Economic Research.

[247] O'Rourke, Kevin H. and Williamson, Jeffrey G. (2002) 'After Columbus: Explaining Europe's Overseas Trade Boom, 1500 – 1800', *Journal of Economic History*, 62 (2): 417 – 456.

[248] O'Rourke Kevin H. and Williamson, Jeffrey G. (2009) 'Did Vasco da Gama Matter for European Markets?', *Economic History Review*, 62 (3): 655 – 684.

[249] O'Shaughnessy, Andrew J. (2000) *An Empire Divided: The American Revolution and the British Caribbean*, Philadelphia, PA: University of Pennsylvania Press.

[250] Ocampo, José Antonio (1984) *Colombia y la economia mundial 1830 – 1910*, Bogota: Siglo Ventiuno.

[251] Oneal, John R. and Russett, Bruce (1997) 'The Classical Liberals were Right: Democracy, Interdependence, and Conflict 1950 – 85', *International Studies Quarterly*, 41 (2): 267 – 294.

[252] Oneal, John R. and Russett, Bruce (1999) 'The Kantian Peace: Assessing the Pacific Benefits of Democracy, Interdependence, and International Organizations, 1885 – 1992', *Quarterly Journal of Economics*, 106 (2): 327 – 368.

[253] Oneal, John R. and Russett, Bruce (2001) 'Clear and Clean: The Fixed Effects of the Liberal Peace', *International Organization*, 55 (2): 469 – 485.

[254] Opatrny, Josef (1993) *U. S. Expansionism and Cuban Annexationism in the 1850s*, Lewiston, NY: Edwin Mellen Press.

[255] Palmer, R. R. (1959) The Age of the Democratic Revolution, Princeton, NJ:

Princeton University Press.

［256］ Pearson, Michael (2007) 'Markets and Merchant Communities in the Indian Ocean: Locating the Portuguese', in Francisco Bethencourt and Diogo R. Curto (eds), *Portuguese Oceanic Expansion*, 1400 – 1800, Cambridge: Cambridge University Press, pp. 88 – 108.

［257］ Pedreira, Jorge Miguel (1994) *Estrutura industrial e mercado colonial. Portugal e Brasil 1780 – 1830*, Lisbon: Difusão Editorial SA (DIFEL).

［258］ Pedreira, Jorge Miguel (2000) 'From Growth to Collapse: Portugal, Brazil and the Breakdown of the Old Colonial System (1760 – 1830)', *Hispanic American Historical Review*, 80 (4): 839 – 864.

［259］ Pérez, Louis A. (1990) *Cuba and the United States: Ties of Singular Intimacy*, Athens, GA: University of Georgia Press.

［260］ Pérez, Louis A. (2001) *Winds of Change: Hurricanes and the Transformation of Nineteenth-Century Cuba*, Chapel Hill, NC: University of North Carolina Press.

［261］ Pérez, Louis A. (2009) *Cuba in the American Imagination*, Chapel Hill, NC: University of North Carolina Press.

［262］ Perlow, Gary H. (1981) 'The Multilateral Supervision of International Trade', *American Journal of International Law*, 75 (1): 93 – 133.

［263］ Peterson, MerrillD. (1965) 'Thomas Jefferson and Commercial Policy, 1783 – 1793', *William and Mary Quarterly*, Third Series, 22 (4): 584 – 610.

［264］ Pethick-Lawrence, Frederick (1943) *Fate Has Been Kind*, London: National Book Association.

［265］ Petiteau, Natalie (2004) *Napoléon, de la mythologie à l'histoire*, Paris: Le Seuil.

［266］ Pevehouse, Jon (2003) 'Trade and Conflict: Does Measurement Make a Difference?', in Edward D. Mansfield and Brian M. Pollins (eds), *Economic Interdependence and International Conflict: New Perspectives on an Enduring Debate*, Ann Arbor, MI: University of Michigan Press, pp. 239 – 253.

［267］ Platt, Desmond C. M. (1977) *Business Imperialism*, 1840 – 1930: *An In-*

*quiry Based on British Experience in Latin America*, Oxford: Oxford University Press.

[268] Polachek, Solomon W. (1980) 'Conflict and Trade', *Journal of Conflict Resolution*, 24 (1): 55 – 78.

[269] Pollard, Robert A. and Wells, Jr., Samuel F. (1984) '1945 – 1960', in William H. Beckerand Samuel F. Wells, Jr. (eds), *Economics and World Power: An Assessment of American Diplomacy Since 1789*, New York: Columbia University Press, pp. 333 – 390.

[270] Pomeranz, Kenneth (2000) *The Great Divergence: China, Europe, and the Making of the Modern World Economy*, Princeton, NJ: Princeton University Press.

[271] Pomeranz, Kenneth and Topik, Steven (1999) *The World that Trade Created: Society, Culture, and the World Economy, 1400 to the Present*, Armonk, NY: M. E. Sharpe.

[272] Pomfret, Richard W. T. (2000) 'Trade Policy in Canada and Australia in the Twentieth Century', *Australian Economic History Review*, 40 (2): 114 – 126.

[273] Posthumus, Nicolaas W. (1946) *Inquiry into the History of Prices in Holland*, vol. 1, Leiden: E. J. Brill.

[274] Prakash, Om (1998a) 'The Economic Dimension of the Portuguese Enterprise inAsia', in Joaquim Romero Magalhães and Jorge Manuel Flores (eds), *Vasco da Gama. Homens, viagens e culturas. Actas do Congresso Internacional*, Lisbon: Comissão Nacional para as Comemorações dos Descobrimentos Portugueses (CNCDP), pp. 317 – 337.

[275] Prakash, Om (1998b) 'Was the Portuguese Asian Enterprise Redistributive?', in Arturo Teodoro de Matos and Luís Filipe F. Reis Thomaz (eds), *A Carreira da Índia e as Rotas dos Estreitos, Actas do VIII Seminário Internacional de História Indo-Portuguesa*, Angrado Heroísmo: Comissão Nacional para as Comemorações dos Descobrimentos Portugueses-Governo Regional dos Açores & Fundação Oriente, pp. 551 – 562.

[276] Prange, Sebastian R. (2011) 'A Trade of No Dishonour: Piracy, Commerce, and Community in the Western Indian Ocean, Twelfth to Sixteenth Century', *American Historical Review*, 116 (5): 1269 – 1293.

[277] Preeg, Ernest H. (1970) *Traders and Diplomats: An Analysis of the Kennedy Round of Negotiations under the GATT*, Washington, DC: Brookings Institute.

[278] Prestowitz, Jr., Clyde V. (1988) *Trading Places: How We Allowed Japan*

to Take the Lead, New York: Basic Books.

[279] Quiroz, Alfonso W. (ed.) (2011) 'Transatlantic Exchanges: Trade, War, and Contraband in the Ibero-Atlantic World', *Colonial Latin American Review*, Special Issue, 20 (1): 1–142 Ratnapala, Suri (2010) 'Dissolving the Chimera of the "Adam Smith Problem"', International Centre for Economic Research (ICWER), *Working Paper*, No. 5, also pub-lished in Michael Zöller (ed.), *The Market Society and Its Morality*, Bayreuth: Council on Public Policy, Universität Bayreuth (2010), available at: http://www.icer.it/menu/f_papers.html (accessed 19 May 2011).

[280] Reeder, John and Cardoso, José Luís (2002) 'Adam Smith in the Spanish-and Portuguese-Speaking World', in Keith Tribe and Hiroshi Mizuta (eds), *A Critical Bibliography of Adam Smith*, London: Pickering and Chatto, pp. 184–197.

[281] Reimer, Otto V. (1893) 'US Consul's 1887 Consular Report in Bureau of American Republics', in *Coffee in America: Methods of Production and Facilities for Success, Cultivation in Mexico, the Central American States, Brazil & Other South American Countries, & the West Indies, Special Bulletin*, October, Washington, DC: Bureau of American Republics (BAR).

[282] Ricardo, David (1817) *The Principles of Political Economy and Taxation*, London: John Murray.

[283] Rippy, J. Fred (1928) *Rivalry of the United States and Great Britain over Latin America*, Baltimore, MD: Johns Hopkins Press.

[284] Rogers, Edmund (2007) 'The United States and the Fiscal Debate in Britain, 1873–1913', *Historical Journal*, 50 (3): 593–622.

[285] Rooth, Tim (1986) 'Tariffs and Trade Bargaining: Anglo-Scandinavian Economic Relations in the 1930s', *Scandinavian Economic History Review*, 34 (1): 54–71.

[286] Rooth, Tim (1992, 1993) *British Protectionism and the International Economy: Overseas Commercial Policy in the 1930s*, Cambridge and New York: Cambridge University Press Rooth, Tim (2000) 'Australia, Canada and the International Economy in the Era of Post-War Reconstruction, 1945–50', *Australian Economic History Review*, 40 (2): 127–152.

[287] Rooth, Tim (2002) 'Economic Tensions and Conflict in the Commonwealth,

1945 – c. 1951', *Twentieth Century British History*, 13 (2): 121 – 143.

[288] Ross, Michael (2003) 'The Natural Resource Curse: How Wealth Can Make You Poor', in Ian Bannon and Paul Collier (eds), *Natural Resources and Violent Conflict: Options and Actions*, Washington, DC: World Bank, pp. 17 – 24.

[289] Rothermund, Dietmar (1996) *The Global Impact of the Great Depression, 1929 – 1939*, London: Routledge.

[290] Rowe, Michael (2007) 'Napoleon and the "Modernization" of Germany', in Philip G. Dwyer and Alan Forrest (eds), *Napoleon and His Empire: Europe, 1804 – 1814*, Basingstoke and New York: Palgrave Macmillan, pp. 202 – 220.

[291] Russell-Wood, A. J. R. (1992) *A World on the Move: The Portuguese in Africa, Asia, and America, 1415 – 1808*, Manchester: Carcenet.

[292] Sainceau, Elaine (ed.) (1973) *Colecção S. Lourenço*, Lisbon: Centro de Estudos Históricos Ultramarinos (CEHU).

[293] Saul, Berrick S. (1960) *Studies in British Overseas Trade, 1870 – 1914*, Liverpool: Liverpool University Press.

[294] Schaller, Michael (1997) *Altered States: The United States and Japan Since the Occupation*, New York: Oxford University Press.

[295] Schedvin, C. B. (1970) *Australia and the Great Depression: A Study of Economic Development and Policy in the 1920s and 1930s*, Sydney: Sydney University Press.

[296] Schedvin, C. B. (1990) 'Staples and Regions of Pax Britannica', *Economic History Review*, 43 (4): 533 – 559.

[297] Schenk, Catherine R. (2011) *International Economic Relations Since 1945*, London and New York: Routledge.

[298] Schoen, Brian (2003) 'Calculating the Price of Union: Republican Economic Nationalism and the Origins of Southern Sectionalism, 1790 – 1828', *Journal of the Early Republic*, 23 (2): 173 – 206.

[299] Schonhardt-Bailey, Cheryl (2006) *From the Corn Laws to Free Trade: Interest, Ideas, and Institutions in Historical Perspective*, Cambridge, MA: MIT Press.

[300] Schultz, Kirsten (2001) *Tropical Versailles: Empire, Monarchy, and the*

*Portuguese Royal Court in Rio de Janeiro*, 1808 – 1821, London and New York: Routledge.

[301] Schumpeter, Joseph A. (1943) *Capitalism, Socialism and Democracy*, London and New York: Routledge.

[302] Schwartz, Stuart B. (1985) *Sugar Plantations in the Formation of Brazilian Society*, 1550 – 1835, New York: Cambridge.

[303] Schwartz, Thomas A. (2003) *Lyndon Johnson and Europe: In the Shadow of Vietnam*, Cambridge, MA: Harvard University Press.

[304] Semmel, Bernard (2004) *The Rise of Free Trade Imperialism: Classical Political Economy, the Empire of Free Trade and Imperialism*, Cambridge: Cambridge University Press.

[305] Sheridan, Richard B. (1974) *Sugar and Slavery*, Lodge Hill, Barbados: Caribbean Universities Press.

[306] Silva, José Gentil (1949) 'Contratos de trazida de drogas no século XVI', *Revista da Faculdade de Letras de Lisboa*, 15: 13 – 25.

[307] Silva, José Gentil (1951) 'Alegação a Favor da Companhia Portuguesa da Índia Oriental', 13 *Congresso da Associação Portuguesa para o Progresso das Ciências, celebrado em Lisboa, Outubro*, 1950, vol. 8, Porto: Imprensa Portuguesa, pp. 465 – 496.

[308] Silva, José Gentil (1959) 'Alguns elementos para a história do comércio da Índia de Portugal existentes na Biblioteca Nacional de Madrid', in *Anais. Estudos de História e Geografia da Expansão Portuguesa*, vol. 5, pt 2, Lisbon: Junta das Missões Geográficas e de Investigações Coloniais.

[309] Skinner, Quentin (2002) *Visions of Politics, Vol. 1: Regarding Method*, Cambridge: Cambridge University Press.

[310] Smith, Adam (1811 – 1812) *Compêndio da Obra da Riqueza das Nações, traduzida do original inglês por B. S. Lisboa*, Rio de Janeiro: Impressão Régia.

[311] Smith, Woodruff D. (2002) *Consumption and the Making of Respectability 1600 – 1800*, New York: Routledge.

[312] Snyder, Timothy (2010) *Bloodlands: Europe between Hitler and Stalin*,

New York: Basic Books.

[313] So, Billy (2000) *Prosperity, Region, and Institutions in Maritime China: The South Fukien Pattern, 946 – 1368*, Cambridge, MA: Harvard University Asia Center.

[314] Solberg, Carl E. (1987) *The Prairies and the Pampas: Agrarian Policy in Canada and Argentina, 1880 – 1913*, Stanford, CA: Stanford University Press.

[315] Solomou, Solomos (1996) *Themes in Macroeconomic History: The UK Economy, 1919 – 1939*, Cambridge: Cambridge University Press.

[316] Solomou, Solomos and Weale, Martin (1996) 'UK National Income: The Implications of Balanced Estimates', *Economic History Review*, 49 (1): 101 – 115.

[317] Sombart, Werner (1967) *Luxury and Capitalism*, Ann Arbor, MI: University of Michigan Press.

[318] Spero, Joan E. and Hart, Jeffrey A. (eds) (2003) *The Politics of International Economic Relations*, 6th edn, Belmont, CA: Thomson/Wadsworth.

[319] Steensgaard, Niels (1973) *The Asian Trade Revolution of the Seventeenth Century: The East India Companies and the Decline of the Caravan Trade*, Chicago, IL: University of Chicago Press.

[320] Steensgaard, Niels (1990) 'Growth and Composition of the Long-Distance Trade of England and the Dutch Republic', in James D. Tracy (ed.), *The Rise of Merchant Empire: Long-Distance Trade in the Early Modern World, 1350 – 1750*, New York and Cambridge: Cambridge University Press, pp. 102 – 152.

[321] Stover, John F. (1958) 'French-American Trade during the Confederation, 1781 – 1789', *North Carolina Historical Review*, 35: 399 – 414.

[322] Sylvest, Casper (2009) *British Liberal Internationalism, 1880 – 1930: Making Progress?*, Manchester: Manchester University Press.

[323] Taunay, Affonso de E. (1939) *História do Café no Brasil*, vol. 2, pt 2, Rio de Janeiro: Departamento Nacional de Café.

[324] Thies, Cameron G. (2010) 'Of Rulers, Rebels and Revenue: State Capacity, Civil War Onset, and Primary Commodities', *Journal of Peace Research*, 74 (3): 321 – 332.

[325] Thurber, Francis B. (1881) *Coffee: From Plantation to Cup*, New York:

American Grocer Publishing Association.

[326] Tomlinson, Brian R. (1999) 'Imperialism and After: The Economy of the Empireon the Periphery', in Judith M. Brown and William R. Louis (eds), *The Oxford History of the British Empire*, Vol. 4 : *The Twentieth Century*, Oxford: Oxford University Press, pp. 357 – 378.

[327] Toye, Richard (2003a) 'Developing Multilateralism: The Havana Charter and the Fight for the International Trade Organization, 1947 – 1948', *International History Review*, 25 (2): 282 – 305.

[328] Toye, Richard (2003b) 'The Attlee Government, the Imperial Preference System, and the Creation of the GATT', *English Historical Review*, 98, 478: 912 – 939.

[329] Toye, Richard (2004) 'Churchill and Britain's "Financial Dunkirk"', *Twentieth-Century British History*, 15: 329 – 360.

[330] Toye, Richard (2007a) ' "I am a Liberal as Much as a Tory": Winston Churchill and the Memory of 1906', *Journal of Liberal History*, 54 (Spring): 38 – 45.

[331] Toye, Richard (2007b) *Lloyd George and Churchill: Rivals for Greatness*, London: Macmillan Toye, Richard (2010a) *Churchill's Empire: The World that Made Him and the World He Made*, Basingstoke: Macmillan.

[332] Toye, Richard (2010b) 'Winston Churchill's "Crazy Broadcast": Party, Nation, and the 1945 Gestapo Speech', *Journal of British Studies*, 49 (3): 655 – 680.

[333] Toye, Richard (2012) 'International Trade Organization', in Amrita Narlikar, Martin Daunton and Robert M. Stern (eds), *The Oxford Handbook on The World Trade Organization*, Oxford: Oxford University Press, pp. 85 – 101.

[334] Toye, Richard (2013) *Rhetoric: A Very Short Introduction*, Oxford, Oxford University Press. Trans-Atlantic Slave Trade Database, 'Assessing the Slave Trade/Estimates for French Slave Exports', website co-hosted by Emory University, National Endowment for the Humanities and the W. E. B. Du Bois Institute of Harvard University, available at: http: //www. slavevoyages (accessed 7 November 2012).

[335] Trentmann, Frank (2008) *Free Trade Nation: Commerce, Consumption, and Civil Society in Modern Britain*, Oxford: University Press, Oxford.

[336] Trouillot, Michel-Rolph (1982) 'Motion in the System: Coffee, Color, and Slavery in Eighteenth-Century Saint Domingue', *Review Fernand Braudel Centre*, 5 (3): 331 – 388.

[337] Trouillot, Michel-Rolph (1995) *Silencing the Past: Power and the Production of History*, Boston, MA: Beacon Press.

[338] Tulard, Jean (2006) *Napoléon. Les grands moments d'un destin*, Paris: Fayard.

[339] Turner, Michael (2004) 'Agriculture, 1860 – 1914', in Roderick Floud and Paul Johnson (eds), *The Cambridge Economic History of Modern Britain*, Vol. 2: *Economic Maturity, 1860 – 1939*, Cambridge: Cambridge University Press, pp. 133 – 160.

[340] Ukers, William H. (1935) *All About Coffee*, New York: Tea and Coffee Trade Journal.

[341] Vasconcelos, José Frazão de (1928) 'A fábrica das naus da Carreira da Índia no século XVII', *Anais do Clube Militar Naval*, 59: 7 – 14.

[342] Veiga, Manuel Luís da (1808) *Análise dos factos praticados em Inglaterra, relativamente às propriedades portuguesas de negociantes, residentes em Portugal e no Brasil*, London: Imp. W. Glendinning.

[343] Vila Villar, Enriqueta (1977) *Hispano-America y el comercio de esclavos: los asientos portu-gueses*, Seville: Universidad de Sevilla.

[344] Viner, Jacob (1948) 'Power versus Plenty as Objectives of Foreign Policy in the Seventeenth and Eighteenth Centuries', *World Politics*, 1 (1): 1 – 29.

[345] Warley, Thorald K. (1990) 'Agriculture in the GATT: Past and Future', in Alan Maunder and Alberto Valdés (eds), *Agriculture and Governments in an Interdependent World*, Sudbury, MA: Dartmouth Publishing Company, pp. 304 – 319.

[346] Wells, Wyatt C. (1994) *Economist in an Uncertain World: Arthur F. Burns and the Federal Reserve, 1970 – 78*, New York: Columbia University Press.

[347] Wickizer, Vernon D. (1951) *Coffee, Teas and Cocoa*, Stanford, CA: Food Research Institute Wilkins, Mira (1970) *The Emergence of Multinational Enterprises: American Business Abroad from the Colonial Era to 1914*, Cambridge, MA: Harvard University Press.

[348] Wilkins, Mira (1974) *The Maturing of Multinational Enterprise: American*

*Business Abroad from 1914 to 1970*, Cambridge, MA: Harvard University Press.

[349] Williams, Eric (1944) *Capitalism and Slavery*, New York: Williams and Williams.

[350] Winand, Pascaline (1993) *Eisenhower, Kennedy, and the United States of Europe*, New York: Macmillan.

[351] Winham, Gilbert R. (1986) *International Trade and the Tokyo Round Negotiations*, Princeton, NJ: Princeton University Press.

[352] Worster, Donald (1979) *Dust Bowl: The Southern Plains in the 1930s*, Oxford: Oxford University Press.

[353] Young, Louise (1998) *Japan's Total Empire: Manchuria and the Culture of Wartime Imperialism*, Berkeley and Los Angeles, CA: University of California Press.

[354] Zeiler, Thomas W. (1992) *American Trade and Power in the 1960s*, New York: Columbia University Press.

[355] Zeiler, Thomas W. (1999) *Free Trade, Free World: The Advent of GATT*, Chapel Hill, NC: University of North Carolina Press.

[356] Zhang, Tingyu (1974, repr.) *Ming shi*, Beijing: Zhonghua shuju.

[357] Zheng, Yongchang (2004) *Lai zi haiyang de tiaozhan: Mingdai haimao zhengce yanbian yanjiu*, Taipei: Daoxiang chubanshe.

# 缩写词表

CAP ｜ Common Agricultural Policy ｜ 共同农业政策
CCP ｜ Common Commercial Policy ｜ 共同商业政策
CET ｜ Common External Tariffs ｜ 共同对外关税
DCs ｜ Developing countries ｜ 发展中国家
DG ｜ Directorate General ｜ 总司
EEC ｜ European Economic Community ｜ 欧洲经济共同体
EFTA ｜ European Free Trade Association ｜ 欧洲自由贸易联盟
EIC ｜ East India Company ｜ 英国东印度公司
EU ｜ European Union ｜ 欧盟
GATT ｜ General Agreement on Tariffs and Trade ｜ 《关贸总协定》
GDL ｜ GATT Digital Library ｜ 《关贸总协定》数字图书馆
GDP ｜ Gross Domestic Product ｜ 国内生产总值
GSP ｜ General System of Preferences ｜ 普遍优惠制
ITO ｜ International Trade Organization ｜ 国际贸易组织
LDCs ｜ Less-Developed Countries ｜ 欠发达国家
LTA ｜ Long Term Agreement on Cotton Textiles ｜ 《棉纺织品长期安排》
MFN ｜ Most-Favoured Nation ｜ 最惠国
NATO ｜ North Atlantic Treaty Organization ｜ 北大西洋公约组织

NLA ｜ National Library of Australia ｜ 澳大利亚国家图书馆

NSC ｜ National Security Council ｜ 国家安全委员会

OECD ｜ Organisation for Economic Co-operation and Development ｜ 经济合作与发展组织

OEEC ｜ Organisation for European Economic Co-operation ｜ 欧洲经济合作组织

OMB ｜ Office of Management and the Budget ｜ 行政管理和预算局

OPEC ｜ Organization of the Petroleum Exporting Countries ｜ 石油输出国组织（欧佩克）

QRs ｜ Quantitative restrictions ｜ 定量限制

RTAA ｜ Reciprocal Trade Agreement Act ｜《互惠贸易协定法》

TEA ｜ Trade Expansion Act ｜《贸易扩展法》

UN ｜ United Nations ｜ 联合国

UNCTAD ｜ United Nations Conference on Trade and Development ｜ 联合国贸发会议

VOC ｜ Vereenigde Oost-Indische Compagnie/Dutch East India Company ｜ 荷兰东印度公司

WTO ｜ World Trade Organization ｜ 世界贸易组织

# 作者简介

卜正民是不列颠哥伦比亚大学历史系和亚洲研究所教授。他撰写了大量有关中国历史的著作。《维梅尔的帽子：从一幅画看全球化贸易的兴起》（2008年）把明朝与世界历史串联起来。作为他为哈佛大学出版社主编的六卷本《中华帝国史》中的一卷，《动荡的帝国》从环境史的角度重新思考了1260—1644年的中国历史。他关于17世纪欧洲与亚洲地理知识的著作名为《塞尔登先生的中国地图》（2013年）。

约瑟·路易斯·卡多佐是里斯本大学社会科学研究所教授和副所长。他的研究兴趣包括经济思想史、经济史和经济学方法论，他的专长是研究18、19世纪的历史。他的论著包括比较研究视角下的经济史专著和文章，如《葡萄牙经济思想史》（1998年，合著）、《为自由国家纳税——19世纪欧洲公共财政的兴起》（2010年，合著）等。

吕西安·科帕拉罗是里斯本大学社会科学研究所博士后。她的研究兴趣包括当代欧洲的经济和政治史、1945年以来的国际关系史、国际贸易史和政治经济学。她撰写了大量关于《关贸总协定》和欧盟贸易政策的论著，在诸如《国际史评论》（*International History Review*）和《当代欧洲史》（*Contemporary European History*）等期刊上发表了大量文章。她还出版了《世界贸易强国的形成：〈关贸总协定〉

肯尼迪回合中的欧洲经济共同体（ECC）(1963—1967年)》(2013年)。

埃莉诺·弗雷尔·科斯塔是里斯本工业大学经济管理学院的经济史教授。她的研究集中于航海和殖民史。她发表的作品包括《里斯本里贝拉的帆船：16世纪海角航线的海军建设》(1997年)和《社会资本与经济成效：18世纪巴西黄金外运中的信任与猜忌》，[与 M. 曼努埃拉·罗沙（M. Manuela Rocha）及丹耶·阿劳若（Tanya Araújo）合作，2011]。

小雷纳托·加尔沃·弗罗雷斯是位于日内瓦的世贸组织"补贴和反补贴措施"永久专家委员会的前（被选举的）成员之一。乌拉圭回合后，他是第四轮电讯协议的谈判专家，几次为巴西贸易代表团服务。他现在是巴西格图利奥·瓦尔加斯基金会（Fundacão Getulio Vargas, FGV）经济学研究生院的教授。他的研究兴趣是发展经济学、可持续增长和贸易（理论和政策），以及全球化背景下国际法、政治和经济的关系。他和其他人共同主编了《区域一体化手册》(2011年)。

格列高利·P. 马奇尔登是里贾纳大学教授、公共政策和经济史的加拿大研究主席。他出版了大量有关加拿大经济和政策史比较研究的论著。他的著作《利润和政治：加拿大财政的比弗布鲁克和镀金时代》(1996年)，以及《加拿大：医疗体系转型》(2012年)，都由多伦多大学出版社出版。

弗朗辛·麦肯齐是韦仕敦大学历史系副教授。她的研究兴趣包括国际关系史、全球贸易、英联邦及二战后重建。她近年出版的论著与殖民经济、《关贸总协定》和美国对外经济政策有关。她出版了《重新定义1939—1948年的英联邦债券：优先权的政治》(2002年)，与其他人共同主编了《被长期疏远的部分：20世纪的加拿大和澳大利亚》(2003年)。

蒂姆·鲁斯是朴次茅斯大学现代经济史荣休教授。他的研究兴趣与20世纪国际经济、英联邦经济有关。他出版了《英国贸易保护主义和国际经济：20世纪30年代的海外商业政策》(1993年)，发表了大量文章并参与其他著作章节的撰写，其中大多数是关于殖民经济的内容。

史蒂文·托皮克是加州大学欧文分校的历史学教授。他的专长是拉丁美洲史、贸易商品（特别是咖啡）研究、政治经济学。他与彭慕兰合著了《贸易打造的世界：1 400年以来的社会、文化和世界经济》(1999年)。他与艾伦·威尔斯（Allen Wells）合著的《全球经济中的商品链》被收录于艾米莉·罗森博格（Emily Rosenberg）主编的《联系的世界》（*A world Connecting*，2012年）。他与马里奥·沙珀（Mario Samper）共同主编了《咖啡世界的危机与变化》(2012年)。

理查德·托耶是埃克塞特大学现代史教授。他的专长是修辞学、英国经济和政治史、国际经济组织、英帝国和英联邦。他的著作包括《工党与计划经济，1931—1951年》(2003年)、《丘吉尔的帝国：缔造他的世界和他缔造的世界》(2010年)、《修辞学简介》(2013年)。

托马斯·W. 泽勒是科罗拉多大学波尔得分校历史学和国际事务教授。他已经出版了关于贸易、对外政策、文化外交（通过棒球）、全球化、第二次世界大战的众多著作。他出版的著作包括《湮灭：第二次世界大战的全球军事史》(2011年)、《穿条纹布的大使：斯帕丁世界棒球巡回表演和美国帝国的诞生》(2006年)、与小阿尔弗雷德·E. 埃克斯（Alfred E. Eckes, Jr.）合著的《全球化和美国世纪》(2003年)。他担任过美国对外关系历史学家协会的主席（2012年），是《外交史》（*Diplomatic History*）杂志的编委。

# 致　谢

本书是 2010 年 7 月在里斯本大学社会科学研究所举行的研讨会的产物。玛雅·夏子米勒（Maya Schatzmiller）点燃了大家开始批判性地从历史视角思考贸易与冲突关系的火花。韦仕敦大学、里斯本大学社会科学研究所、葡萄牙科学技术基金会、葡萄牙银行慷慨资助了研讨会，本书的作者与玛雅·夏子米勒、布鲁斯·穆尔赫德（Bruce Murhard）和塞巴斯蒂安·R. 普拉格递交了他们的初稿。

这是一次非同寻常的历史学家聚会。我们更喜欢参加不同专业的学术会议——有历史学分支学科（如中国史）学者、中世纪史学家和外交史学家参加的会议。这是一个把我们的研究置于全球和比较框架，而且限于 500 年时段内的千载难逢的机遇：我们之间的交流是启发性和富有教育意义的。经济学家和经济史学家也参与了这次研讨会。经济学家和经济史学家极少有机会直接对话。正如本书所包含的内容一样，经济学家的问题、观察和建议对个案研究是一种挑战，也丰富了其内容。经济学家小雷纳托·加尔沃·弗罗雷斯不仅递交了论文，而且后来还加入了作者群；作为一个参与者，他带来了一个学者所拥有的敏锐洞察力和广泛经验。

本书的编者要感谢各个研究机构对这个项目的支持。本书作者们是专业、慷慨和奉献的楷模，他们对本书的贡献远远超过他们各自的章节所呈现的,他们非常耐心地对待热情的有时甚至是苛刻的编者。我们也非常感谢令人尊敬的同行,他们仔细阅读了本书各章的初稿,并提出了宝贵的意见或建议。一些匿名评论者也提供了许多建设性意见,使得本书更符合他们的期望。

帕尔格雷夫·麦克米伦(Palgrave Macmillan)一直是本书的理想出版者。詹·麦考尔(Jen McCall)和霍莉·泰勒(Holly Tyler)一直是令人愉快的合作者:头脑清晰、通情达理、行事果断。罗莎·I. M. 埃尔埃尼(Roza I. M. El-Eini)审阅并校对了本书。泰勒·图雷克(Tyler Turek)所做的工作也非常值得称道。

我们还要感谢我们家人的支持和理解:他们在过去几年里听过太多关于贸易和冲突的内容。另外,我们必须单独对宋怡明和法布里齐奥·菲西(Fabrizio Fissi)的鼓舞表示感谢。

First published in English under the title

A Global History of Trade and Conflict Since 1500

edited by Lucia Coppolaro and Francine McKenzie, edition: 1

Editorial matter, selection and Chapter 8 © Lucia Coppolaro and Francine McKenzie 2013

Remaining chapters © Respective authors 2013

This edition has been translated and published under licence from Springer Nature Limited.

Springer Nature Limited takes no responsibility and shall not be made liable for the accuracy of the translation.

Simplified Chinese translation copyright © 2021 by China Renmin University Press Co., Ltd.

All Rights Reserved.

# 钱的千年兴衰史
## 稀释和保卫财富之战
金菁 著

读钱的历史,在不确定的世界做出恰当的财富决策。

高　坚　国家开发银行原副行长
戎志平　中国金融期货交易所原总经理

重磅推荐

**荣获"2020中国好书",入选光明书榜、中国新闻出版广电报优秀畅销书榜、百道好书榜、长安街读书会干部学习书单。**

　　本书是一部关于钱的简史,从"用什么衡量财富"和"什么才有资格被称为钱"谈起,呈现了利息、杠杆、银行、纸币、债券等我们今天习以为常的金融要素产生的来龙去脉,其间充满了压力、创新、无奈甚至血腥的斗争。本书不仅让我们更了解钱,也通过阅读千年以来财富的稀释和保卫之战,启发读者思考在如今这个充满不确定性的世界,如何做出恰当的财富决策,实现财富的保值增值。